世界文化シリーズ 別巻 3

Animation Culture

アニメーション文化55のキーワード

須川亜紀子
米村みゆき 編著

ミネルヴァ書房

まえがき

アニメは、日本を代表する「ソフトパワー」として、国内外で一大文化圏を形成している。アニメとは、現在では「日本スタイルの商業アニメーション」を指すことが多いが、アニメーションという表現を使った作品であることに変わりはない。

アニメーションは、ラテン語で霊魂、活気、生気を意味するanimaが語源であり、命のないものに命を与えて動かす（animateする）という意味をもつ。アニメートされる素材としては、人形などの立体物や千代紙などの平面素材など、いわゆるストップモーション・アニメーションに使われるものや、二次元の線画がアニメートされたものがある。生き物（人間も含む）を非生物として素材にしたアニメーション表現もある。つまり、非生物を動かす表現すべてがアニメーションなのだ。

しかし、「アニメ」には、単なるアニメーションの短縮形という以上の特別なイメージがある。冒頭で紹介したように「アニメ」とは、アニメーションという表現において、限定的で特徴的であり、テレビアニメ、劇場版アニメーション映画など、主にセルルック（セル画のようなテクスチャ）のキャラクターが登場するような作品というイメージが先行する。そのキャラクターは、女性ならば目や胸が大きく、髪の色がカラフルだったり、ヘアスタイルが奇抜だったり、声が高かったり……というような特徴があると多くの人が思っているだろう。それに対し、「アニメーション」と表記するとアート・アニメーションがまず頭に浮かぶ。

だからといって、アニメか、アニメーションか、という議論をしてもあまり生産的ではない。十人十色の定義があるからだ。それでも、ここであえてアニメとアニメーションにこだわっているのは、アニメとアニメーションは、やもすると区別して議論されがちで、時には優劣さえ論じられるからだ。本書は、こうした事情において、アニメとアニメーションにまつわる言説を様々な形で橋渡しすることが目的の一つである。商業アニメであろうと、アート・アニメーションであろうと、国内外のアニメーション表現を使った作品は、様々な影響を相互に及ぼしている。

本書は、アニメ、アニメーションと呼ばれる作品を窓口に、関連する文化を理解するためのヒントを与えることを目指している。各項目には、読者のよく知る作品もあれば、まったく知らない作品もでてくるだろう。限りなく広がるアニメーション文化を知るには、55のキーワードでは網羅しきれないが、それでもアニメーション文化の素晴らしい世界に、一歩でも足を踏み入れる手助けができれば幸いに思う。

二〇一九年三月

須川亜紀子

注記：著作権の関係で掲載できなかった図版がたくさんある。気になる作品があれば、ＤＶＤ／ＢＤなどを購入するなどして、ぜひ鑑賞していただきたい。無料視聴できる公式サイトもいくつかある。

「日本アニメーション映画クラシックス」http://animation.filmarchives.jp/index.html

「National Film Board of Canada」https://www.nfb.ca/

目次

まえがき

第1章　アニメーションの源泉と文化……1

1　マンガ——アニメーションとの深い関係　4
2　テレビ文化——テレビと歩んできたアニメ番組　8
3　子ども文化——アニメキャラクターと遊び　12
4　児童文学——子どもの世界からの飛翔　16
5　日本文学——様々な文芸アニメーション　20
6　ライトノベル——若者向け小説とアニメ　24
7　民話、昔話——アニメーションの原作として　28
8　人形文化——魂を宿す人形達《ヒトガタ》　32
9　切り紙、千代紙、和紙文化——変化自在な暮らしの友　36
10　クレイ、粘土細工——身近な人気者　40
11　実写映画——連続写真から映画へ　44
12　サウンド——三種の音声とその収録方法　48

13 コンピューター——「アニメ技術」の革新 52

第2章 アニメーションと文化現象 57

14 人型ロボット——機械的複製時代の人間 60
15 スーパーロボット——人が乗る人型の巨大機械 64
16 魔法——魔女、魔法使い、魔術師、魔導師のルーツ 68
17 超能力、超常現象——超自然的能力の行方 72
18 スポーツ文化——現実から/への影響 76
19 SF——ガジェットはSFの夢を見るか? 80
20 日常、学園文化——退屈でかけがえのない日々 84
21 妖怪、心霊主義、民間信仰——目に見えないモノへの敬意 88
22 ホラー文化——ゾンビを中心に 92
23 食文化——シズル感と存在感、世界観 96
24 風景——動画と背景のシンフォニー 100

第3章 アニメーションとイデオロギー 105

25 戦争——アニメとプロパガンダ 108
26 原爆、核——ヒバクシャ・アニメーション 112
27 セクシュアリティ——アニメと性 116

28 帝国主義、愛国主義――プロパガンダからアニメーション・ドキュメンタリーへ 120
29 教育――アニメーションの教育活用 124

第4章 海外文化とアニメーション…………129

30 アメリカ〈ディズニー〉――成功と挫折の果てに 132
31 アメリカ〈フライシャーとワーナー〉――ディズニーのライバルたち 136
32 カナダ――巨人アメリカの隣人 140
33 フランス――挫折と挑戦の鬩ぎ合い 144
34 ロシア――人間味あふれるアニメーション 148
35 イギリス――情報戦からテレビ芝居へ 152
36 ドイツ――ロッテ・ライニガーの影絵アニメーション 156
37 イタリア――イタリア文化と日本のアニメーション 160
38 ハンガリー――中欧のアニメーション大国 164
39 クロアチア――嵐の中の孤高の戯れ 168
40 チェコとスロバキア――人形のワンダーランド 172
41 中国、台湾――アジアにおけるアイデンティティの探索 176
42 韓国――デジタルの映像新世代へ 180
43 国際映画祭――揺れる評価軸 184

第5章　アニメーションと消費文化……189

44　自主規制——TVの公共性をめぐって　192
45　メディアミックス——連関したアレンジの体系　196
46　キャラクタービジネス——物質化されるメディア文化　200
47　児童向け玩具——遊びとマスメディア　204
48　テーマパーク、ミュージアム——世界観とストーリー　208
49　ミュージカル、ライブシアター——キャラクターに会える空間　212
50　町おこし、村おこし——地域振興への活用　216

第6章　ファンの受容とファンダム……221

51　イベント——アニメ関連イベントの広がり　224
52　コスプレ——自己の偽装と虚構の体現　228
53　アニメ聖地巡礼、コンテンツツーリズム——現実、情報、虚構空間と旅　232
54　二次創作——アニメをめぐる同人誌の変遷　236
55　投稿動画——アニメにおける「踊ってみた」の布置　240

引用・参考文献
写真・図版出典一覧
索　引

第1章

アニメーションの源泉と文化

視覚玩具

アニメーションの誕生

アニメーションとは絵や人形などのかたちや動作を少しずつ変化させ、一枚ずつ撮影して連続して映写することによって生命をもって動いているようにみせる技法や作品のことである。すなわち一種のトリック映像である。撮影した一枚一枚は静止画であり、「動き」は映像の中だけで見ることができる。したがって、動く人形を動画で撮影した「人形劇」と静止画を映写した「人形アニメーション」とはまったく別物である。近年では、コマ撮りのみならず、CGなどの様々な手法によって作られたアニメーションが登場しており「静止画を連続して映写する」という従来のアニメーションの定義には当てはまらないものもある。

アニメーションはいつ頃誕生したのだろうか。エミール・レイノーが一八九二年に動く画像をスクリーンに投影する装置によって上映した「テアトル・オプティーク」はある程度完成されたアニメーションであったが、一般的には一九〇六年にアメリカでJ・S・ブラックトンによって発表された『愉快な百面相』や一九〇八年にフランスでエミール・コールが発表した『ファンタスマゴリー』がアニメーションの始まりだと言われる。しかし、アニメーションの語源であるアニマ＝「いのち」という視点を視野にいれるとき、アニメーションには本来なら動かないものを動かしたいという欲望をみることができる。この点でみればアニメーションの萌芽ははるか昔に遡ることができるだろう。

生命を吹きこむという欲望

アニメーションの「起源」は諸説ある。後に述べる残像現象を利用した玩具を以ってアニメーションの原始とする人もいれば、腹話術師の持つ木偶《でく》人形にそれを見る人もいる。ここで注意したいのは、アニメーションという言葉が指し示すのが必ずしも「動く絵」についてだけではないということである。たとえば、旧石器時代まで遡ってみることができるかもしれない。現在、人類最古のものの一つとして知られるフランス南部のショーヴェ洞窟で発見された動物壁画には、脚を動かしている動物が描かれている。その動物には通常より多い本数の足がみえる。当時の動物の足は多かったという話ではない。また、複数の足は下絵にすぎない、あるいは足が動いている様子が表現されたものだ、という考え方もある。しかし注目されるのは、これが絵を重複させる技法であり、壁画の動物を点滅する灯りで見たときには動物が動いてみえたということである。ここには絵を動かしたいという欲望がある。このような思考は時代を隔てて、いくつかの事例がある。

二〇世紀初頭の一九〇九年にイタリアで発表された「未

来派宣言」ではスピードや振動、騒音などを絵画表現とする方向性が示されたが、イタリア未来派の画家の一人、ジャコモ・バッラ（一八七一～一九五八年）は「つながれた犬のダイナミズム」（一九一二年）で散歩する犬とそれを連れている婦人の足の動き――残像を描いている。同様な絵は実は日本のコミック読者は見慣れているだろう。ギャグマンガでは足をバタバタし慌てふためいて走っている様子が表現されているときに使われている。そして、実際に「絵」を動かしたケースを取り上げよう。京都市高山寺に伝わる「鳥獣人物戯画」は一二～一三世紀に制作されたといわれ、動物が擬人化されて描かれた絵巻物だが、スタジオジブリは「生命」を吹き込んでアニメーションにした。

残像現象を利用した視覚玩具

動物壁画に描かれた動物の足にアニメーションの萌芽を見出す意見がある一方、フィルムで作成された「アニメーション映画」の歴史に連続するものは、一八二五年前後にイギリスのフィトンとパリスによって発明されたソーマトロープになろう。ソーマトロープとは、カードや円盤の表裏にそれぞれ描かれた二枚の絵を素早く回転させることによって両面の絵が重なり、一つの画像にみえる玩具である。たとえば縄跳びをしている子どもなら、表面には縄を子どもの頭上に描き裏面にはその縄を子どもの足元に描けば、回転させたときに子どもは縄跳びをしているように見える。この玩具において重要な点は「残像現象」の利用である。表と裏の絵を交互で入れ替えるプロセスには、人間が瞬きしているような時間、つまり絵が見えない真っ暗な闇の瞬間がある。この闇の時間に前の絵が残像として残り、次の絵が視界に入ってきたときに新たな絵と重なってみえる。もし、この瞬き＝真っ暗な闇の瞬間がなければ絵は流れてしまい映像的な玩具として成功しないのだ。ソーマトロープは、その後フェナキスティスコープ、ゾートロープなどのより複雑な玩具へと発展してゆく。日本では、フェナキスティスコープはアニメーション作家の古川タク（一九四一年～）により「おどろき盤」と名づけられて認知を広め、映像作品の『驚き盤』（一九七五年）はアヌシー国際アニメーション映画祭の審査員特別賞を受賞した。ゾートロープについては、人形などの立体を並べて制作された「トトロぴょんぴょん」が三鷹の森ジブリ美術館に常設展示されている。

（米村みゆき）

1 マンガ——アニメーションとの深い関係

注(1)　漫画の表記には，カタカナ，漢字，ひらがなで異なる使用法がされている場合がある。この項では，一枚画，または画とセリフによって展開される印刷メディアの作品をさし、「マンガ」を使用する。

マンガ(1)からアニメーションへ

アニメーション作品が、映画なら「まんが映画」、テレビなら「テレビまんが」と呼ばれていたことからもわかるとおり、マンガとアニメーションの関係は深い。

世界初のアニメーション作品とされるアメリカのJ・S・ブラックトン（James Stuart Blackton, 1875-1941）の『愉快な百面相』（一九〇六年、図1）では、黒板にチョークで描いたバストショットの男女の線画が、動き出すという作品である。この平面画は、単なるイラストにすぎないが、ストーリーのあるマンガのアニメーション化の試みは記者でもあった米国の新聞漫画家ウィンザー・マッケイ（Winsor McCay, 1871(?)-1934）の、『夢の国のリトル・ニモ』（一九一一～一三年）である。映画の中では、まず実写の映像が流れ、マッケイ自身が作画や動画過程をコミカルに演じる。それが虚構であると観客に認識させたうえで、カメラは線画にズームインして、少年ニモのアニメーション部分が始まる。

自分が描いた漫画（まんが絵）を自らアニメートしたというケースは日本でも同じである。初期のアニメーション映画は、一九一七年の短編アニメーション三作品、すなわち下川凹天（一八九二～一九七三年）の『凸坊新畫帖《でこぼうしんがちょう》 芋助猪狩《いものすけいのしがり》の巻《まき》』、幸内純一（一八八六～一九七〇年）の『塙凹内名刀之巻（なまくら刀）』、北山清太郎（一八八八～一九四五年）の『猿と蟹（サルとカニの合戦）』だとされている。三人の監督も、政治漫画家や水彩画家であり、自分が生み出したキャラクターを作画して動かした

図2　津堅信之『新版アニメーション学入門』（平凡社，2017年）。初期の日本アニメーションについての言及がある

図1　J. S. ブラックトン『愉快な百面相』（1906 年，Library of Congress デジタルアーカイブ所収）

点で、マンガ（画）とアニメーションの関係は密接である（津堅、二〇一七年、図2）。

四コママンガのキャラクターとアニメーション

今日のテレビアニメを中心とする日本のアニメ文化隆盛の背景には、原作としてのマンガ作品の層が厚い、ということが一因としてあげられよう。日本は世界と比較しても珍しい、年齢、ジェンダー、ジャンルなど様々な読者層向けのマンガ雑誌の豊富さが特徴である。それぞれのターゲット読者に合った物語とヒーロー・ヒロイン像がつくられ、映像での動きと声が加わることで、自律したキャラクターとして届けられた。

たとえば、テレビアニメにおいて最も有名な主婦の磯野サザエは、四コママンガとして新聞に連載されていた長谷川町子の『サザエさん』の主人公である。『サザエさん』は、最初『夕刊フクニチ』という福岡の新聞で一九四六年に連載が始まり、四八年からは『新夕刊』、翌年には『夕刊朝日新聞』、五一年から七四年までは『朝日新聞』朝刊に長期連載された。フジテレビ、エイケンによって制作されたテレビアニメ『サザエさん』は、一九六九年に白黒作品として短編三本の構成で放映を開始し、のちカラー放送され、サザエさん一家は、声優の交代もありつつ、今も健在である。放送開始から二〇一八年まで、㈱東芝がスポンサーをつとめ、途中再放送なども挟まれたものの二〇一八年現在、通算四九年の長寿番組となっている。

同じ新聞四コママンガで、その後アニメーション映画化された人気キャラクターに、横山隆一（一九〇九～二〇〇一年）の『フクチャン』の主人公フクチャンがいる。一九三六年に『東京朝日新聞』で連載が開始された『江戸っ子健ちゃん』に初登場

図３　横山隆一『フクチャンの潜水艦』［DVD］（1944年，日本アートアニメーション映画選集，第３巻，紀伊國屋書店，2004年所収）

したブカブカの学生帽がトレードマークの五歳の男児福山福一、通称フクチャンは、その人気から同年『養子のフクチャン』の主人公として再登場した。以後、三七年から朝刊連載で題名を変えつつ、『フクチャン』シリーズで大活躍する。戦後は一九五六〜七一年まで、『毎日新聞』に連載された。

実写版が一九三六年に公開されたが、アニメーションとして登場したのは、戦時中の一九四二年、短編アニメーション映画『フクチャンの奇襲』（監督：政岡憲三）からである。脚本は、横山自身が担当している。翌年『フクチャンの増産部隊』、四四年には『フクチャンの潜水艦』（図３）が公開される。海軍省後援の映画であることから、真珠湾攻撃をモチーフにするなど、戦意高揚の内容であった。『フクチャンの潜水艦』では、フクチャンは水兵の格好をして潜水艦に乗り込み、仲間を助けたり、大砲を撃つなど勇敢に戦う。戦後、横山主催のおとぎプロフダクションによるアニメーション映画『おとぎの世界旅行』（一九六二年）でフクチャンは再登場する。テレビアニメ版は、『フクチャン』（制作：テレビ朝日、シンエイ動画）として一九八二〜八四年まで放映された。

雑誌連載マンガのキャラクターとアニメーション

戦前の雑誌に連載されて人気を博したキャラクターの一人に、のらくろがいる。のらくろは、擬人化された黒い野良犬（のらくろの名前の由来）で、雑誌『少年倶楽部』に一九三一年から連載された田河水泡のマンガ『のらくろ』の主人公である。猛犬連隊という軍隊に入り、次々と昇進するのらくろは、現在のキャラクターグッズにあたる、のらくろのロゴ入り商品が発売されるほど、人々に愛されたキャラクターであった。横浜シネマ制作の一九三三年『のらくろ二等兵』、翌年『のらくろ伍長』で短編アニメーション映画化され、その後、瀬尾光世（一九一一～二〇一〇年）監督によって『のらくろ二等兵』『のらくろ一等兵』（ともに一九三五年）が公開された。学はないが愚直なまでのまじめさで、孤児のらくろが昇進する様は、一般市民でも、軍隊で活躍すれば出世できるという希望の象徴であった。

戦後は、一九七〇～七一年にテレビアニメ『のらくろ』（制作：エイケン）として放映された。軍隊の設定だが、昇進しないのらくろが描かれた。一九八七～八八年には『のらくろクン』として復活。のらくろの孫ののらくろクンを主人公としたギャグ要素の濃い内容に変容した。

雑誌連載のストーリーマンガが原作で、国産初の毎週三〇分放送という今日のスタイルのもとになった、テレビアニメ『鉄腕アトム』（一九六三～六六年）のヒーロー・アトムは、子どもから大人まで多くの人に愛されたキャラクターである。子ども型ロボットであるアトムは、手塚治虫が一九五一年に連載した『アトム大使』というマンガに初登場し、『鉄腕アトム』として雑誌『少年』に一九五二～六八年まで連載された。原作者手塚自身の手によって、一九六三年にテレビ放映されるやいなや、大人気となる。アメリカにも輸出され、アトムはアメリカ版タイトルでもある Astro Boy と名付けられて、アメリカの子ども達をも魅了した。

ある程度の認知度がある物語とキャラクターをアニメ化することは経営上のリスクが少ないため、歓迎されてきた。しかし、新聞や雑誌に連載されたマンガ作品の多様化がなければ、アニメ文化も花咲かなかったであろう。

（須川亜紀子）

2 テレビ文化——テレビと歩んできたアニメ番組

図1　初期のテレビ受像機（NHK 放送博物館展示物）

一九五三年テレビ放送開始

テレビアニメ大国日本だが、そうなるまでには長い歴史と人々の努力があった。日本テレビの父と呼ばれる高柳健次郎（一八九九〜一九九〇年）は、欧米で進んでいたテレビ技術研究に負けじと、一九二六年世界初のブラウン管伝送、受像に成功する。その時映し出されたのは、イロハの「イ」のたった一文字であったが、その功績は大きい。その後戦争をはさみ、日本でテレビ放映が開始されるのは、一九五三年二月のＮＨＫの開局からである。当時、国産第一号のテレビ受像機はシャープから発売されたが、高卒公務員の初任給が五四〇〇円の時代に一七万円強と高額だったため庶民は手が出なかった（図1）。人々は繁華街や主要駅に設置された、いわゆる「街頭テレビ」や店舗に置かれたテレビなど、家庭外かつ大勢でテレビ視聴をしていたのである。

五三年八月には初の民放である日本テレビが開局されるなど、テレビチャンネル、それにともなってテレビ番組も徐々に増加していった。五八年には電波塔である東京タワーが完成し、テレビ受像機の大量生産体制も整って、価格も低下してくる。それにより、テレビは、洗濯機や冷蔵庫とならぶ憧れの電気製品として「三種の神器」と呼ばれるほど、必需品になっていく。五九年には、皇太子（平成天皇）と正田美智子さんの結婚式パレードの生中継を視聴するため、テレビを購入する家庭が急増し、契約数は二〇〇万件を超えた。テレビは、家庭という私的な家族が集まる空間の中心的存在となっていく。

テレビアニメ黎明期

テレビ放映開始時は、プロレスやプロ野球などのスポーツ中継、記録映画、生放送の番組などが主であった。特に、まだ敗戦の荒廃から抜け出せない日本は、単発のテレビアニメ『もぐらのアバンチュール』（一九五八年）が国産初のカラーアニメとして放映されたが、連続もののアニメやドラマを生産できる人的資金的余裕はまだなかった。そこで放映されたのが、日本語吹きかえのアメリカの連続ドラマやアニメーションであった。一九五五年には『まんがスーパーマン（*Superman*）』、五九年には『ベティちゃん（*Betty Boop*）』『ポパイ（*Popye the Sailorman*）』がテレビ放映され、人気を博した。スーパーマンのフライングポーズや、痩せっぽちの水兵ポパイが、ガールフレンドのオリーブを悪党から救い出すときに缶詰のほうれん草を食べて、筋肉ムキムキのヒーローになるさまは、子ども達にも大人気であった。

国産連続テレビアニメの時代へ

三分番組という短さではあるが、一九六一～六二年に『インスタントヒストリー』（制作：おとぎプロ）が放映された。これが国産初の連続もののアニメであった。そして翌年に、週一回三〇分間の連続テレビアニメがついに放映開始された。少年ロボットのアトムが主人公の『鉄腕アトム』を皮切りに、一九六三年は初の巨大ロボットアニメ『鉄人28号』、サイボーグ警官が活躍する『エイトマン』、そして『狼少年ケン』が相次いで放映されるのである。

その頃のテレビはまだ白黒であったため、アニメにも白黒の画面に映える濃淡のはっきりとした色彩が使われていた。その後、一九六〇年にカラーテレビ本放送が開始される。NTSC方式で、白黒テレビ受像機でもカラー放送視聴が可能であった。初期にはまだ白黒放送が主流で、カラー放送は少数であったため、白黒テレビ受像機の視聴者にもわかるように、カラー放送は、画面上部に「カラー」という字幕がつけられた。本格的な日本初のカラーテレビアニメは、手塚治虫（一九二八～八九年）原作、虫プロダクション制作の『ジャングル大帝』（一九六五年）であった。

六〇～七〇年代衛星放送そしてオリンピック

一九六三年には、初の日米間衛星テレビ電送実験が行われた。その寸前に起こったアメリカのケネディ大統領が銃撃される暗殺事件が、衛星テレビ映像で日本に伝えられるというショッキングな幕開けであった。時代は高度経済成長期であり、テレビのカラー契約が増加した大きな契機となったのは、六四年の東京オリンピックの開催であった。

東京オリンピックでは、数々のヒーロー、ヒロインも生まれた。東洋の魔女と呼ばれた全日本女子バレーボールチームは、大松博文監督の指導の下、回転レシーブや変化球サーブを武器に勝ち続け、強豪ソ連を破り、みごと金メダルに輝いた。女子バレーボールブームのきっかけともなり、アニメ『アタック№1』（一九六九～七一年）やドラマ『サインはV』（一九六九～七〇年）のヒットへとつながった。

六九年には、アポロ11号の月面着陸の映像が、世界中に中継され人々は宇宙時代の幕開けを経験した。ほぼ同時刻に同内容を共有できる体験を、テレビが可能にし

図２　テレビを囲む居間の展示
（NHK 放送博物館展示物）

てくれたのである。テレビは、海外との物理的な距離を縮め、家庭では一家団らんをつくりあげてきた。井田（二〇〇四）によると、テレビを家族皆で見ることによって、テレビを中心に家族が一つにまとまり、〝マイホーム〟という新たな概念がつくりあげられたという（図２）。

しかし、八〇年代後半になると家庭用ビデオデッキが普及し、テレビをリアルタイムで見なくても、録画してあとから繰り返し視聴が可能となった。また録画したビデオテープを人に貸したり、ファン同士が上映会を行うことも可能となった。これは海外に日本アニメのファンを増加させることにも一役買っており、海外で入手不可能なアニメの録画ビデオを、海外のファンクラブで貸し借りや上映会などを行うというファンダム（同一、または類似の嗜好をもつファンの集団）活動へとつながった。

九〇年代以降　ペイテレビ、デジタル放送へ

九一年には日本初の有料テレビ番組ＷＯＷＯＷが放送を開始する。テレビは無料視聴から、あらゆるニーズに応じた有料視聴へと多チャンネル時代に突入する。九六年にはＣＳデジタル放送「パーフェクＴＶ！」（現スカパー！）が開始、二〇〇〇年にはＢＳデジタル放送が開始され、データ放送も楽しめるようになる。〇三年からは地上デジタル放送が始まり、一一年には地上アナログ放送が完全に停止し、現在に至っている。その間、３Ｄ映像もテレビで可能となり、技術向上にともなってテレビアニメの表現もますます多様化していくのである。

（須川亜紀子）

3

子ども文化——アニメキャラクターと遊び

子ども主導の文化形成とアニメーション

野上暁（二〇一五）によると、大人がつくって子ども達に与える「児童文化」と異なり、「子ども文化」は、子どもによって習得され、子ども達の間で伝承されてきたものだという（図1）。本項でも、子ども主導の文化として子ども文化をとらえている。この項では、アニメ、特にキャラクターとのかかわり合いの中で、子ども文化の中の「遊び」についてみてみよう。

戦前からアニメーション映画は存在し、のらくろなどのキャラクターを使った商品（のちにキャラクターグッズと呼ばれる）の販売により、アニメのキャラクターと玩具の間には深い関係がある。しかし、特にアニメのキャラクターが玩具や文房具、お菓子のパッケージ、おまけに使われ始めたテレビアニメ放映開始後の六〇年代以降が、アニメと子ども文化の関係を語るうえでは重要であろう。

図1　野上暁『子ども文化の現代史——遊び・メディア・サブカルチャーの奔流』（大月書店, 2015年）

お菓子のおまけ

国産初の週一回三〇分連続放送のテレビアニメ『鉄腕アトム』（一九六三〜六六年）のスポンサーは、明治製菓であった。明治製菓は、主力商品マーブルチョコレートにおまけとしてアトムのシールを封入したり、アトムを使って広告をうったりした。また、マーク・スタインバーグが指摘しているように、『鉄腕アトム』の作中にも、ギャグとしてマーブルチョコレートが登場するなど、メディアミックス（「メディア

図２　マーク・スタインバーク『Anime's Media Mix』（ミネソタ大学出版，2012年）

間での接続、イメージ＝モノのネットワーク」）によって、アニメのキャラクターが子ども達の日常生活に入り込んでいった（図２）。

『鉄人28号』（一九六三年）のスポンサーだったグリコも、鉄人28号の食玩おまけを付けて大ヒットする。グリコがお菓子におまけを付け始めたのは、一九二一年の「絵カード」の封入からだとされ、長年のおまけ文化はすでにあったものの、アニメのキャラクターの使用は、売上に大いに貢献した。

お菓子のパッケージに使われたキャラクターは、カルビーの「仮面ライダースナック」の仮面ライダーという特撮ヒーローにも及んだ。『仮面ライダー』（一九七一〜七三年）のカードをおまけとして封入したこのスナックは、カード欲しさにスナックを食べずに捨てる子ども達が続出するなど、社会問題にもなったが、子ども達の間で特撮ヒーローのカード遊びという文化を生み出した。このように、おまけの交換やカードでの遊びという子ども達主導の文化が発達していった。

ロボット玩具、フィギュア

人形遊びは、子どもの想像力や社会性をはぐくむ重要な遊びの一つである。そうした人形遊びの延長として、七〇年代スーパーロボットアニメ作品が隆盛すると同時にロボットの玩具が発売され始める。その嚆矢が、『マジンガーZ』（一九七二〜七四年）の超合金マジンガーの模型フィギュアである。腕や足が動かせるこの玩具は、子どもよりもむしろ大人が熱狂したのだが、ロボット玩具は子ども達の遊びに欠かせないものとなった。野上暁は、こうしたテレビ番組の関連玩具や商品によって主導されたブームは、今までの雑誌主導型からテレビ主導型へ移行していったと論じている。キャラクターのライセンス料による製作費回収という目的があったものの、テレビアニメが玩具のCMの役割を担う構図が明確になっていく。玩具メーカーが、テレビアニメや特撮ヒーロー番組のスポンサーになることで、玩具販売を目的としたロボット設定が初めから企図されるようになるのである。象徴的なものが、変形・合体ロボットであった。変形・合体ロボットとは、パーツが組み合わさって一体のロボットになっているもので、『ゲッターロボ』(一九七四年)以降、玩具にも変形・合体ができるものが現れる。子ども達は、自分で分解、合体して楽しめるようになる。それはただ完成したロボットの手足を動かすという動作から、つくりあげることによって達成感や全能感を得る要素が遊びに加わったという点で画期的であった。

その流れで、七九年に放映された『機動戦士ガンダム』から始まる、『ガンダム』シリーズのプラモデル、いわゆる「ガンプラ」の時代がやってくる。つくる、つくったもので遊ぶ、鑑賞するなど、様々な遊びが生まれたが、実際、「ガンプラバトル」というガンプラで遊ぶ子ども達が主人公のアニメ『ガンダムビルド』シリーズ(二〇一三～一八年)も放映され、メタレベルでロボット玩具遊びが描かれている。

キャラクターグッズとしての玩具、文房具、衣装

お菓子や玩具以外にも、アニメキャラクターの意匠をあしらった商品は、テレビアニメ番組のスポンサーを中心に次々と発売される。特に女児向けアニメの代表格「魔法少女」アニメや、少女マンガ原作のアニメでは、キャラクターの意匠があしらわれた関連商品が多く発売されている。変身「魔法少女」アニメの魁である『ひ

みつのアッコちゃん』（一九六九～七〇年）にでてきた魔法のコンパクトの玩具は、直ちに品切れになるほどのヒットで、手に入れられなかった女児が母親の化粧コンパクトで遊ぶという事例も報告された。七〇年代以降の「魔法少女」アニメは、変身アイテムや使い魔（妖精や黒猫などの小動物）としてかわいいマスコットキャラが定番となり、玩具メーカーも変身アイテム（ステッキ、タンバリン、ティアラ等）やマスコットキャラのぬいぐるみなどの商品化を企画段階からもち込み、アニメの物語に少なからず影響するというスタイルが定着する。

大ヒットアニメ『キャンディ・キャンディ』（一九七六～七九年）では、主人公キャンディが成長して看護師になるため、キャンディの意匠がプリントされた「キャンディ・キャンディかんごふさんセット」が発売された。キャンディのようになりたい子ども達が、このおもちゃで看護師のまねごと遊びをしただろうことは想像に難くない。その他、自転車、ミシンなど物語に直接関係はないが、子ども達の身近な遊び道具にもキャンディの意匠つきのものが販売された。

就学児童の必需品である文房具（筆箱、鉛筆、消しゴム、ノートなど）や、弁当箱、運動靴、下着、パジャマ、フォークやスプーン、コップに至るまで、アニメのキャラクターは、鑑賞するだけでなく身体に身につけるものとなる。身体性が非常に強いものとして、コスチュームも、子どもの遊びを誘因する。

このように、アニメーションと遊びは、キャラクター関連商品などを通じて関係を深めてきた。子ども達はその用途を多様化し、大人が想像もつかない様々な遊び方を発明してきたのである。

（須川亜紀子）

4 児童文学——子どもの世界からの飛翔

図2　アレグザンダー・ケイ／内田庶訳『新装版　残された人々』（岩崎書店，2012年）

図1　『ジブリ・ロマンアルバム　魔女の宅急便』（徳間書店，2001年）

子どもの眼から見た異なる世界

スタジオジブリの宮崎駿（一九四一年〜）監督作品『魔女の宅急便』（一九八九年公開、図1）では、宅急便の仕事を開業したばかりの主人公キキが、パン屋のカウンターに顎を載せた姿勢で通りを行く人々を眺めているシーンがある。その窓ガラスの視界の下方は店先に陳列されたパンやジャムなどの商品で遮られている。カメラのアングルが低い位置にあるためだ。ここでは、キキが怠惰な仕草だというよりも、一三歳の少女にとってカウンターは高いのだ、と気付かせてくれる。キキが初めてコリコの街に着いた日、ホテルに泊まろうとフロントでやりとりする場面も、カウンターを挟んだ少女キキと従業員の背丈の違いがキキの幼さを際立たせている。この作品は、キキの目線に合わせて全体的に低いカメラの位置で設定されている。〝キキの視点で見た世界〟という印象をもたせるためだ。のみならず、キキの表情や芝居をじっくりとみせるやや長めのスローテンポのカットも見受けられる。少女の心理描写や主観を丁寧に映し出そうとしているのだ。

宮崎駿のアニメーション作品の多くが、児童文学に深く影響を受けていることは広く知られている。国内外の児童文学への想いを語った『本へのとびら』（二〇一一年）という著作もあり、ロバート・ウェストールの児童文学『水深五尋』の挿絵も担当している。児童文学を基盤にした監督作品をあげれば、アメリカの児童文学であるアレグザンダー・ケイの『残された人々』（図2）を原作とする『未来少年コ

図3　角野栄子『魔女の宅急便』（福音館書店，2002年）

ナン』（一九七八年）、角野栄子の同名児童文学を原作とする『魔女の宅急便』（一九八九年、図3）、イギリスの児童文学のダイアナ・ウィン・ジョーンズの『魔法使いハウルと火の悪魔』を原作とする『ハウルの動く城』（二〇〇四年）などがある。児童文学作品に強いモチーフが見受けられる作品も多い。『天空の城ラピュタ』（一九八六年）における空に浮かぶ城の名前は、ジョナサン・スウィフトの『ガリヴァー旅行記』に登場する浮島の借用であるし、『となりのトトロ』（一九八八年）の猫バスやどんぐりの登場は宮沢賢治の童話「どんぐりと山猫」の影響が色濃く出ている。『崖の上のポニョ』（二〇〇八年）は企画意図の中でアンデルセンの「人魚姫」との接点を言及する。

児童文学からアニメーションへ——宮沢賢治の童話からの着想

宮崎駿は、なぜ児童文学を取り上げるのだろうか。宮崎は『本へのとびら』の中で「生まれてきてよかったんだ、と子どもにエールを送るのが児童文学」と述べている。そもそも児童文学とは、子どもを読者の対象とした文学の総称をさす。形式的には絵本、童話、ファンタジー、小説、童謡・詩、戯曲などに分類される。ただし『ロビンソン・クルーソー』などのように、ジャンル上は児童文学であっても大人向けの文学もあった。一八世紀以前には、礼儀、道徳、宗教などを子どもに教える教訓的なものであったが、産業革命以降、新しい子ども観も生まれ、さらにはグリムやアンデルセン、ルイス・キャロルの『ふしぎの国のアリス』などが登場し、現代の児童文学が形づくられてゆく。日本においては、巌谷小波《さざなみ》による『こがね丸』（一八九一年）やお伽噺が近代児童文学を紐解き、大正デモクラシーの中で創刊された雑誌『赤い鳥』（一九八一年創刊）が「芸術的な童話」を生み出したといわれる。

スタジオジブリの監督高畑勲（一九三五～二〇一八年）と宮崎駿は、ともに宮沢賢治の童話の愛読者である。高畑勲は、アジア・太平洋戦争中に手にした童話集『風の又三郎』で宮沢賢治作品と出合う。宮沢賢治の作品は、自然との交感が理想的な姿で描かれる一方、自然の驚異も大きな主題になっていると述べる。『セロ弾きのゴーシュ』などもアニメーション化しているが、中でも注目をひくのは、『平成狸合戦ぽんぽこ』（一九九四年）である。同作は、多摩ニュータウンの開発で住処を奪われた狸達が「化け学」を用いて人間達に抵抗する話だが、宮沢賢治作品へのオマージュが見受けられる。工事現場の飯場の労働者達のもとへ、狸が宮沢賢治の童話『双子の星』の登場人物に化けてやってくるが、その場面のBGMも宮沢賢治作曲の「星めぐりの歌」である。労働者達に東北訛りのセリフをあてているのも、宮沢賢治が岩手県出身であることを意識させている。そして、「化け学」の成果を横取りされた報復として、社長を巨大招き猫のレストランへ案内し、現金を奪いとる。童話「注文の多い料理店」の西洋レストラン山猫軒や同作での「放恣な階級」を罰するストーリーをふまえていることがわかる。その効果音も童話『風の又三郎』で登場する有名なオノマトペ・どっどどーだ。一方、宮崎駿の手法はどうだろうか。『となりのトトロ』で宮崎駿はサツキとメイが転居してきた家は、結核を患っていた宮沢賢治の妹が療養していた別荘を裏設定としているという。『千と千尋の神隠し』（二〇〇一年）では、末尾で主人公千尋が乗車する海上の電車を『銀河鉄道の夜』のように夜空を走らせたかったと述べる。

図4　カレル・ゼマン『悪魔の発明』［DVD］（2017年，発売元：株式会社アイ・ヴィー・シー）

ジュール・ヴェルヌとカレル・ゼマン――読書空間の飛翔

海外のアニメーション映画に目を向けよう。「映像の魔術師」と異名をとるチェコアニメの巨匠カレル・ゼマン（Karel Zeman, 1910-89）だ。人形、切り紙、ガラスなどの素材を使ったアニメーション作品、そして特撮映像の監督として、アニメーション制作者の多くに計り知れない影響を与えてきた。ゼマンが、国際的な成功を収めた作品は日本では『悪魔の発明』（一九五八年、図4）という作品名で知られるがアメリカでのタイトルは、"*The Fabulous World of Jules Verne*"（『ジュール・ヴェルヌの素晴らしい世界』）である。同作は『海底二万里』等で知られるジュール・ヴェルヌ（Jules G. Verne, 1828-1905）の諸作品をもとにした冒険映画で、ブラッセル映画祭でグランプリを受賞後、七二カ国でフィルムが売られた。海賊に誘拐された教授が秘密の研究所で究極の兵器の研究を進めるというストーリーだが、同映画の特徴は、独特のビジュアル・スタイルにある。ライブアクションによる俳優達の演技、切り絵、人形、ドローイングなど様々なアニメーションが渾然一体となって不可思議な画面をつくりあげているためだ。批評家の小野耕世は、高校生の頃ヴェルヌの木版画のイラストが動き出したような同作を息を呑んで見つめたという。ゼマンはヴェルヌの熱心な読者だっだ。ゼマンの娘ルドミラ・ゼマンは、子どもの時にヴェルヌの美しい彫刻の挿絵が載っている小説をもっていたと述べているが、同映画はヴェルヌの深い鑑賞、理解から成り立っている。同作は、読書少年の夢の達成だ。私達は、ゼマン映画を通して、読書空間の中で、想像力による夢の飛翔をしているのだ、といえる。

（米村みゆき）

5　日本文学——様々な文芸アニメーション

「文学」を原作とするアニメ

文芸アニメ、もしくは、文芸アニメーションと呼ばれるジャンルがある。小説などの文芸作品を原作にもつアニメーション作品のことだ。アニメーション作品が製作される際、漫画、児童文学、小説などの原作をもとにしてアニメーションに脚色する場合も多い。ここでは、日本文学、とりわけ日本近現代文学を原作とするアニメーション作品に焦点を絞ってみたい。

『アニメ文学館』と呼ばれるシリーズがある。一九八六年に放映されたテレビアニメで、毎週金曜日一九時から三〇分間放映された。全三五話である。樋口一葉、森鷗外、夏目漱石、川端康成、泉鏡花、武者小路実篤、谷崎潤一郎、山本有三、三島由紀夫などの日本近代文学の「名作」と呼ばれる小説の多くをアニメーション化し、このアニメを原作としたアニメ絵本やノベライズ版も刊行された。すなわち原作から映像化という一方通行的な変更ではなく、いったんアニメーション化した後に映像作品に影響された活字作品が出ていることは注目してよいだろう。原作→アニメーション→リライトされた原作という工程は、活字と映像の双方向的な影響関係を考察することも可能である。また、日本のアニメーション史で考えても、『アニメ文学館』は、『アルプスの少女ハイジ』（一九七四年）などのテレビアニメで知られる『世界名作劇場』との関連性がみえる。どちらも㈱日本アニメーションの制作であることを考え併せれば、『世界名作劇場』が世界中の有名な児童文学をアニメーション化した一方、『アニメ文学館』は日本文学を対象にしたいわば「日本名作劇場」という位置づけができそうだ。しかしながら原作が子ども向きとは言い難い青春ものが含まれるところに「世界名作劇場」との差異が見受けられる。

教育現場での活用――『伊豆の踊子』を事例として

川端康成の代表作の一つに『伊豆の踊子』がある。伊豆へ一人旅に出た学生の主人公が旅芸人一座と道連れになり、踊子の純真さに触れ自らの孤児根性を克服してゆく話である。この小説は、実写映画では六回以上制作され、様々に脚色化されている。一方、「青春アニメ」の『伊豆の踊子』をみると、実写映画よりも原作小説に忠実である様相が指摘できる。これには理由がある。文芸アニメーションは、制作段階から「教育」の現場で活用されること、「日本文学の導入教材」として使用されることが多いためだ。小説を理解するための補助教材の扱いなのである。したがって、文芸アニメーションと呼ばれるジャンルには、原則、原作小説から（それほど）改変させないという〝了解事項〟がある。半面、教育現場での使用ゆえに一定の配慮や制限も見受けられる。たとえば、原作小説では、主人公が雨宿りをする茶屋で中風を患った高齢者の露悪的な身体表現がみえるが、『アニメ文学館』版では削除されている。ほかにも、旅芸人達を賤しい身分の者として軽蔑するセリフや、主人公が二階から階下にいる芸人に金包みを投げる場面が割愛されている。また主人公がお座敷に出る踊り子を性的に搾取される対象として妄想する場面が緩和的な表現に変更されている。これらは、教育現場における文芸アニメの使用を想定した配慮であろう。

図１　川端康成原作／日本アニメーション『名作アニメシリーズ　伊豆の踊子』（新潮社, 1986年）

さらに考察をすすめれば、実写映画版では主人公と踊子のペアが宣伝される一方、『アニメ文学館』版では踊り子が強調されている（図1）。川端康成の原作小説では、主人公の学生の「私」による語りであり、踊子の内面は読者にとって「知り得ない」ものとなっている。一方、『アニメ文学館』版では、踊子の表情のクローズアップの場面が入る。誤解を恐れずに言えば、原作小説における踊子の純真さの表象とは、旅芸人に対しての「軽蔑」や「好奇心」の中で、浴場から裸で飛び出す踊子に主人公が無垢さを見出すもの、偏見や劣位に置かれるものに逆説的に見出される純真さの側面がある。それはあくまでも主人公の「回想」というノスタルジックな装置の中に収まる。しかし、この『アニメ文学館』版『伊豆の踊子』では、踊子の内面も強調されることで、二人の淡い恋が実らずに終わったという感傷的なストーリーが前面に現れる。『アニメ文学館』版は、原作小説がアニメーション化されるときにどのようなものへ回収されるのかを明らかにしている。

文豪とアニメーション作品——太宰治、芥川龍之介など

日本近代文学をアニメーション化した事例をみてゆくと、制作会社では学研、オープロ、東映動画（現・東映アニメーション）、角川書店など様々であり、作家では、夏目漱石、芥川龍之介、太宰治などが好まれている。毎日放送ほか共同制作の連続テレビアニメ『まんがこども文庫』（一九七八〜七九年）では、日本文学の中でも宮沢賢治、小川未明、新美南吉などの大正・昭和期の児童文学が中心だ。昨今の状況として指定できるのは、日本文学を原作としながらも、原作を大きく脚色するアニメーション作品の登場が見受けられるようになってきたことだろう。その典型

図2　太宰治原作／小畑健『青い文学シリーズ　アニメコミックス　人間失格』（集英社，2010年）

図3　朝霧カフカ『文豪ストレイドッグス　太宰治と黒の時代』（角川書店，2014年）

例として『青い文学シリーズ』（二〇〇九年）について言及したい。

同シリーズは、太宰治の『人間失格』（図2）『走れメロス』、坂口安吾の『桜の森の満開の下』、夏目漱石の『こゝろ』、芥川龍之介の『蜘蛛の糸』『地獄変』の六作品をアニメーション化し、俳優の堺雅人がナビゲーターと同時に主人公の声を担当している。ストーリーや設定は大幅に変更されている。とりわけ『桜の森の満開の下』は、原作小説には登場しない漫画的なギャクや映画、ミュージカルの演出方法など、演出側の自己言及的な要素が追加されている。またアニメ『人間失格』では、心中未遂の場面は『道化の華』など別作品の引用や、太宰治の生家（現・太宰治記念館「斜陽館」）も登場し、太宰治への関心をもたせることにも主眼が置かれているようだ。同アニメーションの脚色はこれまでの文芸アニメーションにみえた「教育的配慮」から大きく脱皮しているだろう。『地獄変』では、原作小説は中世時代の『宇治拾遺物語』の説話を土台にしているが、アニメ版では無国籍風な舞台に変更され、人格者の「大殿様」も非情な国王となり、かつ中性的なキャラクターに脚色される。また原作は絵師が地獄絵を描く物語であるが、アニメ版で描かれた地獄絵は芥川龍之介の『蜘蛛の糸』の描写と類似し、もう一方のアニメ作品との接続性、あるいは本編に対する「劇中劇」のような仕掛けが見受けられる。

そのほか、漫画『文豪ストレイドッグス』（図3）もテレビアニメ化（二〇一六年）されており注目される。太宰治、芥川龍之介、中島敦などの文豪が異能者となるバトルアクションもので、作家や小説にちなんだエピソードなどが試みられている。日本文学がアニメーション化されるとき、原作に後押しされて自由な脚色によりアニメーションの創造性を高めてゆく可能性が期待されている。（米村みゆき）

6 ライトノベル——若者向け小説とアニメ

図1　神坂一／あらいずみるい イラスト『スレイヤーズ！』（富士見書房，1990年）

図2　山中智省／あらいずみるい イラスト『ライトノベル史入門「ドラゴンマガジン」創刊物語——狼煙を上げた先駆者たち』（勉誠出版，2018年）

ライトノベルとは何か

『スレイヤーズ！』（一九九五年、図1）、『涼宮ハルヒの憂鬱』（二〇〇六、〇九年）、『とある魔術の禁書目録《インデックス》』（二〇〇八、一〇、一八〜一九年）など、九〇年代後半から大ヒットアニメの原作の多くにライトノベルが採用されていることはよく知られている。ライトノベルとは、英語の「光、輝き、軽い」などを意味するlightと、小説を意味するnovelが組み合わさった和製英語である。では、ライトノベル（以下、ラノベと表記）とは何だろうか。山中智省（二〇一八年）の定義によると、「マンガ、アニメ風のキャラクターイラストをはじめとしたビジュアル要素を伴って出版される若年層向けエンターテインメント小説」（6頁、図2）である。このマンガ、アニメに関連した「ビジュアル要素」や「若年層向け」という対象読者設定が、アニメの原作に多く採用されている少年・少女マンガと通底するところがある。また、メディアミックスによって、アニメのコミカライズとともに、ラノベ化（小説化）という方向もある。

ラノベを考察する前に、まずファンによって「ライトノベル」という用語がつくられたとされる一九九〇年代以前の若年層向け小説、いわゆるジュブナイル、ヤングアダルト、ジュニア小説などと呼ばれたジャンルについてみてみよう。

図3　嵯峨景子『コバルト文庫で辿る少女小説変遷史』（彩流社，2016年）

『小説ジュニア』創刊とその後の少女向け小説

一九六六年に集英社から雑誌『小説ジュニア』が創刊された。『小説ジュニア』はのち八二年『Cobalt』として生まれ変わり、二〇一六年に休刊となるまで、少女向け小説を牽引してきた雑誌である。少女向け小説を掲載した少女雑誌は、戦前・戦中から存在し、戦後少女雑誌に引き継がれるが、嵯峨景子（二〇一六年）は、少女雑誌とは決別した新しいジュニア小説を模索していた点から、一九六六年の「小説ジュニア」創刊を「現在へと繋がる少女小説の系譜の起点」（7頁、図3）ととらえている。この雑誌は、小説だけでなく、ファッションや流行の情報などを若い女性読者に提供するだけでなく、作者と読者／ファンをつなぐ役目や、新人小説家賞を通じて読者が書き手側になる機会の場でもあったのだ。

少女マンガの少女読者が書き手側になり、「花の二四年組」（竹宮惠子、萩尾望都、青池保子、大島弓子、山岸凉子、木原敏江ら）というヒット作を送り出した作家になったように、七〇年代に『小説ジュニア』も若手女性作家を多く輩出する。たとえば、集英社文庫コバルトシリーズ（現・コバルト文庫）というレーベルで活躍する「コバルト四天王」（正本ノン、氷室冴子、久美沙織、田中雅美）も賞の受賞から生まれた。

また、『小説ジュニア』出身ではないものの、一人称の軽快な話し言葉の文体で人気を博した新井素子も、コバルト四天王に匹敵する作家で、彼女の小説『扉を開けて』（一九八一年）は、八六年にアニメ映画化されている。歴史サイキックアクション小説でBL（ボーイズラブ）要素もある『炎の蜃気楼《ミラージュ》』シリーズ（一九九〇～二〇一八年）で九〇年代の少女達を魅了した桑原水菜は、やはりコバルト読者大賞を受賞してデビューしている。『炎の蜃気楼』は、ドラマCD、マンガ、アニメ、二〇一〇年代には舞台化もされた人気シリーズで、今でいう「歴女」のはしり〝ミラジェンヌ〟（女性ミラージュファン）を生み出した。

コバルトシリーズでは、マンガ家によるイラストのカバーや挿絵が、八四年の久美沙織の書き下ろし作品『薔薇の冠　銀の庭』から登場した。それは、のちのラノベを彷彿とさせるスタイルであった。コバルト文庫の成功により、講談社X文庫ティーンズハート（一九八七～二〇〇六年）など多くの少女小説文庫レーベルが創刊されるが、書き手不足もあいまって、やがて休刊、廃刊になる。

『ドラゴンマガジン』創刊とライトノベルの発展

若年向け小説（のちライトノベルと称される）を掲載したラノベ専門雑誌『ドラゴンマガジン』は、富士見書房から一九八八年に創刊した。続いて、角川書店の『ザ・スニーカー』（一九九三～二〇一一年）、メディアワークスの『電撃ｈｐ』（一九九八～二〇〇七年）、そして『電撃ｈｐ』を引き継ぐ形で、アスキー・メディアワークス／ＫＡＤＯＫＡＷＡの『電撃文庫 Magazine』（二〇〇七年～）が次々創刊された。それぞれ富士見ファンタジア文庫、角川スニーカー文庫、電撃文庫など文庫レーベルの母体となっている。

前述した『小説ジュニア』（『Cobalt』）と同じように、『ドラゴンマガジン』でも新人賞を設け、読者が書き手になる機会が与えられた。冒頭に紹介した『スレイヤーズ！』の神坂一《かんざかはじめ》も受賞がきっかけで作家としてデビューしている。雑誌や文庫の表紙を飾ったのは、マンガ、アニメ風のイラスト（ただし『ドラゴンマガジン』の初期の表紙はアイドルのコスプレ写真）であった。最初からビジュアル重視であった

図４　大橋崇行『ライトノベルから見た少女／少年小説史——現代日本の物語文化を見直すために』（笠間書院，2014年）

のは、ビジュアルは、ストーリーを引き立たせ、想像の世界の表現にも大きな役割をもっていたためだという。同様に重要なのはストーリーであったが、『ドラゴンマガジン』と富士見ファンタジア文庫は「空想の世界をベースにして読者に生きる勇気や元気を与える」もので、形式にとらわれない自由な物語を志向していたという。

ライトノベルとキャラクター

では、既存の若者向け小説や児童文学とラノベは、ビジュアル志向だけが決定的違いなのだろうか。大橋崇行（二〇一四年）は、ビジュアルとは異なる「キャラ語」という視点でラノベをとらえている（図４）。「キャラ語」とは、日本語独特の年齢、ジェンダー、社会的立場、職種、出自などと紐づいた、一人称や語尾などのステレオタイプの表現によって、キャラクターを想起させる言葉だという。日常生活ではあまり聞くことのない「執事」言葉や、中国人の日本語なまり（「〜アル」）など、様式化された言葉づかいによって、「マンガ・アニメ的」と読者が認識する。そうした特徴も、ラノベの特徴だといえるだろう。

海外に目を向けると中華圏では「軽小説」、英語圏ではそのまま「light novel」というふうに、日本スタイルの若者小説としてラノベは紹介されている。マンガやアニメがそうであるように、海外作家によるラノベ形式の小説も生まれており、ラノベというスタイルは、今後ますます多様化していくだろう。

（須川亜紀子）

7 民話、昔話――アニメーションの原作として

図１　『岡本忠成作品集』（角川書店, 1994年）

民話とは何か

「この婆さまはイタコの婆さまだ。目は見えないけれど、あの世から死んだ人の魂を呼び寄せたり、天気や田畑の出来を占ったり、呪いで病気を治したりするのだ」

アニメーション作家岡本忠成（一九三一～九〇年）の『おこんじょうるり』（一九八二年、図1）の冒頭は、こんなナレーションから始まる。原作はさねとうあきらによって書かれた創作民話だ（図２）。

民話とは何だろうか。一般的には、民衆の生活の中から生まれ、現在まで語り継がれる説話のことをいい、昔話、民間説話、民譚という言葉でも表される。これらの用語は、研究者によって使い方や解釈も様々であるが、民話と同一の物語内容、あるいは挿話やモチーフの混交が見受けられることから、神話、伝説も同じ名称で呼ばれることもある。

日本の著名な昔話は、婚姻譚、致富譚、妖怪譚などに大別されるように、いくつかのパターンや特徴をもつ。たとえば、「かぐや姫」は、竹取の翁が竹の中から赤ん坊を発見し富を得るという致富譚の要素をもつが、このように致富譚は子どもがいない老夫婦を主人公とするケースは少なくない。また「鶴の恩返し」は人間が動物や精霊などの異類と婚姻する話であるが、これも日本に多くみられる類型であり異類婚姻譚、異類求婚譚などと呼ばれる。主人公が普通ではない姿で生まれる異常

図2　さねとうあきら文／井上洋介挿絵『おこんじょうるり』（理論社，2004年）

誕生譚も「桃太郎」でお馴染みだ。

日本の民話とアニメーション作品

日本の民話、昔話を原作とするアニメーション作品はどのくらいあるのだろうか。現存する最古の国内アニメーション作品は一九一七年公開の幸内純一の『塙凹内名刀之巻（なまくら刀）』といわれているが、これは時代劇のアクションものであった。初期のアニメーション作品はフィルムが残っていないものも多いのだが、記録を辿ってゆくと、北山清太郎が一九一七年から翌年にかけて、日活向島撮影所において日本の昔話を多く制作していたことが確認される。『猿と蟹（サルとカニの合戦）』『花咲爺』『お伽噺 文福茶釜』『舌切雀』『カチカチ山』『浦島太郎』『桃太郎』『金太郎』『瘤取り』『一寸法師』等である（ただし推定を含む）。一九二四年には山本早苗（一八九八〜一九八一年）の『教育お伽漫画　兎と亀』、一九二八年には山本早苗の『お伽噺 日本一　桃太郎』、一九二九年には、村田安司（一八九六〜一九六六年）の『漫画　瘤取り』、一九三五年に瀬尾光世の『いなばの国の兎さん』が確認される。ここでは山本早苗の『お伽噺 日本一　桃太郎』を一例として取り上げてみよう。ストーリー自体は、川へ洗濯にいったおばあさんがもちかえった大きな桃から現れた桃太郎が、きびだんごをもって鬼ヶ島へ鬼退治に行くというお伽噺に即している。三分半ほどの尺の白黒のサイレント作品であり、絵の画面を主体に黒い背景に白抜きの文字の字幕画面が差し込まれる。切り絵アニメーションの手法で制作されているが、柱や格子柄のタイルで遠近感を巧みに演出し、影絵アニメーションの手法を採用するなど工夫がみえる。桃太郎が鬼を切り倒す場面では、鬼の身体が腰から

図3　岡本忠成監督『南無一病息災』（1973年）の一場面（『毎日映画コンクール　大藤信郎賞受賞短編アニメーション全集』［DVD］紀伊國屋書店，1986年所収）

上下に分かれその断面をみせており、漫画的な雰囲気がうかがえる。また、字幕には『幼年唱歌』の「ももたろう」の歌詞が使用されている。

一九四〇年代で原作・原案があるアニメーション作品を調査したところ、日本の昔話が原作のものは、政岡憲三の『大当たり文福』、荒井和五郎の『かぐや姫』など全五三編のうち半数近くを占めている。昔話は、アニメーションの原作として好まれて採用されており、中でも日本人に広く知られているものが題材とされてきたようだ。

民話をアニメーションに結晶させた岡本忠成

冒頭でふれた『おこんじょうるり』の監督である岡本忠成は、民話をアニメーションという表現形態に結晶させた作品を制作しているが、その上映は主として各地を巡回する自主上映という形であった。岡本忠成は、一九七一年からアニメーション作家かつ人形作家の川本喜八郎（一九二五〜二〇一〇年）とともにパペットアニメーショウを開催し、各地を巡回していた。『おこんじょうるり』もパペットアニメーショウで上映されている。岡本忠成は非商業系アニメーションを志す人の指標であると高く評価される作家である。セル画のほか粘土や人形など立体の事物を使用した作品を数多く制作しているが、それらは作品ごとにスタイルを変更し、独自の表現様式に挑んだものであった。その技法をいくつかの作品で確認してみよう。

『南無一病息災』（一九七三年、図3）は、斎藤隆介の創作民話を原作にしたアニメーション作品である。一病息災とは、一つぐらい持病をもっている人の方が自分の健康に気を配るため、無病の人よりもかえって長生きするという意味である。同

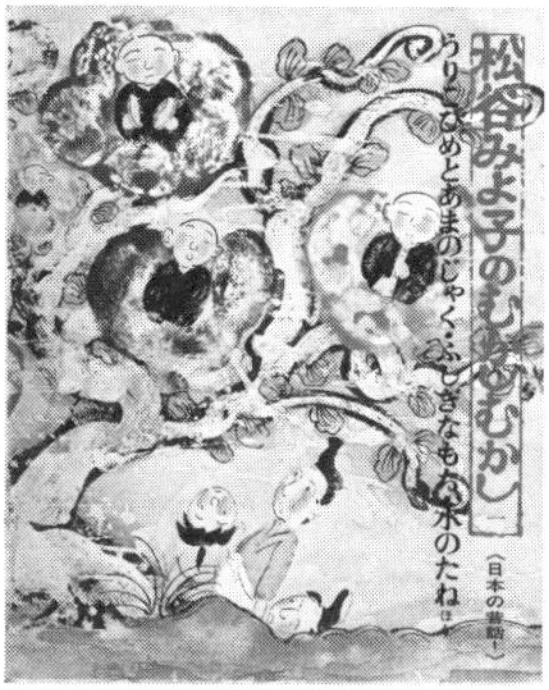

図4　松谷みよ子・瀬川康男『松谷みよ子のむかしむかし　日本の昔話　1』（講談社，1973年）。「水のたね」が所収されている

作では、入子型の形式をふまえ、病気になっている少女に一病息災についての民話を語る構造となっている。その民話のストーリーは、病弱であるが身体をいたわりながら生活している与茂平が、丈夫な体をもちつつも無茶な生活をした五郎市よりも長生きしたというもの。絵馬のイメージを使用し、登場人物も泥絵の具で描かれた絵馬の質感で表現されている。赤鬼が住み着いた五郎市が血を吐いて亡くなる場面は、民話自体が含んでいた残酷さを表現していており、岡本がその民話のエッセンスをアニメーションにおいて表現していることは注目してよいだろう。

『水のたね』（一九七五年、図4）は、松谷みよ子が採話した山形地方に残る民話をもとにしている。沖縄国際海洋博覧会での展示のために制作された作品だ。いわゆる「浦島伝説」をもとにしており、雨が降らず、水が足りないために田圃も増やすことのできない村に住む弥七が、白蛇に姿を変えていた乙姫を子ども達から助けてやる。その恩返しとして竜宮城へ招かれ、土産に水が湧き出る徳利をもらったことで村は水の豊かな土地になってゆくというストーリーである。アニメーションは半立体でつくられており、沖縄の伝統である紅型染めを採用し、人形と背景には、木綿を使用する。このアニメーションをもとにした絵本も刊行されており、半立体の質感が活かされている。

『おこんじょうるり』は東北の山村を舞台に浄瑠璃で病を治す狐おこんとイタコの婆さまとの交流を描く。人形に民芸風の泥人形、連人形を使用していることや郷土玩具である張子を登場させている。

（米村みゆき）

8

人形文化——魂を宿す人形《ヒトガタ》達

信仰とともに生まれた人形

人形の発祥は、古代の人々の信仰に根ざしている。エジプトでは紀元前一六世紀の人形が発見されているが、それはオシリス神の神話の登場人物達だった。日本では縄文時代の土偶、弥生時代のこけし、古墳時代の埴輪などが知られている。

このような長い歴史において、人形は必ずしも人のかたちをしていたわけではなかった。たとえば中国では葬礼のときに棒状の桃の木が使われていたが、やがて棒の端に人形の頭部のようなものがつくられるようになったという（桃梗《とうきょう》）。インドや日本でも神霊とされる人形は、桃や樟《くすのき》が使われた。このように人形は様々なかたちや材質でつくられはじめ、古代の人々は神や精霊を人形に憑依させることで、悪霊を鎮め、人々の平和な暮らしを願ったのである。

動く人形

人形アニメーションの前身として「動く人形」が長らくつくられてきた。紀元前一六世紀には人形劇がエジプトで上演されており、糸あやつり式の象牙製の人形や、手袋式のような人形が発見されている。

影絵人形劇はインドやインドネシアで始められた。中でもインドネシアでは伝統的な影絵人形劇「ワヤン」が人々に親しまれているが、こうした影絵人形劇が中世にはヨーロッパに伝わり、二〇世紀初めにはドイツのロッテ・ライニガー（Charlotte

図1　文字書き人形（1895年制作）

"Lotte" Reiniger, 1899-1981）によって影絵アニメーションの名作が生み出された。

からくり人形も人心を惹きつけた。たとえば九世紀にアラブ世界では、宝石の木に止まって鳴く鳥のからくり人形が存在したという。ヨーロッパでは近代科学が形成されるルネサンス時代に、ユニークなオートマタ（西洋からくり人形）が登場した。たとえばレオナルド・ダ・ヴィンチはライオンのオートマタをつくったが、それは歩行し、胸が開いて心臓の位置にあるバラの花を観客に見せる仕掛けがあった。一八、一九世紀には「人間機械論」（人間を機械とみなして精神と身体の仕組みを探る思想）の登場とともにオートマタは隆盛をみせた。楽器を演奏する人形、文字書き人形（図1）、絵描き人形、歩く人形、話す人形、釣りをする人形など、現代のアンドロイドの原型といえるような精巧な人間のオートマタが現れたのである。

日本では手足の動く人形が平城京跡から発掘されている。奈良時代に中国や韓国の傀儡師《くぐつし》（人形芝居の旅芸人）の芸とともに日本にからくり人形が伝わり、江戸時代に人形芸が開花した。からくり人形が見世物として流行し、人形浄瑠璃（文楽）が大阪で始まり新たに展開しつつ現在も輝きを増している。

人形アニメーションの主な展開

一九〇六年に世界初のアニメーション『愉快な百面相』（黒板にチョークで描かれた顔が様々に変化する作品）が現れると、人形アニメーションも登場する。ロシアのラディスラフ・スタレヴィッチ（Wladyslaw Starewicz, 1882-1965）は『カメラマンの復讐』（一九一二年）をはじめ、精巧なミニチュアの虫や動物を用いた作品を残している。

図3　『劇場版チェブラーシカ』［DVD］（発売元：フロンティアワークス　販売元：東宝）

図2　イジー・トルンカの制作風景

第二次世界大戦後、チェコとソ連という共産主義国家で、人形アニメーションは豊かな展開をみせた。共産主義国家では人形アニメーションに経済的な収益よりも、自国の文化の対外的な宣伝や子どもへの教育効果が期待されたのである。チェコはヘルミーナ・ティールロヴァー、カレル・ゼマン、イジー・トルンカ（Jiří Trnka, 1912-69）（図2）、ヤン・シュヴァンクマイエルなど著名な人形アニメーション作家を輩出した。チェコは人形劇の長い伝統がある。人形劇はハプスブルク帝国やドイツに支配された時代に唯一チェコ語を使える芸能であり、人々に親しまれてきた。ソ連ではロマン・カチャーノフ（Roman Kachanov, 1921-93）の『チェブラーシカ』（図3）シリーズが国民的アニメとして親しまれ、その繊細な物語世界は国外でも高く評価された。

アメリカでは一九四〇年代にジョージ・パル（George Pal, 1908-80）が、木彫りの人形の身体のパーツを置き換えて撮影する方法を開発し、アカデミー特別賞を受賞した。レイ・ハリーハウゼン（Ray Harryhausen, 1920-2013）は長編実写映画『アルゴ探検隊の大冒険』（一九六三年）のクライマックスで、骸骨の兵士と人間の戦いを見事に視覚化した。ティム・バートン（Tim Burton, 1958-）は長編『ナイトメアー・ビフォア・クリスマス』（一九九三年）でパルの手法をとりいれて、主人公のジャックの様々な表情の頭部を四〇〇個もつくり、それらの頭を胴体に付け替えることによって人形に生き生きとした感情を表出させ、幅広い観客層に支持された。

日本の人形アニメーション

日本の人形アニメーションの礎を築いたのは持永只仁（一九一九〜九九年）である。

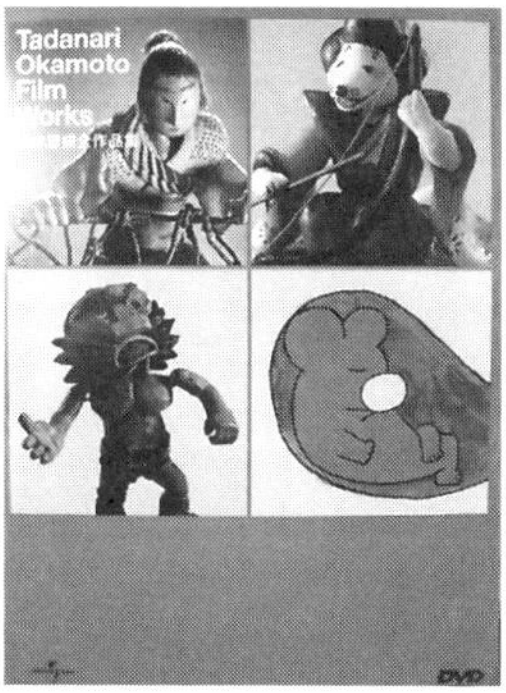

図５　『岡本忠成全作品集 DVD-BOX』［DVD］（ジェネオン・エンタテインメント，2009年）

図４　『川本喜八郎作品集』［DVD］（発売元：NBC ユニバーサル・エンターテイメント）

持永は第二次世界大戦末期に満州映画協会に所属し、終戦後も中国で現地の人々とともに人形アニメーションや漫画アニメーションを制作した。帰国後、『瓜子姫とあまのじゃく』（一九五六年）ほか短編の人形アニメーションを発表。持永のプロダクションは川本喜八郎（図４）と岡本忠成（図５）という、日本を代表する作家を輩出した。持永は文化大革命終了後に再び中国に渡り、北京電影学院などで多くの作家を育成し、「日中アニメーションの父」とも呼ばれている。

川本喜八郎は東宝の美術助手から出発し、劇作家の飯沢匡と人形劇や人形絵本、持永とＣＭを手掛けたのち、チェコに留学してトルンカに師事した。そこで文楽や能のような、日本の芸能の本質と伝統を生かすという着想を得て、『花折り』（一九六八年）、『道成寺』（一九七六年）、長編『死者の書』（二〇〇五年）などを発表。さらに人形美術家としてＮＨＫ人形劇『三国志』と『平家物語』を手掛け、日本の人形文化の発展に貢献した。川本の人形作品は長野県の「飯田市川本喜八郎人形美術館」で公開されている。

岡本忠成は「短編の名手」として知られている。岡本は様々な素材による新しい表現を開拓した。木、革、毛糸、布、紙、粘土、金属など、多彩な素材を用いて作品ごとに様式を変えるという特徴が、岡本作品にある。『おこんじょうるり』（一九八二年）は、日本の伝統的な張子人形や土人形の風合いが生かされており、岡本の最高傑作とみなされている。

持永・川本・岡本は若い人材を育成した点においても重要だ。ＣＭ等で活躍する真賀里文子、見米豊、持永のスタジオを引き継いだ河野秋和、人形美術の保坂純子など、現在の人形アニメーションを支える人材が数多く存在する。

（佐野明子）

9

切り紙、千代紙、和紙文化——変化自在な暮らしの友

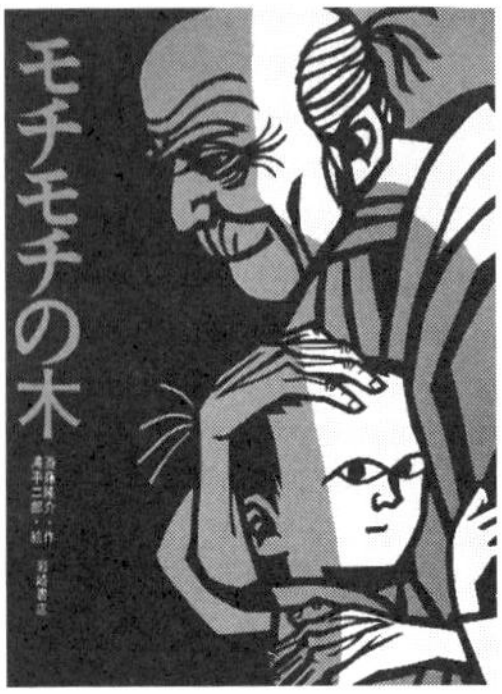

図1　滝平二郎のきりえの絵本（斎藤隆介 作／滝平二郎 絵『モチモチの木』岩崎書店，1971年）

切り紙とアニメーション

世界最古の紙は紀元前一五〇年頃のものが中国で発掘されており、切り紙もまた中国で発祥した。中国の切り紙「剪紙《せんし》」は、紙を使って草花・鳥獣・人物・風景など様々な図案を切り抜いたもので、春秋戦国時代（紀元前七七〇〜二二一年）に貴族階級の祭具としてつくられ、しだいに庶民の民間工芸になった。

日本における最古の切り紙は、奈良の正倉院の「人勝残欠雑帖《じんしょうざんけつざっちょう》」（人勝節〔正月七日〕に用いる祝事用の切り紙。七五七年に献納）とされている。日本の切り紙はまず祭祀用として現れ、のちに染物用の型紙として多様に展開した（江戸小紋染め、型友禅、沖縄の紅型など）。江戸時代末期から明治期にかけては、紙を折って家紋などを切り抜く切り紙遊びがみられた。

なお「切り絵」という名称もあるが、これは版画家の滝平二郎が切り紙のカットを『朝日新聞』に一九六九年から掲載するにあたって、絵の呼び名を担当の記者が「きりえ」と名付け、滝平の絵が評判を呼んだことから切り絵の名称が広がったといわれている（図1）。

日本の昭和初期のアニメーションでは「切り抜き法」という、画用紙やケント紙に顔や胴体や手足を描き、それらを切り抜いて背景を描いた紙の上にのせ、身体のパーツを少しずつ動かしたり置き換えたりしながら一コマずつ撮影していく方法が広く用いられた。村田安司は『月の宮の王女様』（一九三四年）などで緻密な技巧を

図2 『ユーリー・ノルシュテイン作品集　2K修復版』［DVD］（発売元：株式会社 IMAGICA TV, 販売元：株式会社 KADOKAWA）

駆使しており、切り紙アニメーションの技術を確立したと評価されている。

影絵アニメーションの制作方法も切り紙アニメーションと同様である。日本ではドイツ製の影絵アニメーションに触発されて、大藤信郎（一九〇〇～六一年）の『鯨』（一九二七年）や田中喜次の『煙突屋ペロー』（一九三〇年）などが現れた。中でも大藤の『くじら』（一九五二年）と『幽霊船』（一九五六年）は影絵と色セロファンを組み合わせたもので、ヨーロッパの複数の映画祭で上映されて高く評価されている。

ロシアのユーリー・ノルシュテイン（Yuri Norstein, 1941-）は、切り紙アニメーション作家として名高く、作品群は詩の象徴性へ昇華されたものと評されている（図2）。ノルシュテインは妻のフランチェスカ・ヤールブソワと共同作業で、絵の多くをセルロイドに描き、手、足、目、鼻、口、毛など身体のパーツを細かく分けて、マルチプレーン撮影台の上で身体のパーツを組み立てて、動きをつけて撮影していく。『話の話』（一九七九年）はロシアの子守唄を基調に、狼の子どもの目を通して戦時下の社会を描きつつ、日常の永遠性を語りかけるものであり、ノルシュテインの最高傑作とみなされている。

千代紙とアニメーション

千代紙とは、和紙に各種の文様を木版で色刷りしたものをさす。絵奉書（絵を描いた奉書で進物の掛け紙に用いるもの）など、京都の公家社会で進物の包装用として使われたものから展開した。京都でつくられた「京千代紙」には、有職文様《ゆうそくもんよう》や友禅文様など伝統的で雅趣のあるデザインが多い。江戸でつくられた「東《あづま》千代紙《ちよがみ》（江戸千代紙）」は、浮世絵の絵師が描いた絵を錦絵の技術を活用して印刷したもので、「そろばん玉」のように庶民の生活に根ざしたものや、「市松」「鎌輪ぬ」のように歌舞伎役者の舞台衣装から派生したものがある。「姉様人形」は衣装に千代紙が用いられており、少女のままごと遊びで親しまれた。

先述した大藤信郎は「千代紙アニメーション」（千代紙を用いる切り紙アニメーションの一種）を手掛けた唯一の作家としても知られている（図3）。『馬具田城の盗賊』（一九二六年）をはじめとする一連の千代紙アニメーションは、サイレント期に高く評価された。『珍説・吉田御殿』（一九二八年）は一九二九年にパリの前衛劇場で上映されて国際的脚光を浴びた。大藤作品は日本の学校や公共施設でもたびたび上映され、大藤は文部省の委託で『心の力』（一九三一年）を制作した。しかしトーキー移行期になると大藤は漫画アニメーションや影絵アニメーションを手掛けるようになり、大藤の千代紙アニメーションが再び観客の前に現れることはなかった。

図3 『アニメーションの先駆者 大藤信郎 孤高の天才』［DVD］（発売・販売元：紀伊國屋書店）

和紙文化とアニメーション

和紙はユネスコ無形文化遺産に二〇一四年に登録された。登録名は「和紙：日本の手漉和紙技術」。「手漉和紙」とは手作業で紙を漉いてつくる和紙をさすが、現在は機械で漉いてつくる和紙も増えている。

製紙技術は中国から朝鮮半島を経て日本に伝わり、それをもとに独自の和紙技術が生み出された。最古の和紙は六一五年に聖徳太子が書いた「法華経義疏」とみなされている。平安時代には紙衣《かみこ》（紙で仕立てた衣服）、紙衾《かみぶすま》（紙を外被とし中に藁を入れた夜具）、紙縒《こより》などが公家の生活で利用された。江戸時代には町人も和紙を使うよ

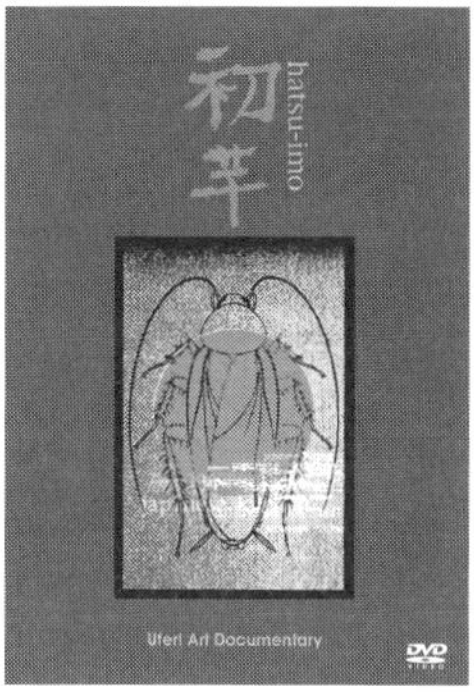

図4　束芋の記録映像
（『初芋：束芋1999-2000』［DVD］2001年）

うになり、衣料の代用には紙烏帽子や合羽、皮革の代用には煙草袋紙や金革壁紙、木材や金属の代用には印籠、水筒、弁当箱、食器、武具などがつくられた。張子人形（木型に紙を重ね貼り、乾いてから型を抜き取ってつくった人形）も各地で生産されている。このように多彩な和紙文化が人々の生活に浸透していったのである。

江戸の和紙文化の一つに浮世絵がある。浮世絵は民衆的な風俗画の一様式として発達し、一七六五年に鈴木春信が多色刷りの木版画、すなわち錦絵を創始して隆盛した。浮世絵が明治期に西洋美術、特にフィンセント・ファン・ゴッホなど印象派の画家達に影響を与えたことはよく知られている。

現代美術作家の束芋（一九七五年〜）のインスタレーション作品にはアニメーション映像が用いられているが、「現代版動く浮世絵」と呼ばれるほど、浮世絵のエッセンスが採り入れられている（図4）。まず、絵の線のタッチを浮世絵に似せている。そして、色は浮世絵の色をそのまま使っている。浮世絵をスキャンしてPCに取り込み、色の部分をコピーして輪郭線の内側にペーストしているのだ。『にっぽんの台所』（一九九九年）は、観客が日本の和室のセットの中で、正面と左右の壁にある計三面のアニメーション映像を同時に見るというかたちをとっている。映像の内容はリストラや若者の自殺など現代社会を風刺するものだが、浮世絵の色や線のタッチからどこか懐かしくも不気味な雰囲気が醸し出され、浮世絵と現代美術が見事に融合されている。

（佐野明子）

10 クレイ、粘土細工——身近な人気者

図1 『ウォレスとグルミット 野菜畑で大ピンチ！』［スペシャル・エディション DVD］（発売元：NBC ユニバーサル・エンターテイメント，2018年）

クレイ（粘土）アニメーション

いま最も知られているクレイアニメーションの作り手は、イギリスのアードマン・アニメーションズ社だろう。一九七二年にピーター・ロードとディヴィッド・スクロプストンが設立し、ニック・パーク（Nick Park, 1958-）が加わり、アードマンは順調に展開した。パークの『快適な生活』（一九八九年）は、リップシンク（lip synch。キャラクターのセリフと口の動きを一致させる）を実現させ、アカデミー短編アニメーション賞を受賞。さらに同賞をパークの『ウォレスとグルミット』シリーズ（一九八九年〜）で二本受賞した。長編『ウォレスとグルミット 野菜畑で大ピンチ！』（二〇〇五年、図1）はアカデミー長編アニメーション賞を受賞。『ウォレスとグルミット』は人間のウォレスと飼い犬のグルミットの物語で、飼い犬のグルミットには口がないが、目や眉や身振りで喜怒哀楽の感情を表出する巧みな表現力に定評がある。『ひつじのショーン』（二〇〇七年〜）もシリーズ化・長編映画化され、「ひつじのショーン ファミリーファーム」という体験型アミューズメントパークが二〇一五年に大阪府にオープンした。

　アードマン以前の主なクレイアニメーションもみてみよう。アメリカで一九五〇年代に『ガンビー』がTVで放送され始め、ウィル・ヴィントンの『月曜休館』（一九七四年）がアカデミー短編アニメーション賞をクレイアニメーションで初めて受賞。チェコのヤン・シュヴァンクマイエル（Jan Švankmajer, 1934-）はシュルレア

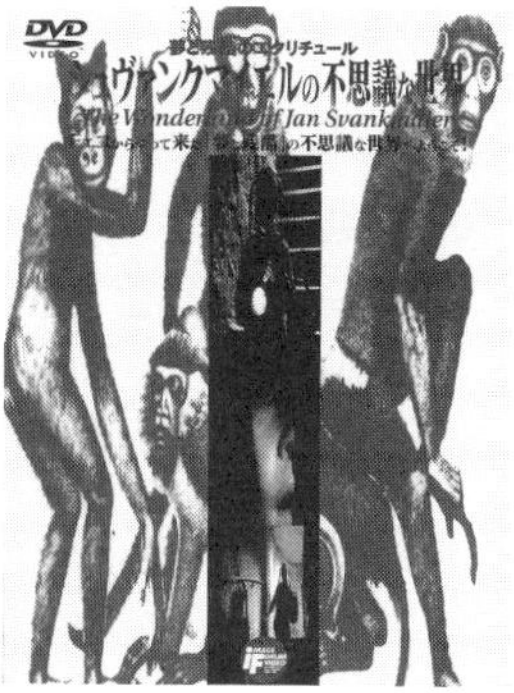

図2　『シュヴァンクマイエルの不思議な世界』［DVD］（発売：チェスキー・ケー，販売：ダゲレオ出版，2005年）

リストとしてクレイアニメーションを含む映画を制作し、代表作に『対話の可能性』（一九八二年）などがある（図2）。スイスではオットマー・グットマンの『ピングー』が一九九〇年からTVで放送され始めた。日本では伊藤有壱の『ニャッキ！』（一九九五年〜）や、イタリアを拠点に活動するユサキフサコ（湯崎夫沙子）の『ナッチョとポム』（二〇〇二年〜）などがあり、NHK教育「プチプチ・アニメ」で放送されている。

クレイアニメーションの制作方法

『ウォレスとグルミット　野菜畑で大ピンチ！』の人形は、プラスチシンという固まりにくいカラー粘土でつくられている。プラスチシンはいつでも形を変えられ、自由に動きをつくれるようになっており、人形の感情豊かな表情や身振りが生み出された。一コマごとに人形を少しずつ動かして撮影し、それらをつなぎあわせて人形が動いているようにみせており、コマの数は一一万五〇〇〇以上にのぼる。監督のニック・パークとスティーブ・ボックスおよび三〇人のアニメーターが、常に二〇〜三〇のセットで撮影し、録音や編集や撮影を同時進行で行った。この八五分の長編作品に、製作期間は五年を要した。

『ニャッキ！』（図3）の人形も粘土でつくられているが、一般的なクレイアニメーションとは異なり、針金や金属の関節による骨組みは使われていない。なぜなら人形を粘土のみでつくることで、人形がつぶれたり、のびたり、極端に変形するというクレイアニメーション特有の表現が可能になるからだという。一話およそ五分の作品だが、一秒につき一五コマ撮影するため、完成に二、三カ月を要する。

図3 『ニャッキ！』の制作方法やCM作品が収録されたDVD付書籍（伊藤有壱監督『I. TOON CAFE――伊藤有壱アニメーションの世界』[DVD]，プチグラパブリッシング，2006年）

ほかにも様々な制作方法があるが、初心者でも取り組みやすい。デジカメとPCで手軽につくる入門書もあり、クレイアニメーションは鑑賞も制作も、私達に身近なものとなっている。

粘土の人形《ひとがた》

粘土でつくられた人形は、日本では「土人形」と呼ばれて人々に親しまれてきた。先史時代の土偶や古代の埴輪にはじまり、江戸時代には全国各地で数多く生産されて広く一般に普及した。なかでも土雛、土天神、武者人形など節句の飾り用の土人形が流行したという。京都の伏見でつくられはじめて全国およそ一〇〇カ所に伝わり、達磨、福助、お多福、太鼓打ち人形、花魁、鯉抱き、獅子舞、恵比寿、子守りなど種類も豊富にあり、これらにそれぞれの郷土の特色と技法が加わって独自性の強い作品が生まれた。現在も郷土玩具の中核となっており、伏見人形（京都）、博多人形（福岡）、堤人形（宮城）、古賀人形（長崎）などが知られている。

粘土から人造人間がつくられる「ゴーレム伝説」にもふれておこう。ゴーレム伝説は複数あるが最も有名なのは、一六世紀から一七世紀にかけてチェコのプラハに実在したユダヤ教のラビ（ユダヤ教の教師への敬称）、レーフのものである。ラビが土くれから人造人間ゴーレムをつくって下男として使おうとしたが、ある晩ラビが護符をはずし忘れるとゴーレムは凶暴になって暴れ出したため、ラビに護符をはぎとられて土くれに返る、というものだ。土から人形《ひとがた》をつくり、それに人々が生命を見出すという行為は古くから世界各地でみられ、クレイアニメーションはその延長上にあるのである。

私達の生活と粘土

現代の私達の生活の多くにも粘土が使われている。列挙すると、陶磁器、タイル、ガラス、屋根瓦、土管、煉瓦、壁材、ポルトランドセメント、塗料、織物、ゴム、プラスチック、洋紙、鉛筆、化粧品、石鹸、農薬、医薬品などがある。なかでも医薬品や化粧品にも粘土が含まれていることについてはあまり知られていないだろう。たとえば胃腸の制酸剤や吸着剤には、粘土が主薬として用いられたり、主薬の働きを助ける助剤や基剤として用いられたりしている。ファンデーションのような仕上げ用の化粧品には、粘土質原料としてカオリン、タルク、雲母などが用いられることが多い。

教育の場では、図画工作や美術の教科に粘土が活用されてきた。一九〇四年に文部省が初めて手工国定教科書を教師用につくり、このなかに豆細工や紙細工と並んで「粘土細工」があった。茶碗、植木鉢、筆立てなどの実用品や、花や貝などの彫刻の作り方が載っていたが、当時の教育方針は生徒が与えられた題材をつくらされるというもので、近年の美術教育のように生徒自身の心象や思いを自由に表現するものではなかった。粘土による自由な表現行為は第二次世界大戦後に始まり、現在も子ども達の感性や想像力を育成する効果が重視されている。粘土は古く新石器時代から土器として利用されはじめて人々の生活を支えてきたが、現代の私達もまた粘土から多くの恩恵を受けているのである。

（佐野明子）

11 実写映画——連続写真から映画へ

連続した写真からアニメーションへ

発端は「ギャロップする馬の四本の脚すべてが宙に浮いている瞬間がある」ことを証明するためだった。元カリフォルニア州知事のスタンフォードは、この理論の実験をイギリス出身の写真家、エドワード・マイブリッジ（Eadweard Muybridge, 1830-1904）に依頼した。その当時は、疾走する馬の脚のうち一本は常に地面についているという考えの方が一般的だったからだ。マイブリッジは、馬が駆け抜けるときにシャッターが切られるように、仕掛け線を等間隔に張ったカメラを一二台並べた。そして疾走する馬の連続撮影を成功させ、馬の脚の四本すべてが地面から離れている瞬間があることを証明した。この連続写真は、アニメーションや映画の誕生のきっかけの一つとなった。その後、マイブリッジは、カメラの前で鳥を羽ばたかせ、動物を歩行させた。人間による様々な動きの写真も撮っていった。この連続写真は人々に「動的錯覚」をもたらす。フランスでも科学者エティエンヌ＝ジュール・マレーが様々な動物の連続写真を撮影し、その動きを記録していた。連続写真を見たトーマス・エジソンは、後に映写機キネトスコープを発明する。これがシネマトグラフにつながり、映画が誕生することになる。

山村浩二の『マイブリッジの糸』

「時間の概念について常に考察しなければなりません。アニメーターになると

図１　山村浩二『マイブリッジの糸Ⅱ』（フリップブック，パルコ出版，2011年）

時間について関心を持つのか、あるいは時間に関心があるからアニメーターになるのかもしれません。」

アニメーション作家の山村浩二（一九六四年〜）は、NFB（National Film Board of Canada、カナダ国立映画制作庁）との共作である『マイブリッジの糸』（二〇一一年、図1）のインタビューでこのように語っている。同作品は、一九世紀のカリフォルニアを舞台したマイブリッジと、現代の東京に生きる母娘の時空を超えた二つのエピソードを交錯させた作品だ。マイブリッジが疾走する馬の様子を写真に収めようとカメラのシャッターに糸をかけるほか、自分の妻の愛人を射殺する場面が登場する。一方、現代の東京で台所に立つ妊婦が手にした魚の腹から古い懐中時計が出てくる。山村は、誰かを（銃で）撃つことと映画を撮ることが、英語では同じshootという動詞を使用することから、いずれも時間との関連、時間を操作したい欲望と関連していると述べている。母と娘の物語のモチーフも「時計」に象徴される。

写真とアニメーションとのあいだの大きな差異の一つは、いうまでもなく「時間」である。映像が、自然な動きを生み出すには、一秒間につき二四枚の写真／静止画を連続映写することが必要とされてきた。山村浩二は、マイブリッジの連続写真をエピソードに加えながら、アニメーション作品において独自の時間を創出し、その作品に生命を吹き込んでゆく。「アニメーション」が「生命」や「運動」を生じさせるとき、連続写真は「写真」によってつくり出されたものであるにもかかわらず、実写映画とは異なった「アニメーション」に接近する。つまり、連続写真とは、実写映画かアニメーションか、そのどちらに近いものであるのか、という問いをはらむものなのだ。アニメーション作家、とりわけ非商業系アニメーション作家の多

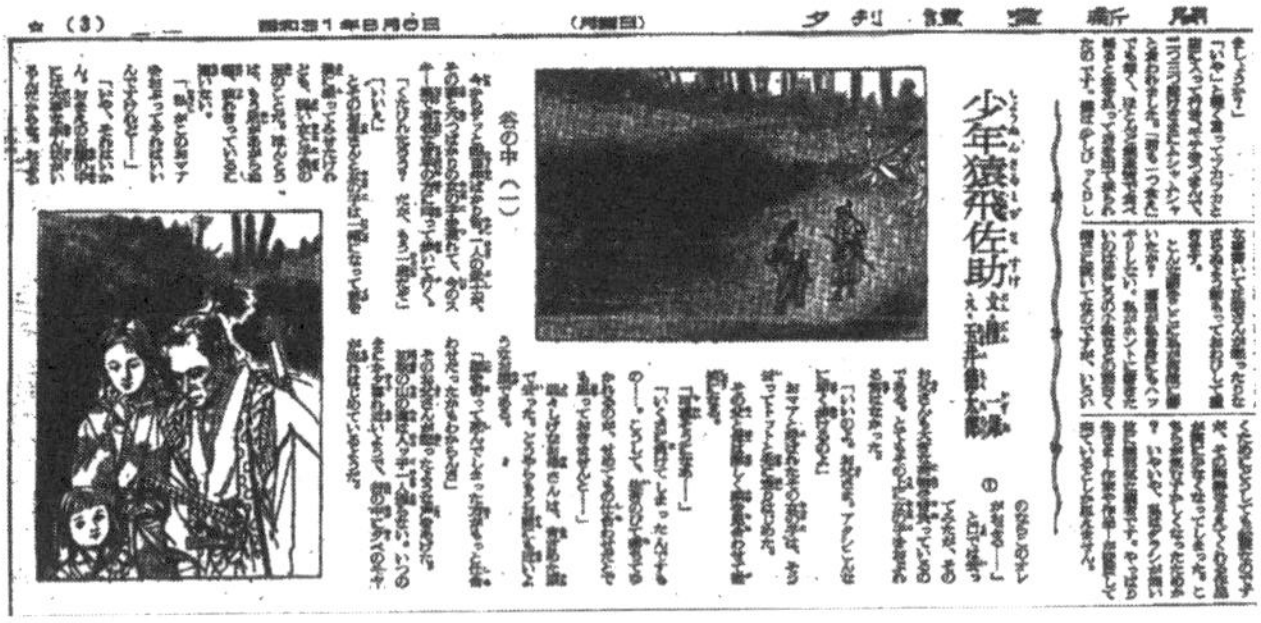
夕刊　読売新聞
昭和31年8月6日
少年猿飛佐助

図2　檀一雄「少年猿飛佐助」の連載（『読売新聞』夕刊，1956年8月6日付3面）

くは、アニメーションとしての独自の時間をつくり出すことを意識せざるをえない。

付言するなら、マイブリッジが連続写真によって「被写体の再現」を重視した一方、マレーは連続写真における「等間隔の幅」に着目した。つまり、空間よりも時間に関心があったのはむしろマレーの方であった。「アニメーションから生まれた映画は、アニメーションを周辺に追いやったが、最終的にはアニメーションのある特殊なケースになったのである」と述べたのは、メディア理論家のレフ・マノヴィッチである。現代のCGアニメーションの制作プロセスと、映画前史の事例が近づいていることを指摘するのだ。現在、アニメーションの制作においてモーションキャプチャーの使用で創り出される時間は、非商業系のアニメーション作家が創出する「独自の時間」と極めて対照的である。そこで意識されるのは、時間軸に沿った身体の運動といってもいいかもしれない。機械に従属した身体は、私達の行動が、様々な「設計」にあわせて制約されている現在の問題ともつながってゆくだろう。

実写からアニメーション映画へ——東映動画長編アニメーション

話題を転じて、日本における実写映画とアニメーション映画の関係について取り上げたい。長編アニメーション映画の制作について考えるとき、先行して実写映画版が制作されている事例が少なくないためだ。興行収入を考えたとき、実写映画作品の実績（企画の決定を含む）により、ある程度観客が見込まれるものをアニメーション化としたと考えられる。たとえば、日本の長編アニメーションの幕開けとなった東映動画の『白蛇伝』（一九五八年）は、日本と香港の共同制作である『白夫人の妖恋』（一九五六年）が香港で興行的に大成功を収めたため、その企画がもち込まれ

図3　菊田智 文／北島新平 絵『安寿と厨子王』（歴史春秋出版，1986年）

たという。翌年の『少年猿飛佐助』も実写版は前年に公開されている。同作は檀一雄の原作が『読売新聞』紙上でも連載されていた（図2）。『西遊記』（一九六〇年）についてはいわゆる孫悟空物は、アニメーション映画公開の前年までに五本にわたりる実写版が公開されている。観客にとってすでに親和性の高い題材のアニメーション化であったのだ。『安寿と厨子王丸』（一九六一年）については溝口健二監督による映画『山椒大夫』（一九五四年）があった。ここでは『安寿と厨子王丸』（図3）と実写映画を比較することで、それぞれの媒体がもたらす脚色について言及したい。

　この話は、安寿・厨子王の幼い姉弟が、人買いに騙され山椒大夫のもとで使用人として働くも、安寿の犠牲により脱走した厨子王が後に国司となり、佐渡で母親に再会する話だ。アニメーション作品は、日本画風の背景画や登場人物のきめこまやかな動きが目をひくが、安寿の美貌がストーリーを牽引するために強調されているようだ。それは藤森かよこがDisney Ethosと名付けている苛烈な世界を軟化した調和的世界とも関連性をもつ。また絵本等の媒体では、安寿は入水しその登場を終える。しかしアニメーション作品では、沼に入水した安寿が白い鳥に変化し、道に迷った厨子王を空から導くなどの脚色がみえる。作品の最後まで安寿は頻繁に登場するのだ。母親に「あの子も、あれで幸せなのかもしれませんね」と語らせるなど安寿を非劇では終わらせない。一方、同じ安寿の死でも、溝口映画では、戦争を体験した日本人の心情が重ねられているようだ。戦争が終わってから九年後の同作は、母親役に庶民と一緒に戦後生きた女優の田中絹代を起用する。母親が佐渡の岸壁に立ち安寿や厨子王を偲ぶ場面に、戦争で身寄りの者を失った家族の姿に重なるという指摘がある。当時の人々の心情に寄り添っているだろう。

（米村みゆき）

12 サウンド――三種の音声とその収録方法

声――アニメーションにおける音①

アニメーションに限らず、映像作品におけるサウンド（音声）は、声、音楽、効果音という三つの要素に大別される。ここで、それぞれの特徴をみていきたい。

まず、声である。キャラクターの声は、声優によって吹き込まれている。声優には、物語世界内に存在する少数のキャラクターに向けて演技しながらも、物語世界外に存在する多数の観客に向けて演技をするという特殊な能力が求められる。これは俳優もまた同じであるが、声優の場合は身ぶりや手ぶりを含めずに声だけで演じなくてはならない。

声優の成立に直接的な影響を与えたメディアの一つは、ラジオドラマである。NHKが設立した東京放送劇団（一九四一～九〇年）は、自局のラジオドラマに出演する俳優を育成しており、現在の専門職的な専業声優の業態が確立する要因となった。ちなみに、女優の黒柳徹子（一九三三年～）はこの劇団の出身者である。さらに、吹替映画はラジオドラマ以上に声優の成立に影響を及ぼした。戦後、アメリカで量産されたテレビ向け映画作品が輸入され、海外の俳優のセリフに日本語で声をあてる吹き替えが行われた。この吹き替えを行う声優の中でも矢島正明（一九三二年～）や野沢那智（一九三八～二〇一〇年）の人気は高く、受容者が声優という職業を意識する契機となった。一方、テレビアニメにおいて声優という存在が認識された最初の事例は、『海のトリトン』（一九七二年）に出演した子役・塩屋翼（一九五八年～）

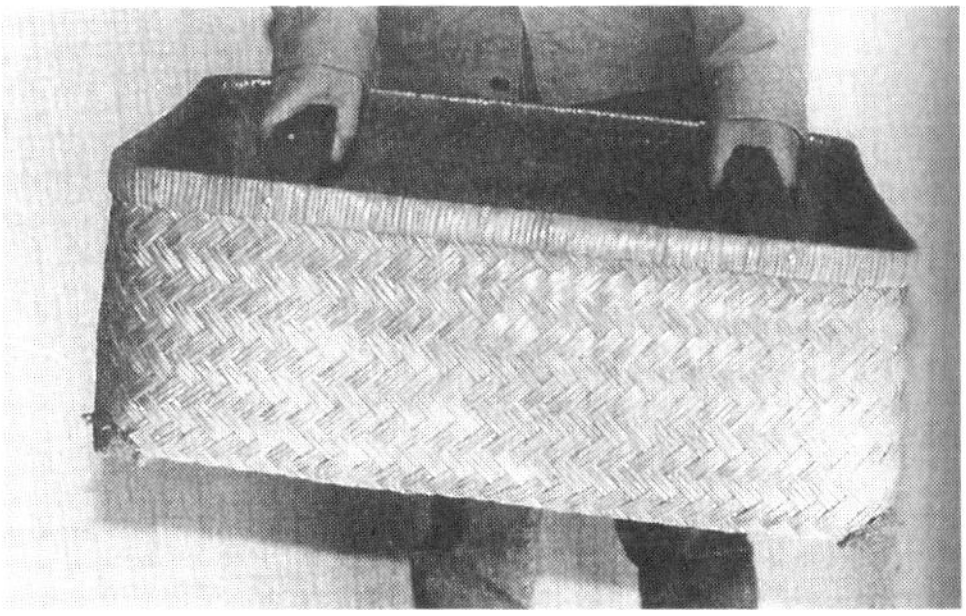

図1　「波かご」（木村哲人『音を作る　TV・映画の音の秘密』筑摩書房，1991年）

とされている。

音楽――アニメーションにおける音②

二つ目は、音楽である。多くのアニメーションでは、オープニングとエンディンに楽曲が使用されている。また、劇中で流れる挿入歌として音楽が用いられることもある。『君の名は。』（二〇一六年）では、これらすべてをロックバンドのＲＡＤＷＩＭＰＳが担当し、監督を務めた新海誠（一九七三年〜）との綿密な打ち合わせによって、アニメーションと音楽の相乗効果をもたらした。これにより作品全体がＰＶのような出来映えとなっている。

効果音――アニメーションにおける音③

最後は、効果音である。効果音は、実際の音を録音することもあれば、人工的に作り出すこともある。たとえば、「波かご」（図1）と呼ばれる小道具に小豆を入れてゆっくりと揺らすと、波に似た音を発する。このほかに、電子音を用いて未知の音をつくり出すこともある。

効果音の有用性を示したアニメーションは、ディズニーによって制作された『蒸気船ウィリー』（一九二八年）だろう。本作では、階段を転げ落ちたり、噛みたばこを噛んだりした際に効果音が使用されている。日本では、『鉄腕アトム』（一九六三〜六六年）の効果音がのちのテレビアニメに大きな影響を及ぼした。本作で音響を担当した大野松雄（一九三〇年〜）は電子音楽から影響を受け、フィードバック（録音された音声を再生し、それをマイクに録音するという循環を繰り返すこと。ハウリングとも呼ばれる）を用いて飛行音などをつくり出した。こうして出来上がった効果音は、「動かないアニメ」といわれた『鉄腕アトム』に動きがあるようにみえる画面をもたらした。さらに、ピコピコという足音はアトムを示す記号ともなっている。ソフトバンクのＣＭ「ＭＯＯＮ　ＲＩＢＡＲ『元鉄腕アトム』篇」（二〇一五年）では、成長したアトムの姿を俳優の堺雅人が演じている。このＣＭではアトムの特徴的な髪形に加え足音の効果音も再現することによって、キャラクターの同一性を担保しているのである。

アフレコとプレスコ――音声収録の方法

アニメーションにおける音声には、声、音楽、効果音の三つがあることを確認した。次に、その収録方法を考えるにあたり、実写と比較してみたい。

実写映画は、映像と音声を同時に収録する同時録音を用いることで、両者の同期を図っているようにみえる。しかし、同時録音では映画に不必要な雑音も一緒に収録してしまうため、この欠点を補う方法として映像が出来上がった後に音声を録音するアフレコ（アフターレコーディング）が用いられることが多い。つまり、同時録音を用いて映像と音声が同期しているように観客にみせている実写映画は、実際には完成した映像に合わせて音声をつくっているのである。この詐術はドキュメンタリー映画においても用いられ、マグマが煮えたぎる火山の映像に合わせてあんこを煮る効果音をあてた事例まである。映画評論家の蓮實《はすみ》重彦《しげひこ》はこのような実写映画の特性に言及し、映画が音声を本質的な要素としてもつことはなかったとまで述べている。

その一方で、アニメーションは同時録音が原理的に不可能であり、音声収録はアフレコと、映像が完成する前に音声を収録するプレスコ（プレスコアリング）の二種類にかぎられる。プレスコは、欧米圏のアニメーションで主に用いられている。その特徴は、あらかじめ録音された音声をアニメーターが聞くことによって、厳密に同期したアニメーションを制作することにある。特に、英語は日本語よりも発音が複雑なこともあり、アメリカのスタジオでは唇の動きとセリフを同期させたリップシンクという技術が発展している。

日本でも楽器演奏のシーンにおける音楽はプレスコであるが、声の収録に関してはアフレコが一般的とされている。すると、声は映像に合わせ吹き込まれているかのように思えるが、実際にはそう単純ではない。日本のテレビアニメの場合、アフレコの段階で画が完成していないことが多い（字義どおりに解釈すればこれはアフレコではないが、便宜上日本ではアフレコと呼ばれる）。そのため、録音された声が制作中のアニメーションに影響を与えることもある。このことを意図的に行ったのが、テレビアニメ『宝石の国』（二〇一七年）である。本作では、絵コンテの段階で声の収録がなされた。その声を3DCGのアニメーターがあらかじめ聞くことによって、芝居のイメージをつかみアニメートしやすくしたのである。

このように、アニメーションは音声との相互作用によって制作されるメディアである。蓮實は映画が音声を本質的な要素としてもつことはなかったと述べたが、少なくともこの事例にアニメーションが当てはまらないことは明らかであろう。

（萱間　隆）

13 コンピューター——「アニメ技術」の革新

図１　『僕たちの好きなタイムボカンシリーズ』（別冊宝島 779，宝島社，2003年）。「タイムボカン」「ヤッターマン」の全話を解説。マージョ VS ドロンジョの魅力をあますことなく網羅

コンピューターによるアニメの黎明期

一九七〇年代、アニメ業界ではアナログコンピューターが、いわゆる「スキャニメイト」として導入されていた。東洋現像所（現：IMAGICA）が開発した技術は、映像に対する新たな発色、屈折、歪曲を可能とする、従来の映像表現ではなされなかった独特な映像表現を作品にもたらした。テレビアニメではタツノコプロが『タイムボカン』シリーズ（一九七五〜八三年放映、図1）の主要メカ（タイムメカブトン／タイムドタバッタン／タイムクワガッタン）のタイムリープシーンで主に使用された。続く八二年、東京中央プロダクションが、CUVASS（Cubic Video Animation Studio System）を実用化し、制御コンピューターによるVTRアニメーション制作を実現した。この技術を用いてNHKテレビの一分アニメシリーズ『森は生きている』などがつくられたが業界全体に普及することはなかった。

またデジタル制作を七〇年代から検討していた東映動画は、彩色行程、動画を日本で初めてデジタル化したテレビアニメ『子鹿物語』（一九八三年、図2）を製作するが、当時のコンピューター技術にはまだまだ課題があり、オープニング、エンディングに採用されたものの、本編は再びセルアニメーションに戻さざるをえなくなった。また同年封切りの劇場アニメ『ゴルゴ13』（一九八三年）は、ビルの谷間を飛行するヘリコプターのCG表現の出来栄えが芳しくなく、物語全体の進行に多大な違和感をもち込む結果になってしまった。このように八〇年代のデジタルアニメ化

図2 『子鹿物語1』（MGM／UA，講談社・エムケイ，1983年）。「NHKテレビ名作絵本」としてテレビアニメを再構成したもの。マジョーリー＝ローリングズの原作小説は1939年にピューリツァー賞を受賞

図3 アニメコミック『攻殻機動隊 GHOST IN THE SHELL』（講談社，1995年）。士郎正宗の原作コミックを押井守がアニメーション映画化。フィルムコミック版

の挑戦は映像品質をいかに保ち、デジタルペイント、CGアクションにかかるコストを省力するか、それ以後の課題を再認識させる結果をもたらした。

デジタルアニメの革新——押井守『攻殻機動隊』（一九九五年）の登場

八〇年代のデジタルアニメはおおむね技術力が低く、作品全体に採用されることはなかった。たとえば『機動戦士ガンダム 逆襲のシャア』（一九八八年）では、スペースコロニー回転シーンの際、無機質なデジタル作画とセル作画の差による違和感を解消するために、さらに手描きの背景をテクスチュアとして張り込む必要に迫られた。デジタルアニメ技術は、人間の目にあわせてつくられたセルアニメとの違和感を緩和するまでには進歩していなかった。一定の成果がでるのは、技術の高度化にみあう制作コストの歩留まりが見込める九〇年代を待たねばならなかった。

その点、押井守（一九五一年〜）の『攻殻機動隊 Ghost in the Shell』（一九九五年、図3）がみせたCG技術の革新は衝撃的であった。作品ベースはセル画であるが、アナログとデジタルを融合する技術が随所にみられた。それは次の九つからなる。(1)カメラフレームワーク：レイアウトソフトにより、キャラクターが移動しても奥行きが自動的に確保される技術、(2)イメージ・フィルター：キャラクターと背景の質感が自動的にコントロールされるディフュージョン効果。(3)ICE：映像素材を時間の変化により再構成し、再活用する省力化の技術。(4)TIMA：画面の中に他の画面を入れ込むディスプレイ技術。(5)透過光・変形（ディストーション）：背景の微妙な変化、ゆがみ、質感の変化を自動的に生み出す技術。(6)3Dエフェクト+セル合成：二次元画面に3D的な映像効果を組み合わせる技術。(7)レンダリング生

成：不安定な長回し映像に代わり、持続映像を安定させる自動生成技術。(8)フォノグラム：製図的な画像を、劇画的な絵に融合させる技術。(9)ＣＡＤソフト：レイアウト設定の事前イメージ化（立体化）を可能にし、風景の一部である「看板」「広告」などディスプレイに他の映像データをはめ込む技術、である。以上の技術の登場により、それ以降アニメのデジタル化が急速に進んだ。

「2Dデジタル CGアニメ」と「3DCGアニメ」

九〇年代中頃からセルアニメに代わりデジタルＣＧによる2Ｄ、３Ｄ作品が多数つくられるようになる。高畑勲の映画『ホーホケキョ　となりの山田くん』（一九九九年）は、ジブリにおいてセル彩色からデジタル彩色に全面転換した初の作品であり、デジタル音響システムも導入された。また坂口博信の映画『ファイナルファンタジー』（二〇〇一年）はフルポリゴン３Ｄによるキャラクターの動き、表情の不気味さを認識させる作品であるが、それは森田修平のＯＶＡ『ＦＲＥＥＤＯＭ』（二〇〇六〜〇八年）の「３Ｄテクスチャーマッピング」による「セル・ルック」アニメにも受け継がれている。またフルポリゴンによる2Ｄアニメ化は、『ＯＮＥ　ＰＩＥＣＥ　３Ｄ　麦わらチェイス』（二〇一一年）で、３ＤＣＧの違和感を弱めるために、キャラクターに劇画的な輪郭線を施し、ゲーム的な映像感覚を活用する工夫がなされた。マンガ原作の３ＤＣＧ化は、そのイメージが原作に依存するために、キャラクターの動きに違和感を覚えやすいが、３ＤＣＧによるオリジナルキャラクターの場合は、依拠する物語原作がないため全くその心配がない。りんたろう（一九四一年〜）の映画『よなよなペンギン』（二〇〇九年）、松山洋の映画『ドットハッ

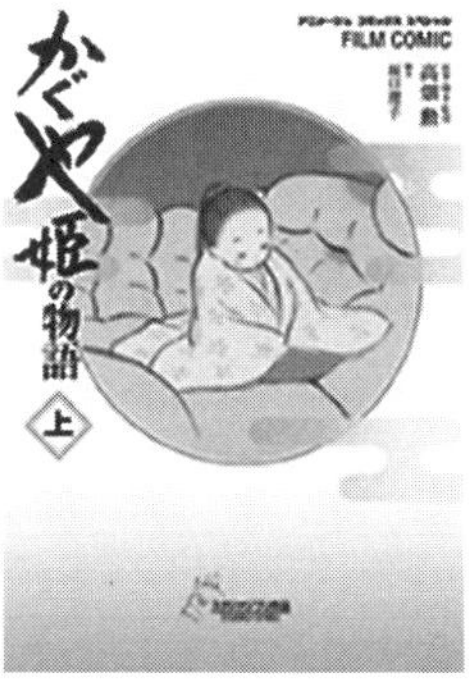

図4　アニメージュ編集部編／高畑勲 原案・脚本・監督／坂口理子 脚本『かぐや姫の物語（上）』（高畑事務所・GNDHDDTK，徳間書店，2014年）。原案・脚本・監督，高畑勲によるアニメーション作品のフィルムコミック。かぐや姫のおかした罪と罰が，淡々とした美しい映像で，劇的に描かれる

ク　セカイの向こうに』（二〇一二年）などは、その最たる例だろう。しかしマンガ原作のイメージを損なわない八木竜一・山崎貴の映画『STAND　BY　MEドラえもん』（二〇一四年）のような3D作品も登場している。ここにセルアニメからセル・デジタルアニメ（2D）、フルデジタルCGアニメ（2D）、フルポリゴン・デジタルCGアニメ（3D）、フルポリゴン・セルルックアニメ（2D変換）への流れとその可能性が確認できる。

2Dデジタルアニメと3D「セル・ルック」アニメの挑戦

では、アニメ制作のアナログからデジタルへの転換における課題は映像表現上どれくらいあるのだろうか。それは次の三点に集約されるだろう。

(1)デジタル作画では、線が1（ある）か、0（ない）かで認識されるため、かすれ線、途切れ線などが線として認識されない。そのため線の迫力、表現力が低下する。(2)(1)によれば線による囲みが成立せず、デジタルペイントができない。(3)3DCGによるキャラクターの動き、顔の表情が依然として不自然なために、自然な動き（セルアニメ的な動き）に慣れた視聴者の違和感が完全には解消されない。

(1)、(2)については、一度引いた「続き」線の囲みに彩色を施したうえで「マスク処理線」に置き換える高畑勲『かぐや姫の物語』（二〇一三年公開、図4）、(3)はフル3DCG使用のセル・ルック作品で、キャラクターの「不気味の谷」の修正を試みた岸誠二のテレビアニメ『蒼き鋼のアルペジオ』（二〇一三年）などの例があるが、今後は「デジタル線」を筆線に変更、重色間の「にじみ」を再現するソフトの一般化、セル・ルックの自然表現化が進んでゆくものと思われる。

（小山昌宏）

第2章

アニメーションと文化現象

『鉄腕アトム』（1963～66年）　© 手塚プロダクション

テレビアニメの時代へ

一九五三年から日本で本格的なテレビ放送が始まると、アニメーションは映画館ではなく、家庭で鑑賞するものになっていく。戦前から日本でもおなじみのミッキーマウス、ベティ・ブープなど、映画館でアメリカ産のキャラクターが出演するアニメーション作品のシリーズはあったものの、有料かつ、劇場に行くという行動がともなった映画鑑賞は、やがて無料かつ外出をともなわないテレビ視聴に取って代わられる。日本のテレビ放送黎明期には、アメリカの一話完結ものの短編アニメーション(カートゥーン)シリーズが放映されていた。日本初のテレビアニメーション作品は、一九五八年に日本テレビで放映された短編カラーアニメーション『もぐらのアバンチュール』だった。

そうした中、連続もののテレビアニメーションは、制作費や時間と手間がかかることから忌避されていた。しかし、ディズニーのアニメーションに影響を受け、自身もアニメーション制作に意欲を燃やしていた手塚治虫が、一九六一年虫プロダクションを設立。日本初週一回放送の三〇分連続テレビアニメ『鉄腕アトム』を制作し、六三年一月一日から放映が始まった。同年一〇月には『鉄人28号』、一一月には『エイトマン』(制作TCJ、現・エイケン)、また『エイトマン』開始直後には、長編アニメーション映画を製作してきた東映動画の『狼少年ケン』が放映を開始する。国産週刊テレビアニメの時代の幕開けだった。

ジャンルの形成

日本初の毎週連続ものテレビアニメに、ロボット(アトム、鉄人28号)や機械(エイトマン)などのSF世界や、ジャングル(狼少年ケン)などの日本を感じさせない設定が使われたのは、海外市場を意識した選択でもあったが、のちの日本のテレビアニメに多様なジャンルを形成する萌芽ともなった。まずアトムは、人型ロボット=アンドロイドであり、子どものような無垢な心によって、機械と人間の友好性や共生を象徴する存在であった。のちに人間の友として、時には人間の再定義としてのロボットジャンルが形成されていく。同様にエイトマンに描かれたような、サイボーグ(半人間、半機械)も、『サイボーグ009』(一九六六年他)や『攻殻機動隊 Ghost in the Shell』(一九九五年他)によって、人間とは何かを問うツールとなる。一方で、鉄人28号のように、リモコンの所有者次第で善にも悪にもなる巨大ロボット(スーパーロボット)というモチーフも、七〇年代に入ると量産され、一大サブジャンルが築かれる。外部操作型から、『マジンガーZ』(一九七二年他)や『機動戦士ガンダム』(一九八九年他)など内部搭乗型へ移行していく数々のスーパーロボットアニメは、人間と機械との距離、融合、さらには同化を表現する場ともなっていく。

日常の中の非日常、非日常の中の日常

ロボットやハイテクマシンが活躍するアニメが人気を集める一方で、日常生活を描く作品も増加する。『サザエさん』（一九六九年～）、『ちびまる子ちゃん』（一九九〇年～）のように、主婦や子どもの視点から日常を淡々と描くファミリー向けアニメ、七〇年代に流行し、その後も継続するスポコン（スポーツ根性）アニメ、一大サブジャンルを築いた「魔法少女」アニメ、女子中高生の生活を中心に描かれる学園生活（日常系、空気系と呼ばれる）アニメなど、多種多様なテーマでアニメは制作され、観る側に影響を与えてきた。

非日常の代表ともいえるSFアニメも健在である。『宇宙戦艦ヤマト』は、劇場版（テレビのダイジェスト版）が大ヒットし、社会現象にまでなった。

また、非日常の中の日常をテーマにした超能力や妖怪といったサブジャンルも、途切れることがない。超能力を善に利用すればヒーローになる。特撮番組では『ウルトラマン』シリーズや、『仮面ライダー』、『スーパー戦隊』シリーズが長寿番組化しているが、彼・彼女らの能力も超能力の一種である。アニメにもヒーローものは人気モチーフであるが、絶対的なヒーローよりも、不完全ゆえに努力するヒーローが多いのは、特撮番組のヒーローものの影響もあろう。日常生活で繰り広げられるコミカルな超能力アニメもあり、これらは現実にはありえないからこそ、観る側をワクワクさせてくれる。

古代より日本人に親しまれてきた妖怪もすたれることはない。妖怪アニメの代表である『ゲゲゲの鬼太郎』（一九六八～六九年）は、二〇一八年の新作テレビアニメに至るまで、実に六回もテレビアニメ化されている。最近では『妖怪ウォッチ』（二〇一四年～）が子どもたちの間で一大ブームを巻き起こし、『夏目友人帳』（二〇〇八年～）は二〇一七年時点で六期放映され、二〇一八年には映画も公開された。

このように、ジャンルのテーマ別にアニメをとらえてみると、日本文化の様々な側面が垣間見える。それは私たちの心を覗く行為でもあるのだ。

（須川亜紀子）

14 人型ロボット——機械的複製時代の人間

キャラクターとしてのロボット

人間以外の存在がキャラクターとして、さらには主人公として頻繁に登場することは、アニメーションならではの特徴の一つといえる。その中でも非人間キャラクターの多くを占めるのは、動物とロボットであろう。それらの主な役割は、脇役として主人公の人間を助けたり、もしくは逆に人間が脇役になったりするが、人間がまったく描かれない場合もある。もちろん動物やロボットといっても実物ではなく、手描きのアニメーションでは鉛筆や絵具で、ストップモーション・アニメーションでは立体の模型でつくり出されたものである。

一九九〇年代以降、実写映画においても、CGテクノロジーの急激な発展にともない、非人間キャラクターが数多く描かれるようになったが、CGテクノロジーがアニメーションの一手法として使われている点では、それらも技術的にはアニメーションによる産物といえる。ただし実写映画の場合は、人間の役者が依然として物語世界の主人公を担う特権的地位を保っており、そのような地位を脅かしそうなCGキャラクターの台頭(1)に抵抗感を示す議論も散見される。

人間を真似る魂なき身体

アニメーションでつくりあげられる物語世界の中でキャラクターとしての役割を果たすときには、動物と同様にロボットも擬人化されるのが通常である。人間のよ

注(1)　生身の役者にとって代わるCGキャラクターの登場する代表的な映画としては,『ファイナルファンタジー』(2001年）があげられる。

図１　『カエルのフリップ～テクノクラックト』（アブ・アイワークス，1933年）。主人公のフリップがつくりあげた人型の手伝いロボットは次第に暴走していく

うな身体フォルムで人間の言葉を喋り、人間のような仕草を見せるのである。確かに、ある程度までは、人間に近づけば近づくほど、見る側にとって感情移入しやすくなる。実際産業ロボットの多くは、巨大なフレーム構造に属し、その一部だけが人間の腕を連想させるようなデザインになっており、それらの絶えず繰り返す同じパターンのアクションは、感情移入の対象になりにくい。

アンドロイド（疑似人間）とも呼ばれる人型ロボットがアニメーションに登場した初期の例は、ウォルト・ディズニー（Walt Disney, 1901-66）の同業者としてミッキーマウスを創造したアブ・アイワークス（Ub Iwerks, 1901-71）による『カエルのフリップ』シリーズの中の一作『テクノクラックト』（一九三三年、図１）で、主人公のカエルの敵として描かれている。近年ロボットが人間の友達として登場する作品は増えているが、欧米ではロボットは主人公になりえないという考え方が根強い。これは、思考力をもっているのは人間のみと語った一七世紀フランスの思想家Ｒ・デカルト（René Descartes, 1596-1650）からの影響である。デカルトによると、いかに人間を真似できても機械は理性という魂をもっておらず、このような考え方においては動物も自力で動くことができるとはいえ、理性のない機械でしかないとされる。

人造人間ガムゼーから鉄腕アトムへ

日本のアニメにおいて人型ロボットが初めて登場したのは手塚治虫のテレビシリーズ『鉄腕アトム』（一九六三年）と知られている。マンガの場合はアニメより早く、田河水泡（一八九九～一九八九年）の『人造人間』（一九二九年）が最も初期の作品としてあげられており、手塚はその影響を受け少年時代の私家版のマンガ『幽霊男』（一九四五年）で田河の人造人間ガムゼーを描いたことがある。『鉄腕アトム』の大ヒット以来、等身大の人型ロボットは日本のマンガはもちろんアニメにおいてポピュラーなキャラクターの地位を得ることになる。ただし手描きアニメーションの手法で表現されるがゆえに、外見だけで人間キャラクターと区別することが困難な場合がある。だからこそ等身大の人型ロボットは、巨大ロボット（通称スーパーロボット）とは異なった意味合いを帯びる傾向があり、特に「人間とは何か」という問いを見る側に投げかけることが多い。これは、すでに『鉄腕アトム』のテーマでもあったのだが、少年が身体の機械化を目指して旅する冒険を描いた『銀河鉄道999』（テレビアニメ、一九七八年、映画、一九七九年）にも同様のテーマが通底している。等身大の人型ロボットは、同じ人型でも、人間の定義という問題にかかわらない巨大ロボットと根本的に違うことが注目に値する。(2)

人形の未来、人間の未来

人間の定義やあり方に対する問いは、ロボットという名前の存在が歴史上初めて現れたときにまで遡る。その起源と知られるチェコの作家カレル・チャペック（Karel Čapek, 1890-1938）のSF戯曲『ロボット』（一九二〇年）では、通常のロボットのイメージとは違い、金属の機械ではなく人間同様の細胞の化学的合成によってつくられる人型ロボットが登場し、未来世界の新しいハイテク奴隷労働力として描かれる。これは、ロボットという言葉自体が「働かされるもの」を意味するチェコ語から考案されたことにも示唆される。近代産業社会における人間の危うい現状と

注(2)　後者については，本書では「スーパーロボット」という別途の項目が設けられており（⑮参照），本項における人型ロボットの範囲には含まれていない。

図2 『イヴの時間 オフィシャルファンブック』（壽屋，2010年）

注(3) 同作品は，2010年に長編映画として編集・公開されている。

将来を映し出すといった、人型ロボットの鏡的な意味合いは『鉄腕アトム』にもみられる。特に第一話「アトム誕生」では、主人公のアトムをはじめ人間の奴隷にされていたロボット達が解放される物語が展開される。手塚にとって奴隷としての人型ロボットは、アメリカにおける黒人奴隷の比喩でもあったのである。同様のテーマは、手塚のマンガ『メトロポリス』（一九四九年）を原作にしたりんたろう監督のアニメーション映画『メトロポリス』（二〇〇一年）にまで受け継がれている。

二一世紀に入ると、人型ロボットを取り巻く現実の技術的進展とともに、人間との区別がつきにくくなるにつれ、人間のあり方に関する哲学的な問題を真正面に扱う作品が著しくなる。『攻殻機動隊』（一九九五年）の続編として制作された押井守監督の『イノセンス』（二〇〇四年）は、ナノテクノロジーを視野に入れながら、人型ロボットと生身の人間、そしてその中間的な存在であるサイボーグを配置する。吉浦康裕（一九八〇年〜）監督がインターネット上で順次公開した全六話のアニメシリーズ『イヴの時間』（二〇〇八年、図2）は、人間との感情的なコミュニケーションができるまで発展したアンドロイドが日常空間に浸透し、人間側にアンドロイド依存症を引き起こすという未来の社会問題をテーマとして取り上げる。(3)

日本社会において人型ロボットは、アニメやマンガの中で想像される描写と相互作用しつつ、現実のレベルにおいても著しい発展を成し遂げている。特に、ホンダ社が二〇〇〇年に発表したアシモは二足歩行ロボット史の新しい幕開けとなり、石黒浩教授（現・大阪大学）は実物の人間をコピーするジェミノイド・プロジェクトで国際的な名声を得ている。

（キム・ジュニアン）

図1　『アイアン・ジャイアント』［DVD］（ワーナー・ホーム・ビデオ，2000年）。宇宙から現れてきた巨大なロボットと地球人の少年ホーガースとの間に友情が芽生えていく

15　スーパーロボット——人が乗る人型の巨大機械

二次元世界のヒーロー

日本のアニメにおける大きな特徴の一つは、『天元突破グレンラガン』（二〇〇四年）、『革命機ヴァルヴレイヴ』（二〇一三年）など数多くの作品にロボットが登場し、それらがストーリの中核を占めるということであろう。もちろんロボットそのものは、二〇世紀初頭から海外諸国におけるSFジャンルの多くの実写映画にも頻繁に取り入れられているが、日本アニメにおいては巨大な人型ロボットの活躍が著しいといえよう。そもそも実写映画では、長い間ストップモーション・アニメーションや着ぐるみといった特殊効果を用いずには巨大ロボットの撮影がほぼ不可能だった事情がある。CGが大規模に普及している二一世紀にも『トランスフォーマー』（二〇〇七年）とその続編が大ヒットしたとはいえ、人型の巨大ロボットの登場する作品の数は日本のアニメとは比較にならない（『トランスフォーマー』さえも、実は日本の玩具会社タカラの変形ロボット玩具シリーズに由来している）。ハリウッド製のアニメーション映画の注目すべき例としては、ブラッド・バード（Brad Bird, 1957-）監督の長編『アイアン・ジャイアント』（一九九九年、図1）があげられる。しかし作中で描かれるロボットは、身体が機械ではあるものの、人間によってつくられ操縦されるロボットというより、自分の意思で行動する異星人に近い。テーマも、スピルバーグ監督の映画『E.T.』（一九八二年）のように地球人の子どもとの友情が強調されている。

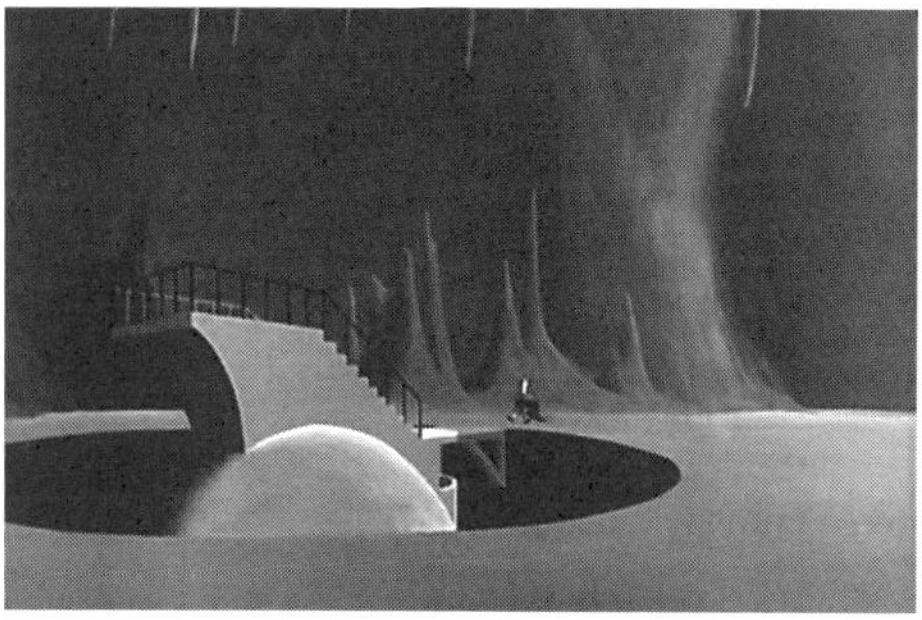

図2　ロボットの画像は，『やぶにらみの暴君』の1979年リメイク作『王と鳥』より。お城の地下に収蔵されている巨大ロボットの頭部に王が搭乗している様子

自動車からロボットへ

日本のアニメ文化において人型の巨大ロボットはスーパーロボットと呼ばれる傾向がある。それについては、ロボットものの代表的な作品であるテレビアニメ『マジンガーZ』（一九七二年）の主題曲の歌詞の中にある「スーパーロボット」という言葉が影響したとされる。スーパーロボットの範囲にはアトムのような等身大ロボットが含まれることもあるが、本項ではマジンガーZをその典型とみなし、人型の巨大ロボットのみを取り上げることにする。

漫画家永井豪によって創造されたマジンガーZは、人間がロボットの頭部に搭乗し操縦する初のロボットで、スーパーロボット史の中では、そのアイデアが革新的として評価される。その前にテレビアニメ『鉄人28号』（一九六三年）や『アストロガンガー』（一九七二年）に登場する同名のスーパーロボット達は、人間によって他所からリモコンで操縦されるタイプと、自分の意思をもって人間と一体化する形で活動するタイプのものだったが、メインストリームをなすまでには至らなかった。マジンガーZのような搭乗型ロボットは、フランスのポール・グリモー（Paul Grimault, 1905-94）監督による長編アニメーション『やぶにらみの暴君』（一九五二年、日本公開は一九五五年、図2）にもみられるが、王様がロボットの頭部の頂点に立ち、その下の後頭部で使用人が彼の命令どおりにロボットを操縦する二重構造になっている点で大きな違いがある。

搭乗型ロボットの発想には、一九六〇年代以来日本社会において一般に広く普及し始めた自動車と関連している。実際『マジンガーZ』では人間が小型の飛行艇やバイクに乗ったままロボットの頭部に合体することから、乗り物という機械と人間とのインターフェースがスーパーロボットの重要な要素として働いていることがわかる。さらにパイロットが人型ロボットの空の頭脳部を占め、ロボットを目覚めさせ動かすような演出には、近代的な人間観が反映されている。つまり人体の頭部は理性という魂が宿る場所であり、その魂がない限り、その身体は自分では動くことができない機械であるという考え方である。マジンガーZにおいて人間のパイロットはロボットの「頭」としての役割を担うことになっている。

機械身体のアクション俳優

スーパーロボットにとってパイロット達は魂としての地位をもちながらも、逆にロボットの身体から影響されもする。コックピットに座っているパイロット達は、単にロボットを操るだけでなく、自らがロボットそのものになったかのように、攻撃を受けるたびにロボットの身体とともに全身で反応する。つまり、彼らの身体的範囲がロボットの身体へ拡張しているわけである。物理的に分離されているはずの機械と人間がつながることは、現実の世界でもみられる。たとえば運転者が車の外側を肉眼で見ていないにもかかわらず、指定の場所に正確に駐車ができるのは、そのつながりの証拠とあげられる。

パイロットとロボットとの関係は、キャラクターとメカという構図のうえでつくられるが、見る側にとって興味の対象になるのは、主に後者のロボットといっても過言ではない。作中において多くの場面を占めるバトル・アクションは、人間のパイロットではないロボットによるもので、事実上、実写映画における人間のアクション俳優の役割を担っている。したがって、スーパーロボットはメカというより、特撮ものの役者のように、甲冑をまとったキャラクターという解釈もできる(1)。

ロボットもののリアリティとは?

スーパーロボットは様々なタイプに分類されうるが、その対義的な言葉として通用している「リアルロボット」も含まれることがある。リアルロボットの代表的な例には、富野由悠季(一九四一年～)総監督のテレビシリーズ『機動戦士ガンダム』(一九七九年)に登場する一群のロボットがある。それは、作中で人間キャラクター以上にヒーローの役割を演じるロボットというより、「大量生産される兵器」という設定を提示しつつ、「登場人物の心理描写」も細かく行うことから得られた呼び方といえよう。デザインの側面でもリアルロボット、特にガンダムは、外骨格もしくはパワードスーツ(強化服)といったリアル世界のサイボーグや宇宙開発工学のアイデアが影響したとされる。作中でガンダムが「モビルスーツ」と呼ばれる設定にも、ロボットに搭乗するのではなく、スーツのようにロボットを着用するという発想が働いているのである。

ここで特筆すべきは、いかにリアルロボットといわれても、その代名詞であるガンダムにもスーパーロボットの主な特徴が保たれていることである。主人公のパイロットには、他の機体では代替できない一体限りの特別仕様のプロトタイプのロボットが与えられ、唯一無二の持続的な関係でロボットと結ばれることが多い。ゲーム『スーパーロボット大戦』シリーズにガンダムが含まれることにも注目されたい。より本格的な意味のリアルロボットは、テレビシリーズ『超時空要塞マクロス』(一九八二年)、『装甲騎兵ボトムズ』(一九八三年)などにみられる。(キム・ジュニアン)

注(1) この解釈は,押井守監督の以下の著作を参照している。『イノセンス創作ノート　人形・建築・身体の旅+対談』徳間書店,2004年。

16

魔法——魔女、魔法使い、魔術師、魔導師のルーツ

アニメに描かれた魔法

『魔女の宅急便』（一九八九年）、『魔法少女まどか☆マギカ』（二〇一一年）、『魔法つかいプリキュア』（二〇一六～一七年）、『フェアリーテイル』（二〇〇九年～）、『マギ』（二〇一二～一四年）など、魔法を自由自在にこなすアニメのヒロイン、ヒーロー達は、私達にはおなじみである。しかし、魔女、魔法使い、魔術師、魔導師など、使われる呼称は様々だ。アニメではバラエティに富んだ魔法使いが描かれているが、そもそも魔法とはどのように考えられ、魔女、魔法使い、魔術師、魔導師のイメージは、どのように西洋で構築され、日本文化の中で変容したのだろうか。

西洋の魔法、魔法使いのイメージ

一般的に魔法使いのイメージは、黒いマントに三角帽を身につけ、箒に乗って、空を飛んだり、杖を振って呪文を唱え魔法を繰り出したりする老婆、老人だろう。妖精や黒猫などの小動物（「使い魔」）も一緒にイメージされるかもしれない。そうしたイメージは、主にグリム童話などの古代伝承文学から西洋キリスト教における挿絵、絵画などの視覚芸術を経て徐々に固定化され、日本に輸入された。

実は西洋においても、魔法、魔法使いは、基本的に否定的イメージであるが、その出自は古代神話とキリスト教では少し異なる。魔法とは、古代のヨーロッパにおいては超自然的な力であり、それは神の啓示などと同義であった。科学が発達して

いない時代、人知を超えた力は、畏れられ、信仰の対象にもなったのである。特に古代ケルトのドルイドの信仰が起源とされるハロウィーン（一〇月三一日）では、日本のお盆に似た、あの世とこの世がつながり、悪い精霊達がやってくると信じられていたが、その悪い精霊の一部として魔女のイメージが視覚化されていった。しかし、今では魔女は悪い精霊を追い払ってくれる魔除けとして重宝され、魔女のイラストや魔女という言葉が書かれたお札のようなものが売られている。一方、キリスト教では一神教の神（善の象徴）に対する対抗勢力として悪魔（悪の象徴）が考えられた。魔女、魔法使いはその悪魔の従僕であり、人間を惑わし、破滅させる。特に魔女は、古典絵画においておどろおどろしい醜悪な老婆で、赤子をさらっては大釜で煮て食べたり、サバトと呼ばれる魔女の集会を夜な夜な開き、神の世界を脅かすものとして描かれることが多かった。実際一八世紀のスペインの画家フランシスコ・デ・ゴヤの有名な「魔女六連作」がその典型である。ちなみに、魔女と訳される「witch」は、男女両方を意味していたが、時代を経るごとに女性のみを示す語となり、「男性の魔法使い（wizard）」と区別され、witch は「魔女狩り（witch-hunt）」などの迫害の対象になった時期があった。男性中心的社会において、女性はしばしば他者として、また男性を惑わす者として周縁化、排除されたためである。

挿絵、映画による魔法使いイメージの再生産

魔女、魔法使いの概念は、西洋文学の翻訳という形で、一般の人々に紹介された。たとえば、明治維新後に翻訳された『百科全書』に登場する魔女は、「巫女」と訳されて紹介され、次第に「魔女」という言葉があてられていった。グリム童話、北

図1　須川亜紀子『少女と魔法――ガールヒーローはいかに受容されたのか』（NTT出版，2013年）。魔法少女アニメについて論じている

図2　レネ・クレール監督『I Married a Witch』（1942年）のポスター。邦題は『奥様は魔女』

欧神話、シェイクスピア演劇など、時代や国が入り混じって入ってきた魔女、魔法使いのイメージは、二〇世紀になると映画による視覚的描写によって、固定化していく（須川、二〇一三年、図1）。

一九二〇年代以降、映画が映像娯楽の中心になると、視覚的トリック技法を駆使できる面白い題材として魔女や魔物が取り上げられるようになる。あくまで魔女・魔法使いは、醜悪な悪人として登場するが、次第にバラエティに富んだものが登場する。既存のイメージとは真逆の良い魔女・魔法使いという設定もつくられていった。その典型例が『オズの魔法使い』（一九三九年）の悪い魔女ミス・ガルチと良い魔女グリンダである。さらに映画『奥様は魔女（I Married a Witch）』（一九四二年、図2）では、美しく若い魔女が人間と恋に落ちるというコメディ物語も描かれている。一九五〇年代以降のテレビ時代に突入すると、アメリカのファミリードラマ『奥様は魔女（Bewitched）』（一九六四〜七二年）が、金髪、碧眼、白人、中産階級の若い美人の魔女サマンサというキャラクターを描き、人間と結婚し、日常で騒動を巻き起こすコメディが人気を博したのである。

魔法少女と魔法少年

『奥様は魔女』と同時期にミュージカル映画『メリーポピンズ』（一九六四年）も封切りされ、魔女が日常にやってくるという設定は、アニメにも流入してくる。テレビアニメ『魔法使いサリー』（一九六六〜六八年）で、かわいい魔女サリーが主役として初登場する。アニメの中の魔法少女は、日本の子ども達に夢と希望を与えている。

魔法使い少年もしばしば登場する。魔法使い少年のイメージを大きく変えたのは、イギリスのJ・K・ローリング原作の児童文学『ハリー・ポッター（*Harry Potter*）』シリーズの映画化だろう。『ハリー・ポッターと賢者の石』（二〇〇一年）以来、魔法は学校で集団で学ぶ学問であり、努力と知識と修行で精進するという設定が、学園アニメへと変換されていく。アニメでは『魔法先生ネギま！』（二〇〇五年）で学園を舞台に魔法使いが登場。ギルドという団体で展開される『フェアリーテイル』や、騎士団というチームで活躍する『ブラッククローバー』（二〇一八〜一九年）も、『ハリー・ポッター』型の魔法使い（魔導師）達の物語である。

魔法と科学

最後に、西洋の魔女、魔法使いの意匠を輸入し、進化を遂げた魔法少女、少年達だが、近年のアニメでは、魔法の科学的な説明を試みる作品も多い。『魔女の宅急便』のキキのように、魔法の力は自信と直結する、極めて心理的効果に根ざしたものとは逆に、たとえば、『とある魔術の禁書目録《インデックス》』（二〇〇八〜一一年）では、魔法は「術式」（数式のような呪術）で発動するという設定で、極めて論理的な理屈になっている。『魔法科高校の劣等生』（二〇一四年）では、魔法は論理的で科学的な公式に基づいて運用、解析されている。魔法という不可思議なものと、それを駆使する魔法使い。日本のアニメでは、魔法少女というジャンルも存在するほど魔女は今も生きている。人智を超えた力（魔法）は、様々な変容をしつつ常に人々を魅了してやまない。

（須川亜紀子）

17 超能力、超常現象──超自然的能力の行方

超能力か？　魔法か？

「超能力」とは、文字どおり人知を超えた力である。超人的な力は、ファンタジー設定において劇的な戦闘シーンが繰り出せる効果から、魔法と同じくアニメやマンガの題材に取り上げられることが多い。魔法・魔術と超能力・超常現象は、しばしば同一視されている。しかし、魔法・魔術が、何らかの呪文や所作によって、超自然的な現象が起こる（と信じられている）行為だとすると、超能力・超常現象は、科学的、合理的に証明できない超自然的力、または現象だといえる。けれども、決まった定義があるわけではなく、同じ行為や現象を、魔法や魔術、超能力や超常現象、または他の用語で表現することが可能なので、その呼称は、用語を使用する側の解釈に委ねられることが多い。本項では、超能力＝人間が内に秘める超自然的能力、超常現象＝自然科学では解明できない現象、と定義して考えていく。

幸か？　不幸か？

超人的能力をもった人間は特権を得ることによって優位に立てる。ヒーローにも悪者にもなれるし、世界征服も夢ではない。誰もが欲する力のように思えるが、しかし、超能力者が常に幸福とは限らない。たとえば、アニメ『斉木楠雄のΨ難《さいなん》』（二〇一六、一八年）では、主人公斉木楠雄は、テレパシー（他者の思考が読めたり、自分の思考を他者へ飛ばせる能力）、物を動かす念力（サイコキネシス）、透視、千里眼、

予知、テレポート（物を移動させる）、瞬間移動などあらゆる超能力をもっているが、なんでもできてしまうがゆえに、毎日がおもしろくなく、冷めた性格になっている。むしろ普通の人間として過ごすことに必死である。アニメ『とある科学の超電磁砲《レールガン》』（二〇〇九〜一〇、二〇一三年）では、学園都市という特殊な閉鎖空間で、超能力で人間が階層化されている。主人公の中学生御坂美琴は、超電磁砲《レールガン》と呼ばれるレベル5の最高級超能力者だが、階層から外れたレベル0の者たちから嫉妬、憎悪を受けることもある。アニメ『僕のヒーローアカデミア』（二〇一六〜一八年）でも、誰もが「個性」という名の何らかの超能力がある世界で、主人公の緑谷《みどりや》出久《いずく》は、無個性であることにコンプレックスをもっていた。しかし、無個性にもかかわらずその英雄性（困っている人を救う）によって「個性」ワン・フォー・オールを与えられたのだった。超能力をもつアニメのヒーロー、ヒロインには、大別すると、超能力を披露し戦闘などに利用するタイプと、超能力を隠し生きるタイプの二種類があるといえよう。しかし両タイプとも、超能力に対する苦悩と苦闘があるという点は変わらない。

霊能力？　超常現象？

超能力が人間の駆使する力として認識される一方、心霊現象に関する事例も存在する。人間の目には見えない幽霊（霊的存在）が、生きている人間に何かしらの働きかけをするのを、霊的存在とコンタクトを取れる人間が霊媒となって、そのメッセージや謎の現象の原因を探るというものだ。アニメでよく題材にされる超能力者と異なるのは、あくまで他者（霊的存在）の非科学的な力にコンタクトを取れる力

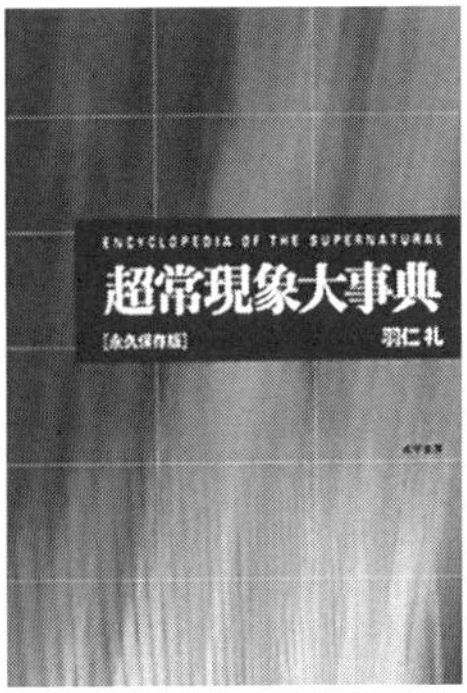

図１　羽仁礼『超常現象大事典』（成甲書房，2001年）。フォックス一家事件の解説がある

であることだ。こうした普通の人間には見えないもの、聞こえないものと交流できる能力は、しばしば霊能力と呼ばれる。

アニメ『花田少年史』（二〇〇二年）では、交通事故から奇跡的に生還した花田一路が、幽霊が見えるようになって、いろいろとやっかいごとを頼まれる。アニメ『レーカン！』（二〇一五年）では、その題名どおり霊感をもつ主人公天海響が、幽霊達の願いを叶えるべく、奮闘する。『若おかみは小学生！』（二〇一八年）では、事故で両親を亡くし、自らも幽霊が視えるようになった小学生のおっこが、幽霊のウリ坊や美陽と交流しながら、祖母の旅館を手伝う物語である。いずれも幽霊と心を通わせ、成仏させることが彼・彼女達の願いでもある。霊能力が、戦闘などと結びつくアニメ作品もあるが、その場合は超能力という攻撃力として描かれがちだ。

本物？　インチキ？

現実世界で取りざたされる超能力や超常現象には、なぜか少女や若い女性が当事者になっている場合が多い。思春期特有の不安定な心情、月経による不安定さ、霊媒としての受動的なイメージなど、原因は諸説あるがいずれも科学的根拠は薄い。最も有名な事件の一つは、アメリカのハイズビル事件のフォックス姉妹である。一八四七年にニューヨーク州郊外ハイズビルに引っ越してきたフォックス一家は、家で起こる謎の音に悩まされていた。その音と交信できたのは、フォックス家のケイト（九歳）とマーガレット（一一歳）の姉妹だった。姉妹の能力で、近隣の人々が協力し、音の主はフォックス家が引っ越してくる前、住人に殺された男性だと判明。地下の壁に隠されていた白骨化したその男性と思われる遺体も発見され、瞬く間に

図2　ユリ・ゲラー／中山善之訳『ユリ・ゲラー　わが超能力――それでもスプーンは曲がる！』（講談社，1975年）

姉妹の霊能力はマスコミに報じられ、ついには金儲けのために使われてしまった。姉妹はインチキをしたと告白したり、その告白はお金をもらっての狂言だったとのちに訂正するなど、未だ真相は闇の中である。しかし、この事件がアメリカの心霊現象研究ブームの契機となったといわれている（羽仁、二〇〇一年、図1）。

日本では、千里眼（遠くを見通せる力）や透視能力のもち主とされた御船千鶴子が有名である。一八八六年生まれで熊本県出身の御船は、会社の依頼で熊本の炭鉱を発見するなど、千里眼・透視能力を発揮した。それを聞きつけた京都帝国大学（現・京都大学）の今村新吉教授、東京帝国大学（現・東京大学）の福来友吉助教授らが研究をはじめ、御船の能力を検証する数々の実験を行う。マスコミが見守る中、透視実験は大成功とはいえぬ結果となり、最終的にインチキだとバッシングされ、御船は二四歳の若さで自殺してしまう。原因は不明であるが、その能力ゆえに悲劇がもたらされたことは否めない。

一九七〇年代になると、〝超能力者〟ユリ・ゲラーの来日によって、日本でもスプーン曲げや念力などの超能力ブームが起こる（図2）。しかし、常にそれが〝本物〟なのか〝インチキ〟なのかという論争が起こり、科学的実験が繰り返される。超能力の真偽を決めるのは、信じる・信じないという非常に個人的な査定でしかないのかもしれない。

（須川亜紀子）

18

スポーツ文化――現実から／への影響

スポーツアニメ

長期にわたって若者達の成長を追うテレビアニメジャンルの一つに、スポーツアニメがある。高度経済成長期の一九六〇～七〇年代は、勝つために厳しい練習に耐える少年少女達の「根性」が強調されていたため、「スポ根（スポーツ根性）」アニメと呼ばれていたこともある。八〇年代以降は、根性以外に恋愛、友情、両親との葛藤など多角的に描かれるスポーツアニメが増加し、「スポ根」は死語になりつつあるが[1]、スポーツの定義は様々であり、運動全般をスポーツとみなす見方もあるが、この項では、「一定のルールに則って行われる競技」をスポーツとする。球技などの肉体的スポーツ、将棋などの知的スポーツ、ゲームなどのテクニックを競う技量的スポーツなどの中から、特に社会から／への影響が大きい日本の肉体的スポーツアニメを主に論じていく。

注(1)　鈴木大地「鈴木大地スポーツ庁長官二周年記者会見」2017年10月２日，www.mext.go.jp/sports/b_menu/choukan/detail/1396988.htm［2017年12月１日閲覧］。

現実世界のスポーツからマンガ、アニメへの影響

現実に活躍しているスポーツ選手をモデルに、または刺激を受けて物語がつくられ、一大ブームが巻き起こることがある。オリンピックはその好例だ。一九六四年東京オリンピックでは、「東洋の魔女」こと大松博文監督率いる全日本女子バレーボールチームがみごと金メダルを獲得し、日本中が熱狂した。そのブームを受けて、アニメ『アタックNo.1《ナンバーワン》』（一九六九～七一年）や、テレビドラマ『サインはV』（一

九六九～七九年）が放映された。特に、『アタック№1』では、高校生鮎原こずえを中心にバレーボールを通じた少女同士の友情が描かれ、競争と友情があまり描かれなかった女の子向けアニメの中で、金字塔的作品だった。オープニング曲で曲の合間に鮎原こずえ（CV小鳩くるみ）が呟く、「だって涙がでちゃう、女の子だもん」というセリフは、厳しい練習の中で葛藤する少女の気持ちが巧妙に表されていた。

最近では、バンクーバー五輪（二〇一〇年）の銀メダリスト浅田真央、ソチ五輪（二〇一四年）と平昌五輪（二〇一八年）で連覇した金メダリスト羽生結弦の影響で、フィギュアスケートも人気である。その人気を受けて放映された『ユーリ!!! on ICE』（二〇一六年）は、男子フィギュアスケートをテーマにしたオリジナルアニメである。主人公勝生《かつき》勇利とロシア人コーチヴィクトル・ニキフォロフのBL的な関係も話題を呼び、アニメをきっかけに海外のフィギュアスケーターにも注目したファンが続出した。作品中、プロスケーターの本田武史や織田信成も本人役で実況解説者として出演している。作中の実況アナウンサー諸岡久志は、実在のアナウンサー加藤泰平がモデルで、本人が声を担当するという、現実と地続きの作品となっている。

少年達のヒーロー、プロ野球選手に刺激された野球ものも人気である。アニメ『巨人の星』（一九六八～七一年）や『侍ジャイアンツ』（一九七三～七四年）では、川上哲治、長嶋茂雄、王貞治など実在の選手が登場している。放映当時、九回連続日本一を記録していた読売巨人軍の黄金時代であった。実在の選手に囲まれて魔球を繰り出す『巨人の星』の主人公星飛雄馬、『侍ジャイアンツ』の番場蛮はともに投手であり、他球団にはその魔球を攻略すべく若いライバル選手達が挑み、切磋琢磨

図1　水島新司『ドカベン』最終回を掲載した『週刊少年チャンピオン』（秋田書店, 2018年, No. 31）の表紙

する様子は感動を与えた。

アニメから現実世界への影響

逆に、アニメのキャラクターのような選手が、現実に現れる例もある。二〇一八年に長期連載を終えた水島新司のマンガが原作の野球アニメ『ドカベン』（一九七六～七九年、図1）は、捕手が主人公の野球アニメである。大柄で温厚な山田太郎を中心に高校野球が描かれている。外見やホームランバッターであるという共通点から、一九七九年の選抜高等学校野球大会で準優勝し、のち南海ホークス（現ソフトバンクホークス）で活躍した香川伸行は、ドカベンの愛称で知られていた。

同様に、シドニー五輪（二〇〇〇年）などの女子柔道四八kg級金メダリスト谷（旧姓田村）亮子は、小柄で愛らしい外見とその圧倒的強さで、女子柔道を描いたアニメ『YAWARA!』（一九八九～九二年）の主人公柔に似ていることから、「ヤワラちゃん」の愛称で知られた。本人も、柔と同じように前髪を色ゴムでとめるヘアスタイルをするなど、アニメが現実の選手に影響を与えた例であった。

スポーツアニメの海外への影響

サッカー王国スペイン、ブラジルなどでのサッカーアニメ『キャプテン翼』（一九八三～八六年）の人気は根強い。特にスペイン語圏では、主人公大空翼がオリベル、若林源三がベンジと呼ばれ、『Oliver y Benji』（オリベルとベンジ、図2）、フランス語圏では、『Oliver et Tom』（オリバーとトム。トムは岬太郎）というふうに、タイトルを変えて現地語吹き替え版が全世界で放映されている。しかも、何度も再放

図2 『Oliver y Benji Campeones hacia el mundial 2002』, スペイン語版『キャプテン翼』の DVD ジャケット。翼がバルサのユニホームを着ている

送されているため、誰もが一度はみるサッカーアニメとなっている。元選手で監督もつとめていたジダンや他の有名選手も、このアニメに影響されてサッカーを始めたという逸話があるほどである。実際、スペイン人が知る有名日本人の中に、サグラダファミリアの主任彫刻家外尾逸郎とならんで、大空翼の名があがっている。翼は物語の中でFCバルセロナ（バルサ）に入団して活躍するが、実在のバルサでも翼が入団したことになっており、物語と同じ背番号が永久欠番となっている。

日本ではヒットしなかったが、海外で大ヒットを遂げたスポーツアニメに、『アタッカーYOU』（一九八四〜八五年）がある。中学生の優を主人公とするこのバレーボールアニメは、イタリアやフランスで大ヒットした。『Mila e Shiro due cuori nella pallavolo』（ミラとシロ　バレーボールの二つの心）として知られるこのアニメのヒットを機に、イタリアプロバレーボールリーグが成立するまでに影響力があった。

社会への影響

年末になると孤児院にランドセルが届けられ、差出人は「伊達直人」だったというニュースを何回か耳にしたことがあるだろうか。伊達直人とは、プロレスアニメ『タイガーマスク』（一九六九〜七一年）の孤児院出身の主人公である。自分のファイトマネーを匿名で孤児院に寄付するタイガーマスクこと伊達直人にあやかった慈善運動は、「タイガーマスク運動」として全国で自発的に行われている。

スポーツアニメは、語られる競技だけでなく、人々の生き方にさえ影響を与えるのである。

（須川亜紀子）

19

SF——ガジェットはSFの夢を見るか？

図1　ウィンザー・マッケイ『恐竜ガーティ』1914年

SFアニメーション事始め

アニメ（日本製アニメーション）作品のどれをSFにジャンル分けするかというときに、その分類がしばしば恣意的なものにならざるをえないのは、たとえばSFなのかファンタジーか、境界が判然としない作品がいくらでもあるからである。それどころかSF作家のアーサー・C・クラークが「十分に発達した科学技術は魔法と見分けがつかない」と書き残したことに従うなら、SFとファンタジーを分けること自体がそもそも無意味になってしまうだろう。だからこそこの項目で取り上げる〝SF〟アニメも同様に、筆者の恣意的な判断によるものであることを最初に断っておきたい。

まずアニメーションの歴史を遡れば、黎明期の作品でアメリカの『恐竜ガーティ』（一九一四年、図1）が思い当たる。タイトルどおり恐竜が動き、愛嬌をふりまくこの短編（実写併用）を、SFアニメーションの嚆矢としてもさほど的外れではあるまい。以後アメリカでは、実在しない巨大怪獣が人形アニメーションの技法で実写映画に合成されるようになり（『キングコング』（一九三三年）など）、またセルアニメーションではスーパーマンのようなSFヒーローの活躍が描かれ、アニメーションにおけるSFのイメージが形成されていく。

さらにSFの醍醐味を〝センス・オブ・ワンダー（現実にありえない物や出来事に対する驚きの感覚）〟に求めるなら、アメリカ以外に『やぶにらみの暴君』（仏、一九

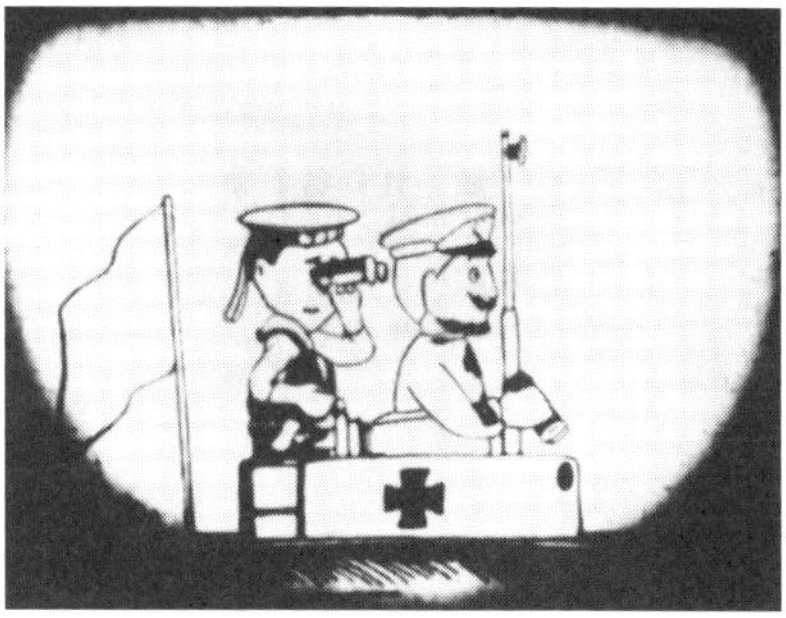

図２　北山清太郎『太郎の兵隊　潜航艇の巻』1918年，注(1)

注(1)　タイトル表記は『太郎の番兵　潜航艇の巻』との説もある。

五二年）や『動物農場』（英、一九五四年）、『電子頭脳おばあさん』（旧チェコスロバキア、一九六三年）のような、ヨーロッパの傑作も範疇に入れることができるだろう。

一方、欧米のアニメーションを後追いする形で始まった日本のアニメーションにおいて、ＳＦ作品の系譜はどのように辿れるだろうか。『別冊・奇想天外No.11　ＳＦアニメ大全集』（奇想天外社、一九八〇年）所収の「日本ＳＦアニメ小史」（杉本五郎）によれば、一九一八年の「『太郎の兵隊　潜航艇の巻』[1]（北山清太郎、図２）では、太郎が手づくりのビール樽のような潜航艇に乗ってドイツ艦隊と闘うのであるから、メカニックものと言えなくもない」と書かれているから、さしあたってこのあたりが最初ということになりそうだ。

この後、昭和前期には、戦意高揚のプロパガンダとして軍用機や軍艦が登場する作品が次第に増えていき、ついには〝浮かぶ飛行島〟や〝潜水空母〟といった空想上のガジェット（道具や装置）が次から次へと登場する『敵機来たらば』（一九四二年）までつくられることになる。その背景には軍事科学小説の流行のように、ＳＦと軍国主義とが結びついた当時の風潮があったろう。

日本のＳＦアニメとガジェット

戦後になると一九五九年に専門誌『ＳＦマガジン』が創刊され、それまで空想科学小説と呼ばれていたＳＦ小説の本格的な普及が始まる。マンガの分野では手塚治虫がその立役者となり、当時の代表作『鉄腕アトム』（図３）は一九六三年、世界初の毎週放映三〇分テレビアニメとなって放映開始。この大ヒットによって同じ年内だけでも『鉄人28号』（巨大ロボットアニメの元祖）や『エイトマン』の放映が始ま

図３　『鉄腕アトム Complete Box ①』［DVD］（日本コロムビア，2008年）

図４　『テレビランド増刊　ロマンアルバム　宇宙戦艦ヤマト』（徳間書店，1977年）

るなど、ときならぬＳＦアニメ・ブームが巻き起こることになる。急増したアニメ作品の製作を支えるため、平井和正や豊田有恒といった当時の若手ＳＦ小説家が脚本執筆などに起用され、センス・オブ・ワンダーはこのようなマンガやアニメを通して、大人以上に子ども達に吸収されていったといえるだろう。

そしてこれらの作品の洗礼を受けたＳＦアニメ・チルドレンが、成長して青年になった時点でテレビアニメ『宇宙戦艦ヤマト』（一九七四〜七五年、図４）を支持し、新たなアニメ・ブームを生み出す原動力となったことは決して偶然ではない。当時の若者達は〝ワープ〟や〝瞬間物質移送機〟といった空想理論やガジェットを取り入れた『宇宙戦艦ヤマト』を、現実に準ずる〝リアルな空想世界〟として受け入れたのである。さらに同時期、『スター・ウォーズ』（一九七七年）が巻き起こした未曾有のＳＦ映画ブームもその追い風となり、ＳＦ作品を中心にアニメが若者文化へと昇格したのが一九七〇年代後半から八〇年代にかけてであった。

またそれ以前の一九七二年には『マジンガーＺ』の放映が始まり、このヒットによって巨大ロボットものがアニメ独自のジャンルとして開拓されていく流れにも注目しておかねばならない。巨大ロボットのような〝超兵器〟は、主人公に特権的かつ強大な力を付与するガジェットとして、ヒーローが活躍するＳＦアクション作品には不可欠ともいえるアイテムである。しかし巨大ロボットものの場合は〝まずＳＦありき〟ではなく、巨大ロボットを超兵器としてこじつけるための方便として疑似科学的な設定が用いられる側面もあり、作品の荒唐無稽さを覆い隠すためのレッテルとしてＳＦが使われることも少なくなかった。

これに対してこのアニメブームの中で誕生した『機動戦士ガンダム』（一九七九〜

八〇年）は、緻密な設定とシリアスなドラマ展開によって、巨大ロボットが存在しても不自然ではない作品設定、さらには〝世界観〟そのものの構築に成功する。つまり近未来に巨大ロボットが兵器として運用される可能性をSF的に追求することにより、この荒唐無稽なガジェットに最大限のリアリティを与えてみせたのである。

こうして『機動戦士ガンダム』による巨大ロボットアニメの変革はSFアニメに新たなジャンルを付加し、以後二〇世紀のうちだけでも『伝説巨神イデオン』『超時空要塞マクロス』『新世紀エヴァンゲリオン』のような巨大人型兵器を核とした作品へとつながっていく。さらに『宇宙戦艦ヤマト』の宇宙戦艦なども含めて、これらのメカ＝SFガジェットのたゆまぬ開拓によってこそ、日本のSFアニメは進展してきたといってもいい。アニメが映像表現である以上、SFのセンス・オブ・ワンダーも何らかの形で可視化させることによって初めて説得力をもつ。

そういう意味において、超兵器のようなガジェットに集約させる形でSFを映像化してきた日本のアニメは、SFアニメーションの表現においても独自のスタイルを形成することになったのである。

ただしそういう流れの中で、監督の作家性を強く発揮できるアニメ映画においては、SFガジェットだけに頼らずとも『風の谷のナウシカ』（一九八四年）、『AKIRA』（一九八八年）、『機動警察パトレイバー2』（一九九三年）、『攻殻機動隊』（一九九五年）のようなセンス・オブ・ワンダーを前面に押し出した作品が、一九八〇年代以降、コンスタントにつくられ続けていることも最後に付け加えておきたい。

（霜月たかなか）

20

日常、学園文化——退屈でかけがえのない日々

モラトリアムとしての学園生活

未開社会において子どもは通過儀礼を行うことで大人になることが認められた。一方、近代の日本においてこの通過儀礼に相当するものは学校教育であり、両者の相違点は短期間の非日常的体験か長いモラトリアムかにある。このうち後者を通して成人する若者は、多くの制限が課せられた学園という空間で同じことを繰り返す日常を過ごしつつも、どのような大人になるかを考えて苦労することになる。

テレビアニメで描かれる日常

このような視座に立ってアニメーション、特にテレビアニメの歴史を概観すると、この媒体の特殊性が浮き彫りになる。『鉄腕アトム』（一九六三～六六年）の登場で着目されたテレビアニメは子ども向けのメディアとして製作され、その後、ロボットや魔法少女などの物語類型を確立して発展した。このように初期のテレビアニメはSFやファンタジーの世界観を打ち出したものが多かったが、『アルプスの少女ハイジ』（一九七四年）では当時としては異色の日常生活に力点を置いた作品であった。ただし、本作ではハイジの祖父であるアルムおんじがシリーズ中盤までハイジを学校へ通学させないなど日常と学園文化の結びつきはまだ少ないといえる。また、『アルプスの少女ハイジ』と同時期に『宇宙戦艦ヤマト』（一九七四～七五年）が放映されている。このとき、子どもの頃に『鉄腕アトム』をみた世代は青年層に達して

図1　右：谷川流『涼宮ハルヒの暴走　5』（角川書店，2004年）
左：谷川流『涼宮ハルヒの動揺　6』（角川書店，2005年）

いたが、重厚な人間ドラマや詳細な設定を用いることで本作は彼らからの人気を獲得していく。すると、アニメファンにはある葛藤が生まれる。それは、社会的には子どもが見るものとされているテレビアニメを大人になっても見続けていてもいいのだろうか、というものである。

この葛藤を戯画化した作品がテレビアニメ『うる星やつら』（一九八一〜八六年）の劇場版『うる星やつら2　ビューティフル・ドリーマー』（一九八四年）だろう。文化祭の前日の騒動が何度も繰り返されるという本作の設定は、学園生活という退屈な日常に挿入される祝祭が永続することを意味する。この祝祭こそがアニメファンにとってはアニメを見ることにほかならず、それを大人になっても続けていきたいという願望が反映されている。

さらに大ヒットテレビアニメ『涼宮ハルヒの憂鬱』（二〇〇六年）でも同様のテーマが引き継がれている（図1）。ハルヒは、超常現象を待ち望む高校生であり、主人公のキョンとともにそれを探し求める同好会を学内に創設する。しかし、ハルヒは同好会の活動と称して、友達と出かけたり映画制作をしたりする日常に楽しみを見出していく。一方、何も起こらない日常に満足していたキョンは、ハルヒがそれと知らずに連れてきた宇宙人・未来人・超能力者に出会い、様々なトラブルに巻き込まれる。すると、キョンはタイムスリップなどの非日常的体験に楽しみを見出していく。このように本作は、非日常から日常へ志向が変化するハルヒ、日常から非日常へ志向が変化するキョンという対照的な二人を物語の中核に据える。このうちキョンは、非日常的な「設定」をアニメ（やその原作となることが多いライトノベル）を通して楽しむ受容者のメタファーとされる。批評家の宇野常寛はこのようなキョ

図２　『spoon.』（12月号，角川グループパブリッシング，2011年）での『けいおん！』の特集記事

ンのキャラクター設計に批判的であるのに対して、当初は「等身大の学園青春」を忌避しつつそこに内在する「日常の中のロマン」に気付いていくハルヒを肯定的に論じている。

学生時代の日々を描く「日常系」

『涼宮ハルヒの憂鬱』の第一二話「ライブアライブ」は、実写映画『リンダ リンダ リンダ』（二〇〇五年）のオマージュとなっている。本作は女子高校生四人が即席のガールズバンドを結成し、文化祭でライブをするまでを描いたものである。これと前後して男子高校生がシンクロナイズドスイミング（現・アーティスティックスイミング）に挑む『ウォーターボーイズ』（二〇〇一年）や女子高校生がビッグジャズバンドに挑む『スウィングガールズ』（二〇〇四年）といった実写映画が公開されている。これらの作品がヒットしたことを受けて、高校生が広義の部活動を行う邦画は二〇〇〇年代に数多く製作された。

そして、この傾向はテレビアニメにおいても顕著となる。中でも、『涼宮ハルヒの憂鬱』を制作した京都アニメーションが同名マンガをテレビアニメ化した『けいおん！』（二〇〇九年）は大きな成功を収めた（図2）。高校生がときに怠けながらも軽音部の活動に励む本作は、同じく京都アニメーション制作の『らき☆すた』（二〇〇七年）とあわせて、女性キャラクター同士の関係性を描く「日常系（空気系）」と呼ばれるジャンルの発展に寄与する。すると、日常系の漫画作品を数多く掲載している『まんがタイムきらら』（二〇〇二年～）やその姉妹誌の作品が、次々とテレビアニメ化する。

図3 『ユリイカ――総特集 涼宮ハルヒのユリイカ！』（7月臨時増刊号，青土社，2011年）。佐々木敦ほか多数の論者が『涼宮ハルヒの憂鬱』について考察

批評家の佐々木敦はこのような作品がブームとなった現状について、現代の受容者がキョンのように非日常への逃避を求めているのではなく、理想化された「日常」への逃避を求めていると分析している（図3）。

学園生活の終焉へ向かって

学園を舞台としたアニメは、アニメファンのメンタリティとともに論じられてきた。しかし、それらのアニメは卒業後の進路をどうするのかというモラトリアム特有の悩みを扱うことで、主要なターゲット層である中高生一般に寄り添った物語を展開してもいる。

このような悩みは、社会的に自己決定が重視されるようになったことで生じた。たとえば、大正・昭和初期に流行した少女小説は、女性同士の関係性を描写する点で日常系と類似している。しかし、吉屋信子の『花物語』（一九一六〜二六年）などで舞台となる女学校は、当時の女性読者にとって両親に強いられる結婚からの逃避の場所ととらえられており、現代の学校に対する認識とは異なっている。

日常系の主人公達にとって学校を卒業した後の選択肢は、結婚に限られない。それどころか無数の選択肢が存在するからこそ、何を選ぶかで悩みが生じる。それは、進路希望調査票に何も書けず困惑する場面としてしばしば表現される。『たまゆら』（二〇一一年）では、それぞれに夢をもった女子高校生達がそれに向けて努力する姿が描かれている。一方で、主要キャラクターの一人は自分の夢が定まらないことに悩みながらも、今、自分にできることを模索する。こうして、いずれ訪れる学園生活の終焉と仲のよい友達との別れが示唆されているのである。

（萱間　隆）

21 妖怪、心霊主義、民間信仰――目に見えないモノへの敬意

アニメをにぎわす妖怪キャラクター

妖怪は、私達の身近な存在だ。何度もリメイクされている『ゲゲゲの鬼太郎』（第一期一九六八〜六九年）や『妖怪ウォッチ』シリーズ（二〇一四年〜）を思い出すだろう。妖怪キャラクターを登場させるアニメは数多い。先にあげた二作品以外に、妖怪、魔物、閻魔大王などが登場する『ドロロンえん魔くん』（一九七三〜七四年）、主人公がすでに死んでいるアクションバトルもの『幽☆遊☆白書』（一九九二〜九五年）、妖怪が視える能力で周囲から孤立して育った少年の成長を描く『夏目友人帳』（二〇〇八年〜）、妖怪ぬうりひょん（図1）をモデルにして妖怪の勢力争いを描く『ぬらりひょんの孫』（二〇一〇〜一一年）、妖怪の血を継いだ半妖半人が登場する『犬夜叉』（二〇〇〇〜一〇年）や、『妖狐×僕SS《いぬぼくシークレットサービス》』（二〇一二年）など、異界の生命体達は、悪役だけでなくヒーロー、ヒロインにもなっている。

図1　ぬうりひょん（高田衛監修／稲田篤信・田中直日編『鳥山石燕　画図百鬼夜行』国書刊行会，1992年）。ぬらりひょんとも呼ばれる

妖怪の始まり

妖怪は、「妖」＝あやしい、あやかし、「怪」＝あやしい、怪奇などの意味をもつ。視覚化される前の伝承としての妖怪は、何かのメタファーであったり、シンボルであったりする場合もある。たとえば、『日本書紀』にでてくる土蜘蛛は、大和朝廷にさからう異民族のメタファーという説もあるし、三本足のカラスでのちにサッカー日本代表チームのロゴのモデルになる八咫烏《やたがらす》は、『古事記』に登場し、神（天

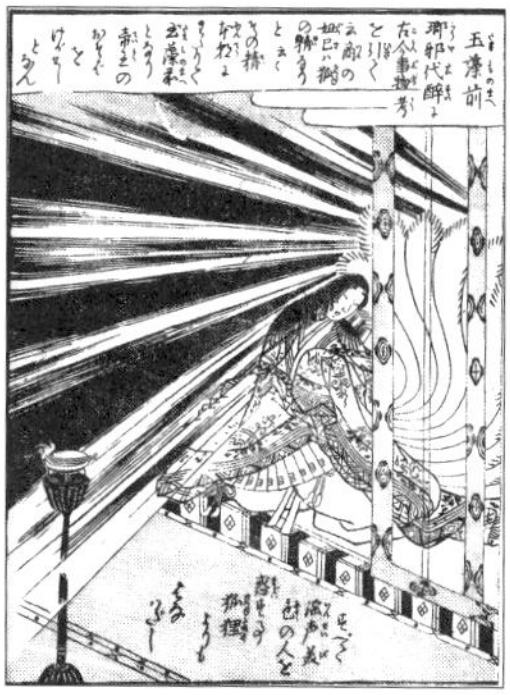

図2　玉藻前（図1に同じ）

皇）の眷属として描かれた。そうしたのちに「妖怪」と呼ばれる不可解なものは、人々の恐怖、無知、勘違いやいわゆる迷信からくるもの、否定や排除したいもののメタファーとしてつくられるもの、そして本当に存在するであろうものの総称である。しかし、「妖怪」という語が広まるのは、合理的な説明で人々を迷信から解放しようとした明治以降の井上円了の『妖怪学』の功績だろう。「妖怪」という用語が一般化する以前は、化け物、あやかしなどの言葉が使われていた。

妖怪の中でも、動物の妖怪は非常に多い。特に人間に身近な動物妖怪の一つは、『妖怪ウォッチ』のジバニャンでおなじみの、尻尾が二つにわかれた猫の妖怪、ネコマタだ。人を食らうネコマタは、一八世紀には老婆や若い女性に化けて男性を襲うというように、女性としてジェンダー化されていった。同様に尻尾が分かれている妖怪としては、『ＮＡＲＵＴＯ』シリーズ（二〇〇二〜一七年）のうずまきナルトが体内に封印している九尾の狐が有名である。九尾の狐は、中国で悪事をなし、日本にやってきて、鳥羽上皇にとりいった玉藻前《たまものまえ》（図2）の正体だとされ、男性を惑わす悪女として描かれている。また、『平成狸合戦ぽんぽこ』（一九九四年）でおなじみの狸と狐も人を化かす動物妖怪の典型だ。狐は、稲荷神社の眷属として神に近い存在でもあるのだが、狐憑きといわれるように、人間に憑依する恐ろしい動物霊や、人を化かすいたずら妖怪として様々な言い伝えがある。同様に、狸も人を化かす妖怪として考えられている。もともと中国で狐を意味した狐狸という語が日本に輸入されたときに、狸を意味する山猫が日本に生息していないため、たぬきにあたる動物にこの字（狸）が当てはめられ、狐と狸が混合して人を化かす動物妖怪と解釈されたそうだ（図3）。戦前のアニメーション映画『動絵狐狸達引《うごきえこりのたてひき》』（一九三三年）

図3　狸（図1に同じ）

では、狸の親子と狐が化かし合いをして、狸が勝つ物語がつくられているように、アニメーションの世界では人気のキャラクターになっている。最後に、日本のアニメーションの歴史と関係深い白蛇についてもふれよう。一九五八年、日本初のカラー長編アニメーション映画『白蛇伝』が公開された。中国の有名な民間説話「白蛇伝」をもとにつくられたこの作品には、美しく若い女性白娘《パイニャン》が登場する。実は白娘は、むかし許仙《シュウセン》という少年に命を救われ、恩返しにきた白蛇であった。白娘は、仏教僧に退治されそうになるも、不慮の事故で亡くなった許仙を生き返らせるため、自分の妖力を引き換えにする。健気な白娘の心を知り、僧は最後には二人を祝福したのだった。

つくもがみと怨霊（御霊）

妖怪の中でも、つくもがみは道具・器物の妖怪である。器物には長い年月を経て魂が宿ると信じられることから、「つくも」には、百に一つ足りない「九十九」や、喪が付くという意味の「付喪」の字が当てられる。大ヒットゲームが原作の『刀剣乱舞―花丸―』（二〇一六、一八年）と『活撃！刀剣乱舞』（二〇一七年）に登場する刀剣男士は、日本刀の付喪神とされている。付喪神として魂を宿した器物が視覚化されたのは室町時代の作者不詳の「百鬼夜行絵巻」まで遡る。提灯や箒、納豆のわらなど、私達の生活に身近な器物達が目や手足をつけて歩いているさまを描いたこの絵巻は、恐ろしいというよりどこかひょうきんな付喪神達である。この絵巻に登場する付喪神は、『平成狸合戦ぽんぽこ』で狸達が化けるシーンや、『ぬらりひょんの孫』の主人公リクオのぬら組に属する小妖怪のモデルになっている。

魂という点では、怨霊も興味深い日本文化の一つであろう。怨霊とは、文字どおり怨みをもった霊のことである。古代から勢力争いに破れて憤死したり、非業の死を遂げた権力者、貴族、役人などの霊をさす。有名なのは奈良時代に謀反の罪を着せられ、憤死した早良《さわら》親王や、平安時代に文才を買われ、藤原氏と対立する形で天皇の側近となり、のち太宰府に左遷されて憤死した菅原道真の怨霊だ。天変地異や不可解な死がつづくと怨霊の仕業とされ、恐れられた。それゆえ鎮魂祭でその恨みを鎮め、神として崇める御霊《ごりょう》信仰が広まる。菅原道真は、学問に秀でた人物であったがゆえ、神格化され天満宮祭神（学問の神様）になっている。こうした怨霊は、安倍晴明で有名な陰陽師が退治する、というモチーフがアニメで用いられ、妖怪と同じように人に害を与える対象とされている。

受け継がれる心のありよう

妖怪がキャラクターとして視覚的イメージが与えられたのは、絵巻物などによるイラストが始まりではあるが、それが一般の人々に広まったのは、大衆文化が始まった江戸時代、浮世絵として版画の大量生産が実現した頃である。鳥山石燕の『画図百鬼夜行』では、妖怪がイラスト付きで紹介された。歌川国芳の『相馬の古内裏』は、妖怪がしゃどくろのモデルになり、アニメ『少年陰陽師』（二〇〇六〜七年）や『妖狐×僕ＳＳ』にも登場する。こうしたキャラクター化した妖怪のほかに、人間誰でももっている負の感情（怨み、妬み、憎しみ）が、怪物となって描かれる場合もある。妖怪、怨霊など不可解なものは、排除してしまいたい私達の負の感情のメタファーでもあるのだ。

（須川亜紀子）

22

ホラー文化――ゾンビを中心に

図1　ヴィクター・ハルペリン監督『ホワイトゾンビ　恐怖城』［DVD］（1932年）

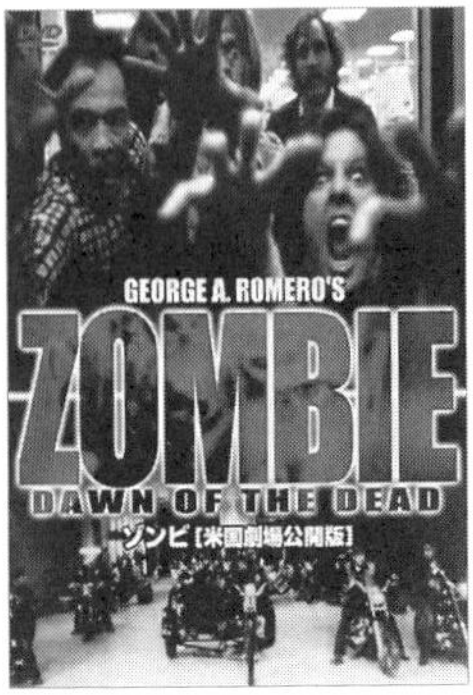

図2　ジョージ・アンドリュー・ロメロ監督『ゾンビ』［DVD］（1978年）

アニメと恐怖

アニメの中には、恐怖を描く作品がある。描かれ方は様々で、恐怖を描くことを主目的とした作品、部分的に恐怖が描かれるもの、解釈の仕方によっては怖いものなどがある。また、幽霊や吸血鬼、宇宙人など、ホラー映画や怪奇小説に登場する存在が出てくる作品もある。「ホラー」は様々な形でアニメに顔を出す。

ゾンビは現在、映画やゲーム、マンガ、アニメなどに盛んに描かれている。二〇一八年一〇月から一二月には、一度死にゾンビとして蘇った少女たちがご当地アイドルグループ「フランシュシュ」を結成し、佐賀県を盛り上げるという内容のアニメ『ゾンビランドサガ』が放送された。本作はドワンゴが実施したアンケートによる「ネットユーザーが本気で選ぶ！アニメ総選挙二〇一八年間大賞」（回答数は一三万八〇八〇）で年間大賞に選ばれた。ここでは、ホラー文化とアニメのかかわりについて、ホラー映画の一ジャンルとなっている「ゾンビ」を例に考えてみたい。

ゾンビが映画に登場したのは一九三二年の実写映画『ホワイトゾンビ――恐怖城』（図1）からだといわれている。本作では、現在のような人に襲いかかって食おうとするゾンビではなく、呪術師によってつくり出されて操られ、ノロノロと動くゾンビが描かれた。その後、G・A・ロメロ（George Andrew Romero. 1940-2017）監督の『ナイト・オブ・ザ・リビングデッド』（一九六八年）そして『ゾンビ』（一九七八年、図2）により、人を食うゾンビ像が確立された。その後、様々なゾンビ映

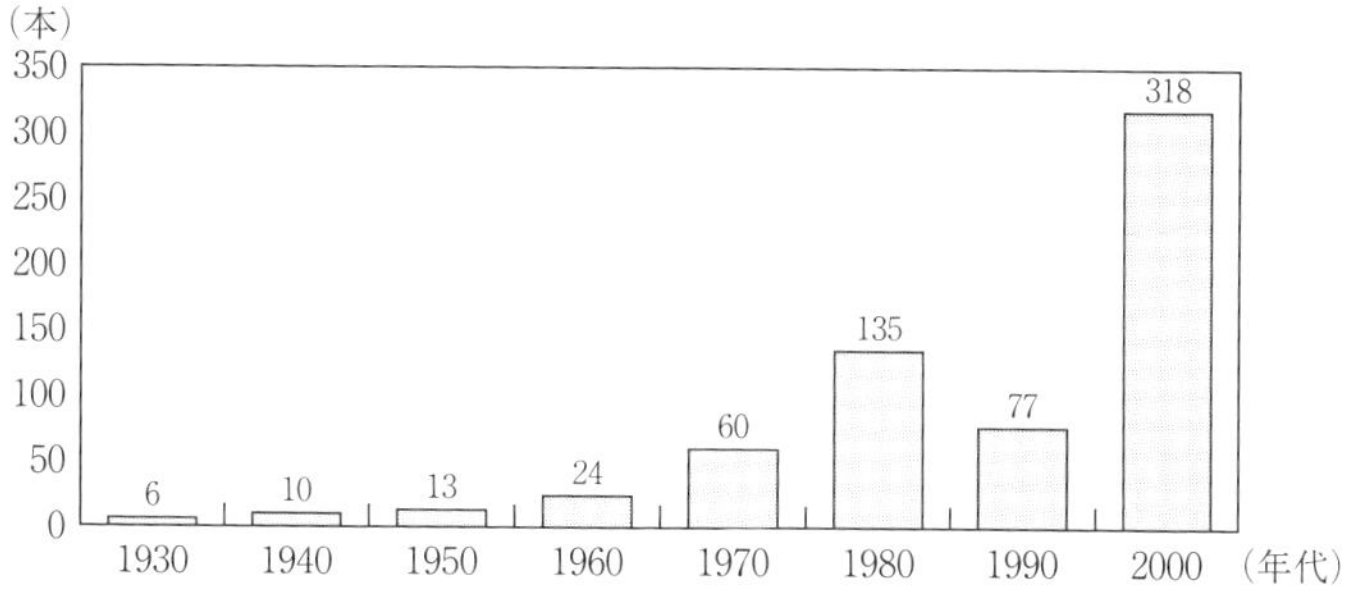

図3　ゾンビ映画の本数の年代別推移

画がつくられ、二〇〇〇年代には数が激増した（図3）。二〇一〇年代に入っても、ゾンビ映画は盛んにつくられている。洋画では、『ワールド・ウォーZ』『ウォーム・ボディーズ』などが、邦画でも、『Zアイランド』や『血まみれスケバンチエーンソー』『アイアムアヒーロー』などがある。インド制作の『インド・オブ・ザ・デッド』も日本で公開された。

実は、この二〇〇〇年代からのゾンビブームのきっかけをつくったのは日本のゲームソフトだ。一九九六年にCAPCOMから発売された『バイオハザード』（図4）である。このゲームの大ヒット、そして、ゲームの実写映画のヒットによって、ゾンビ映画ブームが再燃した。そのゲーム『バイオハザード』は、実は『ゾンビ』に影響を受けている。国境やメディアを超えてクリエイターは互いに影響を与え合い、様々な作品を生み出していくのだ。

アニメの中のゾンビ

日本のアニメにおいてゾンビはどのように描かれているだろうか。いくつかの作品から、ゾンビ映画と日本アニメがどのようにかかわっているかをみていきたい。

『学園黙示録 HIGH SCHOOL OF THE DEAD』（二〇一〇年）は、絵柄は日本アニメ的で、舞台も日本だが、アメリカのゾンビ映画的展開に満ちた作品だ。突然ゾンビが現れた世界で、主人公の高校生がサバイバルする様子を描いている。ゾンビ映画の中では、銃を用いてゾンビを迎え撃つ展開は定番だ。しかし、現代の日本で銃を所持できる人は限られている。日本を舞台にした場合、アメリカ映画のように主人公が銃を片手に活躍する展開は描きづらい。そのため、自衛隊員ややくざ、警

図4　ポール・ウィリアム・スコット・アンダーソン 監督『バイオハザード』［DVD］（2002年）

図5　はっとりみつる『さんかれあ　1』（講談社，2010年）のコミックス表紙

察官、猟銃所有者などを登場させることによって、銃でゾンビを撃つという状況をつくり出す。ジャンルの定番である「ゾンビを銃で撃つ」シーンを、設定に工夫を凝らして描写している。一方で、『学園黙示録』では、日本らしい武器も登場する。日本刀だ。本作では、毒島冴子という女子高生が日本刀を振るってゾンビと戦う。実写映画でも『最強兵器女子高生ＲＩＫＡ』（二〇〇八年）や『制服サバイガール』（二〇〇八年）、『女子高生ゾンビ』（二〇一〇年）などでは女子高生が日本刀でゾンビと戦う。現実の現代日本において日本刀の扱いが巧みな女子高生がどの程度いるかは不明だが、これはこれであまり現実的ではない。とはいえ、ゾンビジャンルに限らず、「日本刀をもった女子高生」というイメージは、様々なコンテンツに登場する日本独特のものだ（斎藤、二〇〇六年）。

『さんかれあ』（二〇一二年、図5）は極めて日本的なアニメだ。萌え美少女が登場するゾンビコンテンツは、おそらく日本特有のものだ。本作の主人公は降谷千紘《ふるやちひろ》と散華礼弥《さんかれあ》。降谷千紘はゾンビ映画が大好きな少年である。飼い猫を事故死させてしまった彼は、蘇生のための薬をつくる。それを飲んでゾンビ化した散華礼弥はこれから一体どうなるのか……。このような物語の本作だが、実は登場人物の氏名、設定、物語などが様々なゾンビ映画のオマージュだ。タイトルであり登場人物名でもある「さんかれあ」は一九七九年に公開された『サンゲリア』のパロディだろう。本作の監督はルチオ・フルチで、主人公の降谷千紘は、そのもじりだ。主人公はゾンビフリークという設定で、これ自体がそもそもゾンビ映画の存在なくしてはありえない。また、ペットを蘇らせようとしたことをきっかけに、人間を蘇生させてしまう展開は『ペットセメタリー』（一九八九年）を思わせる。

図6　海法紀米 原作／千葉サドル 作画『がっこうぐらし　1』（芳文社，2012年）のコミックス表紙

真のホラーは「日常」にあり？

最後に、『がっこうぐらし』（二〇一五年、図6）は少し変わったゾンビアニメだ。キャラクターの設定や、オープニングムービー、第一話冒頭を視聴する限り、『らき☆すた』や『けいおん！』などと同様の日常系アニメにみえる。キャラクター設定も日常系の正統派だ。ドジだけど明るいムードメーカーの「ゆき」、しっかりものの「りーさん」、ツインテールで勝ち気な「くるみ」、冷静で知的だけれどゆきを前にすると調子が狂う下級生の「みーくん」、生徒に慕われつつもちょっと頼りない教師「めぐねえ」……。ところが、一話終盤から不穏な空気が流れ始める。世界はゾンビ化し、彼女達はゾンビに囲まれた学校内で生活することを余儀なくされており、めぐねえはすでに死亡している。ゆきはそれを受け入れられず、いないはずの教師やクラスメイトの幻影と会話しながら、あたかも日常生活が続いているかのようにふるまう。周囲はその世界を壊さぬように話を合わせているのだ。「ゾンビ」という非日常に囲まれた世界で、本当は失われてしまった「日常」の残滓を頼りに生きていく主人公達。その日常は綱渡りのようなコミュニケーションによって成立する脆弱なものだ。とはいえ、所々に生じてくる「違和感」によって日常にひびが入り、徐々に壊れていく。本当に怖いのはゾンビよりも、虚構の日常を演じ続ける人々の姿や、コミュニケーションの破綻そのものなのかもしれない。

ゾンビに注目してみるだけでも、他の様々なメディアや国の文化との関連が明らかになった。ゾンビのほかにも、吸血鬼やゴーレム、妖怪、幽霊、エイリアン、オカルトなど、アニメに登場するホラーな存在や要素について、その起源を探ってみると、新たな発見が得られるはずだ。

（岡本　健）

23

食文化――シズル感と存在感、世界観

「リアルだからおいしそう」ではない

ドキュメンタリー『「もののけ姫」はこうして生まれた』(一九九八年)の中に、スタジオジブリの新人研修の様子が映っている。新人が取り組む課題は、写真のハンバーグステーキをみながら、自分で配色を考え、セルを塗り上げること。そこに宮崎駿監督がやってきて、ある新人のハンバーグを講評する。曰く、ハンバーグの色が黒茶色過ぎて美味しそうにみえない。もっと彩度(色の鮮やかさ)が高い色がおいしそうに見えるのだ、と。

このシーンにはアニメーションで食事を表現するにあたって大事なポイントが含まれている。それは、現実模倣的に料理を表現することと、観客に「おいしそう＝シズル感」を伝えることは別の話ということだ。シズル(Sizzle)感を伝えるには、現実模倣というより「おいしそう」なイメージを刺激する演出が必要なのだ。このことを念頭において、宮崎監督の『ハウルの動く城』(二〇〇四年)に登場するベーコンエッグをみると、色使いでおいしさが演出されていることがわかる。

たとえば、ベーコンの肉の部分の明度(色の明るさ)は低めだが彩度は高い赤。黄色の卵の黄身も非常に鮮やかだ。ここにさらにハイライトがのせられている。ベーコンの上のハイライトは明るいクリーム色。あぶられて表面に浮いてきた油を表現している。卵の黄身の上にも明度の高い黄色がハイライトとしておかれており、ツヤツヤの質感が加わることで、出来上がりつつある料理の雰囲気を強調している。

なお、色彩以外に目を向ければ、このシーンはフライパンで油がはじける音（シズルという言葉の語源でもある）も、おいしさの演出に一役買っている。

こうしたおいしさの演出は、宮崎アニメに限った話ではない。多かれ少なかれ様々なアニメで試みられている。

存在感、世界観の表現として

「おいしそう」とまで強い印象を残さなくても、食事は誰もが経験したことのある共有しやすい体験だ。キャラクターが食事をすることによって生まれる生活感は、作品世界が観客のいる現実と地続きであることを感じさせ、キャラクターの存在感を保証する。また、何を食べるかによって、その作品世界を伝えることもできる。

たとえば『超時空要塞マクロス』（一九八四年）や『メガゾーン23』（一九八五年）には主人公達がハンバーガーを食べたり、ハンバーガーショップでアルバイトする姿が描かれる。これは一九八〇年代半ばのハンバーガーが、若者世代にとって身近な外食だったことの反映で、登場人物達を親しみやすい存在に感じさせた。

また『機動戦士ガンダム』（一九七九年）の第一話では、リビングに、手つかずのサンドイッチと、コーヒーが入っているであろうポットが出てくる。このサンドイッチはまず、舞台である宇宙世紀〇〇七九の未来に、現実と地続きのリアリティを与える役割を果たしている。そして手つかずであることで、主人公アムロが、食事をせずにマイコンいじりに熱中する少年であることの表現にもなっている。

同作ではさらに、宇宙船内部では、密閉された袋に飲み口がついた容器で飲み物を飲むシーンがかなりの頻度で出てくる。無重力空間で飲むのに適した容器を使うことで、「飲み物を飲む」という日常の風景が、小道具によって「ＳＦの中の日常」に変換されている。それによって作品の世界観が示されているのだ。食事はこのようにキャラクターの存在感と世界観を伝える重要な小道具なのだ。

もちろん「何が日常的な食べものか」は文化的な文脈に依拠している。そのため、作品が越境して異文化の中で鑑賞されるとき、食事のシーンは「食べるという行為の普遍性」を残しながら、さらに複雑な様相を帯びることになる。

代表的なものは日本の学園ものに登場する弁当のシーン。海外のアニメファンにとって、限られたスペースに御飯やおかずを美しく詰め込んだ〝ＢＥＮＴＯ〟は、その実在が信じがたいアイテムだったようだ。弁当箱の中にある、おにぎりやタコの姿に加工されたウィンナーといった個々の食べ物も実在のものとは思わなかった人が多かったらしい。海外へ作品が輸出されたことで「日本の弁当文化」と「アニメというフィクションの世界」が結びついて新たな文脈が生まれ、〝ＢＥＮＴＯ〟が〝ＡＮＩＭＥ〟というフィクションの様式を象徴するアイテムとなったのだ。

また、食べものが〝主役〟となった作品もある。日本のマンガには俗に「グルメコミック」と呼ばれるジャンルがあり、そこでは登場人物がつくったり食べたりする料理が作品の中心に存在している。それは実用性の高いレシピの場合もあれば、想像力を駆使した架空の料理の場合もある。こうしたマンガのアニメ化作品も少なからず存在している。古くは美食勝負を描いた『美味しんぼ』（一九八八～九二年）があり、最近では料理人の頂点を目指して競い合う『食戟のソーマ』（二〇一五～一八年）、駄菓子の薀蓄を詰め込んだ『だがしかし』（二〇一六年）、女子高生がラーメンを食べ歩く『ラーメン大好き小泉さん』（二〇一八年）などが知られている。

現実へと越境する食べもの

以上、作中に登場する食べものが果たす役割を考えてきたが、今やアニメと食事の関係は映像の中にとどまらない。代表的なものを三つあげる。

数年前から「アニメやマンガの中に登場したあの食べもの」をつくってはネットで発表するファンが現れ、そういうテーマでまとめられた書籍も発売された。また『ONE PIECE』（一九九九年〜）は、登場人物の一人であるコックのサンジを〝著者〟としてレシピ本『ONE PIECE PIRATE RECIPES 海の一流料理人 サンジの満腹ごはん』（二〇一二年）も出版されている。マンガやアニメを舞台化する、いわゆる「2・5次元」といわれるジャンルがあるが、アニメの中の食べものにおいても「2・5次元」化が起きている、といえる。

もう一つは、作品をイメージした公式カフェの登場である。代表的存在である「ガンダムカフェ」はメインの秋葉原店を含め都内で三店舗を展開する『機動戦士ガンダム』の公式カフェだ。ここではキャラクターや作品を表すキーワードなどからイメージされた創作料理を楽しむことができる。このほか制作会社 ufotable が経営する「ufotable cafe」や三鷹の森ジブリ美術館内の「カフェ麦わらぼうし」でもこうした料理を楽しむことができる。

最後は「キャラクター弁当（キャラ弁）」である。その発祥の特定は難しいが、二〇〇〇年前後頃から、食材でキャラクターの絵を描いた弁当を紹介するブログなどが登場しポピュラーな存在となった。キャラ弁のつくり方を紹介した書籍も多数出版されており、キャラクターの楽しみ方の一つとして定着している。（藤津亮太）

24

風景——動画と背景のシンフォニー

背景のアニメ史

絵画には人間の営みとその周囲にある環境を一つの風景ととらえて描く風景画という分野がある。アニメではどうだろうか。風景画のような「風景アニメ」はあるのだろうか。アニメの風景がどのようなものか考える前に、まずはキャラクターの向こうに広がる背景の歴史をたどってみよう。

そもそも背景はアニメにとって克服すべき最初のハードルだった。キャラクターと違って背景は特に目立った動きをしないので、動かす必要がない背景を動画にいちいち描き加えていたのでは面倒だからである。背景と動画を分離して作業量をいかに縮減するか、この問題を解決してアニメの産業化を可能にしたのがセルロイド法であった。透明なセルロイドに動画を描き、背景に重ねて写真撮影するこの方法は一九一四年に発明されて以来、二〇世紀末にデジタル制作技術にとって代わられるまで、長きにわたってアニメを制作する根本原理となった。

一九三〇年代に発声映画（トーキー）が普及し、アニメのキャラクターが人間らしい内面をもち始めると、アニメの物語にも論理的な整合性が求められるようになった。同時に物語にふさわしい現実的な背景が必要となり、奥行きの拡張が模索されたのである。ディズニー社は背景を近景から遠景まで複数に分割し、重層的に配置して写真撮影するマルチプレーン・カメラを用いて、血のつながらない母と娘の葛藤劇である『白雪姫』（一九三七年）の背景を写実的で説得力あるものとした。擬似的ながらも立体感のある物語世界の構築に貢献するマルチプレーン方式は世界中で踏襲され、これもまたデジタル技術に代替されるまで使われ続けたのであった。

一九九〇年代には部分的に三次元のコンピューターグラフィックス（CG）を背景に採用した『美女と野獣』（一九九一年）や、背景もキャラクターもすべて三次元CGで構成した『トイ・ストーリー』（一九九五年）が登場して、カメラも撮影台も必要としない利便性の高いデジタル技術の導入が進んだ。アニメの制作は絵を描くというよりも、マウスやペンタブレットでコンピューターに入力する作業に転換したといってよいが、しかしキャラクターと背景の分離と統合、奥行きのある背景の構築という大枠はセルロイドの時代から変わっていない。アニメのキャラクターは今後も背景とは別個に創造されて、背景が構成する物語の世界に放り込まれることだろう。

背景＋キャラクター＝アニメの風景？

このようにアニメはふつう動画＝キャラクター＝前景と背景＝物語の世界＝後景の二重構造をしているが、それでは説明できない問題があるように思われる。なぜなら両者は映像として常に一体化しており、分かちがたく協働して観る者に物語への理解と感情移入をうながし、喜怒哀楽の情動を惹き起こしているからである。

人間が周囲の環境とともに生き、環境がその中で生きる人間に風景として眺められるのだとすれば、アニメのキャラクターもまた風景の中に自分自身を見出し、周囲から隔絶された傍観者ではなく参加者として風景を体験するはずであろう。しかしアニメにおいて背景はしばしばキャラクターとの因果関係を失い、その心情を視覚化し注釈するものへと昇華するどころか、アクションが展開し物語が進行する単なる場所、あるいはキャラクター間の位置関係や状況を図示する座標空間となることも少なくない。

アニメがときに風景たりえなくなる原因は、キャラクターを商品化し販売することで利益を出すビジネスモデルにあると思われる。アニメの制作自体がキャラクター関連商品を宣伝するキャンペーンの一環でありさえする状況下では、画面の構成から予算の配分まで何事もキャラクターを中心に計画されることになるだろう。アニメは厳密には画面ごとに異なる背景を用意しなければならないが、金銭的に厳しい制作現場であればあるほど背景に割く余裕がなく、物語やキャラクターとの関係性が薄い安易な背景が量産され使い回されることとなるのである。

現代アニメの風景史

映画館で上映される長編アニメはテレビアニメよりも時間当たりの予算が大きくなりやすく、それだけ背景に力を注ぐことができる。物語を破綻なく語るためにはその内容にふさわしい説得力のある背景が必要であり、背景の設計を司る美術監督が腕をふるうことになる。『となりのトトロ』（一九八八年）をはじめとしてスタジオジブリの作品を数多く手がけた男鹿和雄（一九五二年〜）はその好例であろう。

アニメは架空の世界を物語の舞台とすることが非常に多いが、押井守（一九五一年〜）は『機動警察パトレイバー the Movie』（一九八九年）とその続編（一九九三年）において、美術監督の小倉宏昌（一九五四年〜）とともに東京の風景をアニメでは異例なほど写実的に再現してみせた。海外が舞台のアニメのためにスタッフが現地取材をすることは一九七〇年代から行われていたが、日本国内の実在する場所の風景を作品に取り込む手法は『新世紀エヴァンゲリオン』（一九九五〜九六年）にも多用され、臨場感や生活感のリアリティを重視するアニメの常套手段となった。『涼宮ハルヒの憂鬱』（二〇〇六、〇九年）、『らき☆すた』（二〇〇七年）、『けいおん！』（二〇〇九、一〇年）など、実在する場所を積極的に背景に採用したアニメが人気となると、モデルとなった場所をファンが探し出して特定し、インターネットを介して情報を発信・共有することが始められた。ファンがロケ地を訪れる行動は「聖地巡礼」またはコンテンツツーリズムと呼ばれ、現在では観光資源化することを期待して自治体がアニメ制作の誘致活動をすることも珍しくない。「聖地巡礼」の誘発はしかし、キャラクターの人気を原動力とする点でキャラクター中心主義の延長線上にあり、アニメで描かれた場所の「聖地化」に背景が果たす役割は付随的なものにとどまる。ロケ地が物語上の必然性から選択されず、さらに背景とキャラクターが互いに影響し損ねている場合、背景がいかに精緻に写実的につくられていたとしても、アニメは再び風景たりえなくなるだろう。

新海誠がアニメ史上重要なのは『君の名は。』（二〇一六年）が歴史的な大ヒットをおさめたからではなく、背景が文字どおり絵のように美しいからだけでもない。青春群像劇にふさわしい輝きにあふれた背景がキャラクターと共振し合って他に類を見ない風景を形成しているからである。たとえば『秒速5センチメートル』（二〇〇七年）において、種子島宇宙センターから打ち上げられるロケットを高校生の男女が見上げる場面は、雄大荘厳であると同時に二人の埋めがたい心理的距離感を雄弁に物語る点で新海作品を代表する風景といえるだろう。

（今井隆介）

第3章

アニメーションとイデオロギー

イジー・トルンカ『手』(1965年)

国立の映画製作所とイデオロギー

日本ではアニメーション作品の主流は、劇場アニメやテレビアニメなどの商業系のアニメーションであるが、世界のアニメーションの歴史を繙くとき、国家がアニメーション制作を支援することで作品が生み出されてきたことがわかる。なかでもチェコ（チェコスロバキア）やカナダなどの国立の映画製作所は、有名である。

第二次世界大戦直後の一九四五年、チェコの首都プラハでは、国営化されたスタジオのアート・ディレクターにアニメーション作家・イジー・トルンカ（一九一二～六九年）が就任する。トルンカは、ヘルミーナ・ティールロヴァー（一九〇〇～九三年）、カレル・ゼマン（一九一〇～八九年）とともに、チェコアニメの三大巨匠と称されているが、日本ではNHKの人形劇『三国志』の人形美術担当で有名なアニメーション作家・川本喜八郎（一九二五～二〇一〇年）がチェコスロバキアに渡って師事を求めたことでも知られる。一九四八年以降チェコの共産主義政権はトルンカに資金を出資するが、トルンカの芸術的自由が束縛されることはなかったといわれる。しかしながら、トルンカは、善良な職人の部屋に巨大な手が侵入して肖像の制作を強要する遺作『手』（一九六五年）を残している。職人がトルンカ自身であるとすれば、彼に肖像を作らせようとする巨大な手が何を指し示すのか興味深い。国立のスタジオで働き、資金繰りの苦労とは無縁な環境下でのアニメーション制作もまた自由なものではなかったことを仄めかせる。

資本主義国の国営スタジオ

数々の優れたアニメーション作品を生み出してきたNFB（カナダ映画制作庁）も一九三九年に設立された政府の組織である。一九四一年にノーマン・マクラレンがNFB内に招聘されアニメーション部門で活躍したことや、カナダ以外の海外からの才能ある者たちを支援し続けていることで有名である。日本人としては山村浩二が『マイブリッジの糸』（二〇一一年）をNFBで制作した。NFBは資本主義国家の中で、国家がスポンサーとなった珍しい事例であり、作家たちは資金や資材の支援のもとで取り組み、芸術的、実験的な作品制作を行ってきたといわれる。しかし、NFBも『郵便はお早目に』（一九四一年）など政府のためにプロパガンダ映画を制作している。

セバスチャン・ロファ『アニメとプロパガンダ』（二〇一一年）は、世界各国のアニメーション作品が戦時動員のプロパガンダ映画となっていたこと、そして国家の支援を背景にアニメーションが黄金時代を謳歌したことを述べる。各国の政府がアニメーション制作に熱心に取り組んだのは、アニメーションが大人も子どもも心を揺さぶるような現実のイメージを観客に提供するためだという。プロパガンダ・アニメーションが与える過剰な興奮は、観客に思考の正常な働きを妨げ一種の依存状態を引き起こす。そこではシナリオのクオリティよりも作品が与える刺激が優先される。連続したイメージが高速スピードで与えられるとき、観客は自己喪失の状態に陥るのだ。

アニメーション作品の中のイデオロギー

アニメーションにおけるイデオロギーの問題は、国策映画や戦時期に特権的に見受けられるものでもない。たとえば前述のノーマン・マクラレンの代表作『隣人』（一九五二年）は、隣同士の男性二人がお互いの家の境界線に生えてきた一本の花を巡って争う作品である。争いはエスカレートしてお互いの家族まで殺し合う。戯画化された作風で、言葉は発せられずに演じられる無言劇だが、最後に様々な国の文字で隣人と仲良くというメッセージが映し出される。同作の前々年には国境線＝38度線を越えた侵略から朝鮮戦争が勃発していた。平和を唱えるメッセージが痛烈に伝わってくる作品である。

日本のアニメーション作品ではどうだろうか。一九三四年に内務省の映画統制委員会が設立されると大藤信郎『空の荒鷲』（一九三九年）のような戦意高揚を意図したアニメーションが作られるようになった。瀬尾光世『桃太郎の海鷲』（一九四三年）は桃太郎を隊長に鬼ヶ島で戦果をあげる内容で、少国民（＝児童）を対象に戦意高揚目的に制作された映画だった。『桃太郎 海の神兵』（一九四五年）も桃太郎たちが鬼ヶ島を制圧する話だが、擬人化された動物たちがミュージカルさながら「アイウエオの歌」を歌うシーンなど占領地の住民への教化や宣伝という要素がみえる。しかし画面に映し出される「空想的」な風景や現地民がかわいらしい動物となっている点などに、国策アニメとは思えないほのぼのとしたシーンが見受けられる。大塚英志が指摘するようにある種の「空想的」なファクターもこの時期の統制の産物である。同作の動物たちの帰省シーンについては、郷土の風景が「われわれ」のアイデンティティの創出に寄与するものであったことも注意される。私たちは、アニメーション作品と向き合うとき、そこに様々な文脈が含まれていることを認識するのだ。（米村みゆき）

25

戦争――アニメとプロパガンダ

図1　ウィンザー・マッケイ『ルシタニア号の沈没』(1918年)。第一次世界大戦中，ドイツ軍の潜水艦に雷撃を受けた客船ルジタニア号の沈没する様子が手描きアニメーション手法で再現されている

人々を動かすアニメーション

カナダのメディア研究者マーシャル・マクルーハン（Marshall McLuhan, 1911-80）は「メディアはメッセージである」という。つまりメディアはメッセージを伝えるツールであり、なおかつメディアそのものがメッセージの形にもなっているわけである。アニメーションもそのメディアの一つとして社会の中で機能している。普段は主にエンターテインメントとしてみなされるアニメーションが歴史上ある特定のメッセージを伝えるために使われたのは、第二次世界大戦の期間中が最も著しかったといえよう。戦争におけるメディアの利用は、もちろん特定の政治的メッセージを広範な地域にわたって一斉に拡散させることを目的にしており、そのための作品や活動は通常プロパガンダと呼ばれる。アニメーションが戦争プロパガンダに利用されるのは、イメージ（キャラクターの自由な造形や動き）とサウンド（歌、音楽、音響）をかなり自由に組み合わせることができるという理由に拠るもので、人々の感性の深くまで強く影響するアニメーション独自の能力にも関連している。

戦争を宣伝するキャラクター達

アニメーション史におけるプロパガンダの最も初期の例は、アメリカのアニメーション先駆者であるウィンザー・マッケイ（Winsor McCay, 1867?-1934）が第一次世界大戦中に実際に起きた事件を題材につくった『ルシタニア号の沈没』（一九一八年、

図2　『二等兵スナフ』（1943〜45年）。おとぼけ兵卒の主人公は様々な戦場や作戦において試行錯誤を繰り返す

図1）があげられる。その後、映像テクノロジーの発展とともにアニメーションが観客の感情を細かく操作することができるまでになると、その可能性に着目したアメリカ政府はディズニー社に数多くのプロパガンダ制作を委託することになる。それらの中には、作戦遂行のためのシミュレーションなど軍事教育のものもあったが、一般市民向けでエンターテインメントとしても楽しめるような作品も多くみうけられ、主人公として頻繁に抜擢されたドナルドダックはミッキーマウスにとって代わるディズニーの人気キャラクターになる。

ほかに戦後本格的に活躍することになるチャック・ジョーンズ（Chuck Jones. 1912-2002）をはじめ多数の若手アニメーター達が演出を務めた『二等兵スナフ』（一九四三〜四五年、図2）というシリーズ作品は、兵士向けのいわゆる「教育用エンターテインメント」として制作されたことから注目に値する。おとぼけ兵卒のキャラクターを通して様々な作戦がコミカルなタッチで描かれる中、敵に対する否定的な描写、さらにはアメリカ国内の女性、非白人、先住民らマイノリティに対する差別的な表現が笑いのネタとなっていることから、現代の観客においては批判的な視点が必要とされる。このようなメッセージや感情を拡散させるプロパガンダとしてのアニメーションは、戦時中には政府からのニーズもあったが、受容する立場の一般市民からも歓迎されていたのである。ディズニーの最大のライバルであったフライシャー兄弟のアニメーション『スーパーマン』（一九四一〜四三年、図3）シリーズは、国策作品だったわけではないが、スーパーマンがアメリカを守るため世界中を飛び回りながら当時の敵国と戦う活躍を描くことで人気を博していた。

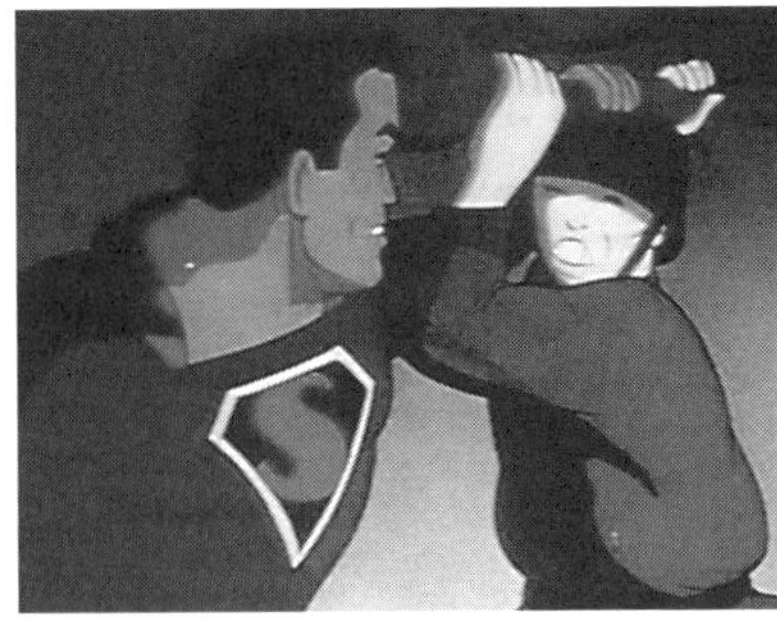

図3　フライシャー兄弟『スーパーマン～最後の瞬間』（1942年）。横浜に潜入し破壊工作中のスーパーマンが旧日本軍兵士と戦っている

桃太郎、東南アジアへ

アメリカから発信されるアニメーションの戦時メディアとしての効果は、同時期のドイツや日本でもすでに認知されていた。ミッキーマウスの大ファンだったといわれるヒトラーは、ディズニーのようなアニメーションの制作を宣伝相のゲッベルスに指示し国立のスタジオを設立させる。一方、日本においては映画評論家であり著書『漫画映画論』（一九四一年）で有名な今村太平（一九一一～八六年）の役割が大きかったとされる。今村の働きかけでアニメーションの心理戦的な有効性に気付いた軍部は、真珠湾攻撃の成功を宣伝するための『桃太郎の海鷲』（一九四三年、瀬尾光世監督）をはじめ、同じく実際起きた戦闘を題材にする『マレー沖海戦』（一九四三年、大藤信郎監督）、ＳＦ的な感覚の新兵器戦を描く『マー坊の落下傘部隊』（一九四三年、千葉洋路監督）などを制作する。

軍部は、さらにインドネシアでのパレンバン空挺作戦の成功を題材にするドキュメンタリー風の長編大作『桃太郎　海の神兵』（一九四五年、瀬尾光世監督）の制作に踏み込む。同作品に対しては、擬人化された亜熱帯の動物達が、桃太郎の率いる日本軍のため飛行場の建設に協力しつつ、「あいうえお」の歌で日本語を学ぶなど、言葉の通じない東南アジアの占領地域住民へのいわゆる教化宣伝の意図が指摘される。大塚英志の『ミッキーの書式』によると、『桃太郎　海の神兵』における映像スタイルは、当時日本の映像界にかつて共有されていたエイゼンシュテインのモンタージュ理論とディズニーのアヴァンギャルド美学とが、戦時中の国策の一つである科学主義と混合された結果とされる。

注(1)　このことについては下記の記事に取り上げられている。Chilton, Martin (2014), "How the CIA brought Animal Farm to the screen", *The Telegraph*.

冷たい戦争と熱いアニメーション

戦後になると、世界は冷戦の時代に入り、情報戦とともにメディアによる心理戦がいっそう激しくなる。資本主義圏と共産主義圏両方でアニメーションはそのメディアの一つとして利用されつづけるが、アメリカの場合、自由主義を標榜しつつも、その周辺国、さらにどちらの陣営にも属していない第三世界のアニメーションにも介入していたことは特筆すべきであろう。一九五〇年代にアメリカ情報局(USIS)などアメリカの政府組織は、タイで反共プロパガンダとして数編のアニメーション制作を支援しており、韓国にはアニメーターの育成のための専門家を派遣している。一方、長年「純粋な芸術作品」として評価されてきたイギリス初の長編アニメーション『動物農場』(一九五四年、ジョン・ハラス、ジョイ・バチュラー監督)も、公開から二〇年後になる一九七四年にアメリカのCIAが反ソ連プロパガンダとして企画した作品だったということが明らかにされている(1)。

海外のアニメーションに比べると、戦後日本のアニメは、戦争を描く傾向が非常に目立つ。もちろんハリウッドをはじめ、世界的に戦争映画というジャンルは定着しており、アニメの場合、戦争はSF的な想像のもとで描かれるなど一定の約束事や社会的文脈の中で楽しまれる現代映像文化の一部となっている。しかしながら、かつて『FUTURE WAR 198X年』(一九八二年、舛田利雄・勝間田具治監督)という核戦争を描いた作品について論争が巻き起こされた例からも、作者達の意図やジャンルが、社会における作品の受け入れられ方を決定づけるとは限らないといえよう。アニメーションのみならず、人間のつくり上げたいかなるものも、常に社会における議論や解釈に開かれているのである。

(キム・ジュニアン)

26

原爆、核——ヒバクシャ・アニメーション

原爆を描くアニメーション『ピカドン』

木下蓮三（一九三六〜一九九七年）監督の『ピカドン』（一九七八年）という短編アニメーションを知っているだろうか。広島に原子爆弾が投下された一九四五年八月六日を題材にした作品である。一〇分の短編で使用されたセル画をもとに、絵本も刊行されている。映像はありきたりの日本家屋の朝の風景から始まる。もんぺ姿の母親、紙ヒコーキで遊ぶ幼い子ども、子どもを抱きあげる父親、軍需工場に出かける女学生。外ではかまびすしい蟬の鳴き声。壁に掛けられている時計の針の音が、迫りくる原爆投下の瞬間のタイムキーパーのように痛々しく響く。路面電車が走り、国民学校では朝礼が始まる日常に空襲警報が発令され、上空からＢ29が新型爆弾を投下する。きのこ雲、激しい閃光と爆風。一瞬にして、凄惨な「地獄絵」が展開する。腕の皮膚が蠟のように焼け爛れ、人々は両手を幽霊のように差し出しながら歩く……。『ピカドン』は、原爆投下の恐ろしさをダイレクトに伝える作品だ。この脚本を手掛けた木下小夜子は、同作をきっかけに映画祭開催にむけて尽力し、一九八五年の開催以来、広島国際アニメーション映画祭でフェスティバルディレクターとして活動を続けている。映画祭のテーマは「愛と平和」である。

「ピカドン」とは、広島、長崎に投下された原子爆弾の俗称である。投下からしばらくの間、日本人は原子爆弾の存在をほとんど知らなかった。したがって、「ピカッ」と光って、間もなく「ドーン」という爆音がした新型爆弾のことをピカドン

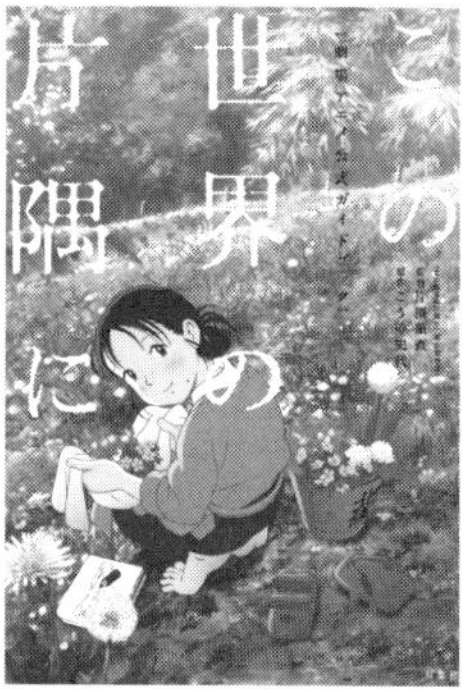

図1　『この世界の片隅に』製作委員会『この世界の片隅に 劇場アニメ公式ガイドブック』（双葉社, 2016年）

と呼称した。その後、原爆の被害を題材にしたアニメーションや絵本、写真集などにもこの呼び名が使われた。

アニメーションにおける原爆投下・核の表象

広島の原爆を題材とした有名な漫画に中沢啓治『はだしのゲン』（一九七三〜八五年）がある。同作は、アニメーション化され（一九八三年、八六年）、『ピカドン』と同じく、ドロドロにとけた両手を差し出しながら歩く人々が描かれる。同作は、今村昌平監督による実写映画『黒い雨』（一九八九年）の原爆投下の表現に影響を与えたと言われる。実験的なアニメーション作品では、林静一（一九四五年〜）の『かげ』（一九六八年）が被爆により遂げられなかった愛の物語を描いている。「広島」という文字に続き、サイレントの中で描出される原爆投下のシーン。その後、ザ・ピーナッツの「恋のロンド」がBGMとして突如組み込まれ、横顔をみせていた女性の半面が被爆の顔とわかり、視聴者に衝撃を与える。二〇一六年公開の片渕須直（一九六〇年〜）監督のアニメーション映画『この世界の片隅に』は、広島市から二〇キロ足らずの広島県呉市を舞台に、原爆投下の表現がみられる（図1）。このアニメーション映画の「ピカドン」は、閃光と爆風で描写されている。

アニメーション作品と原爆・核の問題をみてみよう。一九五〇年の夏、手塚治虫は連載漫画の話をもちかけられたときに、原子力の平和利用をテーマにした架空の話をつくろうとしたという。これはのちにテレビアニメ『鉄腕アトム』の原作となってゆくのだが、原子力の平和利用は直接のテーマにはならなかった。しかし「アトム」は固有名詞として、原子力推進のキャラクターとして使用されてゆく。核燃

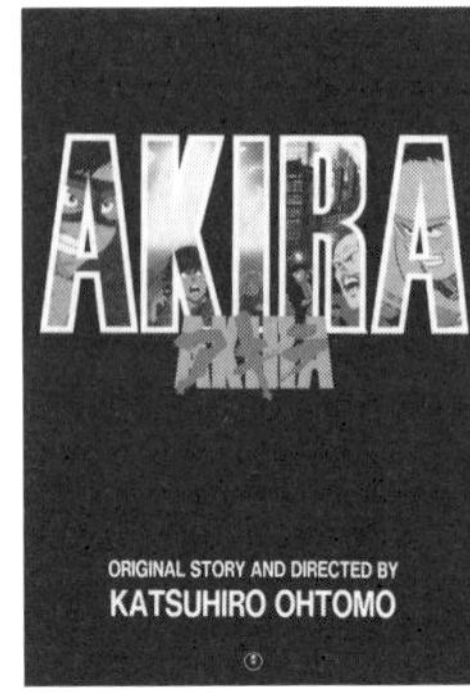

図2　映画パンフレット
『AKIRA』（東宝, 1988年）

料サイクル開発機構など、アトムの知名度を借りて原子力は豊かな暮らしを実現する夢のエネルギーであると宣伝されてきたのだ。アニメーションにおける原爆・核の登場については、松本零士（一九三八年〜）監督『宇宙戦艦ヤマト』（テレビアニメ、一九七四年、劇場版は舛田利雄監督、一九七七年）があげられるだろう。異星人からの侵略によって人類滅亡が迫る地球で、戦艦ヤマトは「放射能除去装置」を受け取りに旅立つのだ。大友克洋（一九五四年〜）監督『ＡＫＩＲＡ』（一九八八年、図2）では、「新型爆弾」が使用された設定であり、爆心地という巨大な空虚だけが残る。同じく、大友克洋が原作の『老人Ｚ』（一九九一年）は、高齢化社会の介護をテーマにしたアニメーション映画であり、登場する介護ロボットの動力は超小型の原子力である。

「唯一の被爆国」日本——『ゴジラ』と『鉄腕アトム』の並列

海外からみたとき、日本という国は「原爆を落とされた国」というイメージが強いようだ。ポップカルチャーの領域においても、『ゴジラ』シリーズや『ＡＫＩＲＡ』など、被爆被害者の体験としての側面が強調される作品が少なくない。一方、日本人自身については、小説家の村上春樹がカタルーニャ国際賞の授賞式で「私たち日本人は核に対する『ノー』を叫び続けるべきだった」とで演説したように、自国は「唯一の被爆国」であるがゆえに、「原子力」について特権的な発言権をもっていると考える人は多い。もちろん、核実験が様々な国で行われてきたことを考えあわせれば、日本が「唯一の被爆国」という決まり文句は正しくない。また、日本における反核運動が、一九五四年の第五福竜丸事件を契機としている事実を考えるとき、「唯一の被曝国」という言説の根拠として広島・長崎の「起源」が強調されるのは、メディアによるイメージ操作を視野に入れる必要がある。

日本で原子力発電が開始されたのは、一九六三年。東海村の東海発電所においてであった。その契機となったのは、そこから一〇年を遡る一九五三年、国連におけるアメリカのアイゼンハワー大統領の演説「アトムズ・フォー・ピース（Atoms for Peace：核の平和利用）」である。一九五五年には、国会で「原子力」関連の予算が成立し、原子力の利用が始められてゆく。しかしながら、3・11を経験した私達の多くは、なぜ日本という国が、原爆による被災という体験をもちながらも原子力をエネルギー源として受け入れてきたのか、奇妙に思うのではないだろうか。原子力爆弾と原子力発電は、ウラン鉱石に含まれる物質を核分裂させることによるエネルギーを利用するもので、物理的には同じ現象である。にもかかわらず、戦後日本の言説では、両者は峻別されてきた。原子力発電（所）は安全だという神話が、大衆に支持されてきたためだろう。それはポップカルチャーの領域をみれば、一目瞭然だ。「核の落とし子」として怪獣ゴジラを人間が生み出した恐怖の対象として描き、その一方で、二一世紀の未来を舞台に、原子力／核融合をエネルギー源として活躍する少年型ロボット・アトムが人気を得る。いわば「『ゴジラ』と『鉄腕アトム』の並立」である。

アニメーション作品における原爆・核の表現については、どのような時期に、どのような文脈のもとで生み出されているのか、どのような目的でどのような効果をもたらしたのか、私達は慎重にとらえる必要がある。現在なら、二〇一一年の東日本大震災時の福島第一原子力発電所事故による災害がアニメーション表現にどのような変化をもたらしたのか検討してゆくことが求められている。

（米村みゆき）

27 セクシュアリティ——アニメと性

アニメに描かれるセクシュアリティ

日本のアニメは性差別的だと国内外からしばしば批判される。胸の大きい少女、肌の露出が多い女性キャラクター、なぜか入浴シーンの多い物語……と、日本のアニメにおけるセクシュアリティ（性に関する問題群の総称）を考えることは、日本のアニメ文化を再考することでもある。まずは、日本のアニメがなぜ性差別的だといわれるかを考えてみよう。海外、特に欧米からの批判を受ける理由の一つは、アニメーションという媒体のとらえ方の違いがある。欧米ではアートアニメーションを除いて、アニメーション作品は子ども向けが前提であるため、必然的に道徳的、教育学的配慮がなされるべきだと思われている。したがって、女性がスカートめくりされたり、胸を触られたりするギャグシーンのあるようなアニメはHENTAIとして日本アニメ独特のものだとされている。HENTAIものと呼ばれる所以は、日本語の「エッチ」からきている。いやらしいこと＝性表現があることを「エッチなもの」と呼称するが、そういう表現を含むアニメが海外に輸出されたとき、「エッチ」がHENTAIのHからきていると説明され、ポルノを示すHENTAIものと認識されるようになったようだ。日本では、子ども向けだけではなく、各年齢層とジェンダー別にターゲットが分かれており、アニメーション作品は子どもだけのものではない、という共通認識をもっているが、それは世界標準ではないのだ。

もう一つの理由が、セクシュアリティに関する考え方の違いである。あからさまなHENTAI表現がなくとも、女性キャラクターの肌の露出が過激なセクシュアリティとしてとらえられ、編集（改変）がなされる場合もある。たとえば、人気アニメ『ONE PIECE』（一九九九年〜）のナミやロビンの胸の谷間や太ももが見える服、水着、主人公達が戦う敵の女で胸がはだけているようなシーンも、アメリカでは肌の露出が少ないように編集されて放映された。また、『となりのトトロ』（一九八八年）で、メイとサツキが父親とお風呂に入っているシーンも、幼女の裸を描くのは児童虐待にあたるとして、アメリカでは上映時に編集された。

「ファンサービス」の波紋

青少年・成人向けのアニメ、特に男性向けアニメでは、しばしば少女達がお風呂に入って戯れたり、少年主人公に胸を触られたり、裸を見られたり、という「お約束」シーンが多い。少女が性的対象として男性の視線にさらされること、またそれが「子ども向け」であるアニメーションという媒体で表現されることに対し、海外からの風当たりは強い。特に、少女達の裸や、スカートの中からチラッと見えるパンティ、大きな胸が揺れる様子のディテールなどは、「ファンサービス」と呼ばれ、アニメファンの間ではネタとして理解されている。しかし、女性を性的対象としてとらえること、そして多くの場合、少年主人公によるセクシャルハラスメントが最終的には愛に変わる、という男性に都合のいい物語になっていることに対し、問題視されることも多い。フィクションの中のことだとわかっていても、現実に同じような理解で女性を見ることもないとはいえないからだ。ましてや異性やセクシュアリティに興味が高まる時期に、正しい知識をもたない青少年がこうした描写を見て、誤った認識をしないとも限らない。つまり、虚構のイメージは現実と地続きになる可能性が高いので、「ファンサービス」は非常に危ういお約束事なのである。日本でもＢＰＯ（放送倫理・番組向上機構）が、アニメにおけるセクシュアリティ表現の調査、査定を行っているが、セクハラやセクシュアリティに関する不適切な表現は常に批判の対象となっている。

セクシュアリティ規範への挑戦

このように、アニメーションは子どものものという前提のある文化圏と、あらゆる年齢層向けにアニメーションが存在する文化が根付いている日本では、自ずとセクシュアリティに関する表現も異なる。性差別的だと批判される一方で、セクシュアリティ規範への挑戦も行われているのだ。たとえば、古くは『科学忍者隊ガッチャマン』（一九七二～七四年）の悪役ベルク・カッツェという女に変装する男性キャラクターは、海外では描けない設定だとして絶賛された。また、異性愛規範への挑戦として、同性愛がアニメの中で描かれることがタブーではない。たとえば、『美少女戦士セーラームーン』（一九九二～九三年）に登場するセーラー戦士達の敵であるダーク・キングダムの四天王の一人ゾイサイトは、女言葉を使うゲイとして設定されているが、アメリカでは女性という設定に変えられている。『美少女戦士セーラームーンＳ』（一九九五～九六年）で登場する外部太陽系セーラー戦士海王みちると天王はるかは、レズビアン的な関係で描かれているが、アメリカではいとこ同士という設定に変更され、同性愛として視聴者に理解されないように改変している。映画やドラマの中で、同性愛やトランスジェンダーは少なからず取り上げられていたものの、子ども向けであるアニメーションで同性愛が描かれることはタブーだったことがうかがえる。

近年では、『純情ロマンチカ』(二〇〇八、一五年)や『世界一初恋』(二〇一一年)などのいわゆるBL(ボーイズラブ=男性同士の恋愛関係)と呼ばれるジャンルのアニメも日本で放映されている。二〇〇〇年代以降、YouTubeをはじめとする動画ストリーミングサイトでファンによる字幕付き違法アップロード(ファンサブ)などによって、こうした同性愛表現は、オリジナルのまま海外のファンにも広く届けられている。こうしたセクシュアリティ規範への挑戦をアニメというメディアで表現したことは、非常に画期的であり、海外のファンに影響を与えたことは想像に難くない。

成人向け実験アニメーション「アニメラマ」

実は、アニメーションのセクシュアリティ表現は、すでに一九六〇年に手塚治虫の手によって行われていた。世界初の成人向けアニメーションと銘打たれた「アニメラマ」(アニメーションのドラマの意)は、『千夜一夜物語』(一九六九年)、『クレオパトラ』(一九七〇年)、『哀しみのベラドンナ』(一九七三年)の三部作である。『鉄腕アトム』や『リボンの騎士』など、子ども向けエンターテインメントで有名な手塚であるが、実はセクシュアリティも人間の生命の重要な要素としてアニメーションで表現することに大きな関心をもっていたようだ。様々な性表現だけでなく、暴力などアニメでは忌避される表現が物語の根幹をなす彼のアニメーション映画は、日本のアニメにおけるセクシュアリティ表現の先駆者であった。(須川亜紀子)

28

帝国主義、愛国主義——プロパガンダからアニメーション・ドキュメンタリーへ

映画と戦争

映画は敵を可視化し、視点を多様化する。映画は人間の身体を超えた機械の眼によって世界を分節化する装置として、それ自体が戦争であり、その逆もまたしかりだといわれてきた。長らく実写映画の付随物として扱われてきたアニメーション（以下、アニメ）が、視覚に訴える強いメッセージをもつメディアとして発見されたのも、実は戦時期を通してである。歴史的にアニメは戦争と深く結びついて展開してきた。とりわけ一九世紀末から二〇世紀初頭の帝国主義の時代には、数多くのプロパガンダ・アニメが製作された。

帝国、プロパガンダ、検閲

帝国主義というと、世界の四分の一を支配した大英帝国やナチス・ドイツの第三帝国、あるいは大日本帝国憲法下の日本を想起するかもしれない。強力な軍事力と経済力を背景に、列強諸国が植民地の獲得をめぐって世界の再分割を行った時代である。戦争は典型的スローガンとともに、他者のイメージを増幅した。

一見すると、情報を提供しているようでありながら人々を動員／煽動し戦意高揚のメッセージを含むプロパガンダ・アニメ。しかしその手法は実に多様である。そしてまたアニメをみる視点やその方法的視角も国や地域によって大きく異なっている。たとえば、瀬尾光世監督によって製作された短編『桃太郎の海鷲』、および一

図2　セバスチャン・ロファ／原正人・古永真一・中島万紀子訳『アニメとプロパガンダ』(法政大学出版局, 2011年)

図1　『桃太郎　海の神兵／くもとちゅうりっぷ』［DVD］（松竹, 2016年）

九四五年四月一二日に公開された日本初の長編アニメ映画（漫画映画）『桃太郎　海の神兵』（図1）はその代表作である。海軍省の後援で松竹動画研究所が製作した『桃太郎　海の神兵』は、昔話に登場する桃太郎を英雄とし、サル、イヌ、キジ、クマからなる落下傘部隊が南方の鬼ヶ島へ向かい攻略する。子ども達に好まれる動物のキャラクターと鬼に模した英米を退治する桃太郎。彼は、帝国主義と軍国主義を象徴する英雄イメージにぴったりだった。そこには、野蛮さ、未開さをともなった太平洋の島民たるかわいらしい動物達と、それとは対照的に、欧米からアジアを救出し、教化し、リードしていく「指導民族」としての日本の姿が浮かび上がる。

しかし、映画が大衆に多大な影響力を及ぼすことにいち早く目をつけたのは、実はドイツの第三帝国である。ナチスは第三帝国とその占領地域に向けて『ミゲルスハウゼンの闘い』（一九三七年）や『シラー・パジナ／スピリン』（一九三八年）、そして『哀れなハンジ』（一九四三年）など様々なタイプのアニメを製作している。すでに一九二〇年、帝国映画法は「ドイツのイメージの脅威となるもの」を上映禁止の対象にしていた。さらに一九三四年に制定された新たな「映画法」では上映禁止の項目に「国家社会主義の感情を傷つけるもの」という文言が追加された。ディズニー映画に関しては短編『塹壕のミッキー』や『裏庭の闘い』のみならず、世界中で大ヒットしていた『白雪姫』もドイツ国内での上映は禁止された。その後、戦争が始まると、ドイツのみならずすべての国外の占領地域でアメリカ映画の上映が禁止されることになる（ロファ、二〇一一年、図2）。

とはいえ、ディズニー映画の存在もまた戦争を抜きに語ることはできない。第二次世界大戦の勃発によりヨーロッパの市場を失い、またハリウッドで唯一軍にスタ

図3 『はちみつ色のユン』（© Mosaïque Films - Artémis Productions - Panda Média - Nadasdy Film - France 3 Cinéma - 2012）

ジオを占拠されたディズニーは、『ダンボ』や『バンビ』のみならず、一九四一年から四五年にかけて七七本のプロパガンダ映画を製作している。納税を目的としたドナルドダックの短編映画『新しい精神』（一九四二年）、『四三年の精神』（一九四三年）をはじめ、ナチスを批判した短編『総統の顔』（一九四三年）、ドイツの青少年に対する国家社会教育ドイツ労働党の教育の影響力を告発したグレゴール・ズィーマーのベストセラー本に着想を得た『死への教育』（一九四三年）、理性と感情を人格化しその均衡を説く『理性と感情』、さらにアレクサンダー・セヴェルスキーの著作をもとにした実写とアニメの合成映画『空軍力の勝利』（一九四三年）などがそうだ。もちろん、アニメを製作し上映するまでにはかなりの時間を要する。それゆえ、これらの作品が現実として直接的なプロパガンダの役割を果たしたといえるかどうかは難しい。だが、これらはどれも、今日、歴史を学ぶ機会として貴重な作品であるといえよう。

ポスト帝国主義とアニメーション・ドキュメンタリー

では、二〇世紀末から二一世紀にかけて登場した新しいアニメーションの潮流についてはどうだろうか。アリ・フォルマン監督によるイスラエルの『戦場でワルツを』（二〇〇八年）やバンド・デシネを原作としたイラン人の女性漫画家マルジャン・サトラピの『ペルセポリス』（二〇〇七年）、あるいは韓国系ベルギー人の監督ユング・エナン&ローラン・ボアローによる『はちみつ色のユン』（二〇一二年、図3）は、戦意高揚や愛国心を鼓舞するプロパガンダ映画とも、ある特定の中心国から周縁に向かって一方的な文化支配を強調する「文化帝国主義」とも異なる。これらはそうした帝国主義的なもの、ナショナルなものが目を向けてこなかった問題のただ中から、あるいはその痛ましい出来事を通じて生み出された作品である。

『戦場でワルツを』は、かつてレバノン内戦に従事し、サブラ・シャティーラの虐殺という出来事に直面したアリ・フォルマンが、それから何十年もの時を経て、自分の中でその記憶が失われていることに気付き、ベイルートにいた友人やジャーナリストとの対話をもとに自身の記憶を取り戻そうとする作品である。また『はちみつ色のユン』は、朝鮮戦争後、戦争孤児、貧困により二〇万人を超える子ども達が韓国から欧米に渡った歴史的事実を描き出すとともに、その一人としてベルギーで育ったユング・エナン自身のディアスポラ的アイデンティティを模索する物語である。これらの作品では自身の記憶を再構築するという物語のテーマに迫るべく、アニメーション・ドキュメンタリーという新しい形式を生み出している。

帝国という版図は、広範囲な時空間に拡散し、その痕跡や残像が文化的な営みの中にとどめられ、現在にあってもなお新たな装いで振る舞い続けている。帝国とそれがはらむ諸概念――権力、空間、領土、ジェンダー、民族等――を問い直すこと、それは、経済、人種、労働力が国境を越えて移動するグローバルなネットワークの中に生きる現在の私達にこそ、改めて求められているのではないだろうか。

（清水知子）

29

教育——アニメーションの教育活用

図1　『世界図絵』の「学校」の頁

国民教育の時代

アニメーションが生まれ発展してきた二〇世紀は、教育史的には国民教育が推進された時代である。国民教育とは、一つの国家の下で同じ言語を話し、同じ文化を共有する国民国家を形成することを目的とする。現在、私達はある年齢になれば学校に行くことを当然の義務だと考えるが、そうした制度は近代以降のものである。

年齢別の学年制や一斉教授などの、現在の公教育の原型を構想した近代学校の祖として知られているのが、一七世紀の思想家コメニウスである。彼の主著『大教授学』(一六五七年)の副題には「あらゆる人にあらゆる事柄を」という言葉が含まれているが、それはまさに近代教育の一つの方向性を言い表す文だといえる。そのコメニウスは、『世界図絵』(一六五八年、図1)という絵入り教科書の生みの親でもある。現代のアニメーションにも通じる図解による視覚的な情報伝達が、「あらゆる人にあらゆる事柄を」教育するための手段として有効であることを予見していたのだともいえよう。

日本における教育アニメーションの始まり

一九一七(大正六)年に下川凹天、北山清太郎、幸内純一の三人が相次いで日本初のアニメーション作品を発表したが、その中でも北山清太郎は、早くから教育用のアニメーションを手掛けていたことが知られている。一九一七年に製作された

『貯蓄の勧《すすめ》』は、逓信省からの依頼によるもので、同省の業務の宣伝を目的とした作品だったが、有事の備えの意義を説く大衆啓蒙的な意味をもった社会教育のアニメーションでもあった。その後も様々な理科教材や科学啓蒙映画を製作しており、いずれも残念ながらフィルムは現存しないが、記録によればアニメーション表現によって題材に関連する仕組みや原理をわかりやすく説明するものだったようだ。北山は自著の中でアニメーションの使命が「印象的に、物を強く、深く、そうして非常に単純に摑むということ」だと述べている。彼はアニメーション表現の本質的な特性を理解し、娯楽目的だけでなく、教育や宣伝などのメッセージや概念を伝えるための効果的な情報伝達手段として活用した先駆者であった。

当時、アニメーションは「線画」や「漫画」、映画は「活動写真」と呼ばれ、新しい娯楽として大きな人気を博したが、教育的な見地からは有害だという見方も根強かった。それを象徴するのが一九一七年に施行された「活動写真取締規則」である。警視庁が東京の映画館を対象として制定したもので、映画を事前に検閲し、児童向けと認定された映画以外は一五歳未満の児童が見られないようにする規則だった。

その後、文部省は不適切な作品を管理する方向から、優れた作品を保護していく方向へと舵をとり、一九二一年に推薦映画の選定制度を開始している。その後は教育関係者の映画への認識も変わり、翌年には日本で最初の映画需要者側の団体が結成されるなど、教育への映画利用が本格的に始まったのがこの頃である。

教育映画とアニメーション

ところで「教育映画」とはそもそも何だろうか。一九一〇年代からすでにアメリカでは授業用教材映像が製作されており Educational Film と呼ばれていた。教育映画はその訳語として、日本でも大正末期頃に使われるようになった言葉である。基本的には営利目的ではなく、教育を主目的として製作され、上映も一般的な劇場での興行よりも各地での巡回上映や集会での上映、教材として授業で上映される形が一般的であった。

教育映画の多くは実写であるが、実写の中で部分的にアニメーション表現を用いたり、全編アニメーションで制作された作品も少なくない。また必ずしも教育を主目的としていなくとも明確なテーマをもち、芸術性の高いアニメーション作品であれば道徳や芸術の教育映画として上映されていた。教育映画は短編が主流であり、個人または小規模に製作される短編アニメーションとも相性がよかった。

戦後はテレビの時代を迎え、映画だけでなく広く映像を用いた教育として「視聴覚教育（Audiovisual Education）」や「映像教育（Screen Education）」が広まったが、テレビの時代になっても教育分野が短編アニメーションの活路の一つであることは変わらず、特に一九五九年に開局されたＮＨＫ教育テレビは、多数の優れた作品や教材を生み出す、重要なプラットフォームとして機能してきた。

二一世紀はテレビからネットの時代へと移行しつつあり、文字どおり「あらゆる人があらゆる事柄を」学ぶことのできる状況が生まれているが、ネットメディアは人が見たいと思う情報だけを効率的に見せる方向に進化しており、むしろあらゆる事柄を学ぶことを阻害してしまう面もある。こうした新たなメディアの時代に、教育はどのように変わり、アニメーションをどのように活かしうるのだろうか。

昨今、デジタル教科書の推進や、教師が手軽に補助教材を作成できるデジタルツールの登場により、アニメーション表現を用いた教材が世界中で生まれつつある。その反面、静止画とアニメーションとの学習効果を比較した実験研究では、必ずしもアニメーションが教育の効果を高めるわけではないことも明らかになっており、今後はそうした実証データに基づく適切な教材の制作が求められる。

アニメーションを目的とする教育

二〇世紀の国民教育は、しばしば子ども達を硬直化させ主体的に生きる力を失わせるという問題を生み出してきた。それに対する改革的な教育実践として一九世紀末から二〇世紀初頭にかけて世界的に生まれたのが「新教育」の流れであった。そこでは子ども達の自己形成を援助することを教育の主軸とする考え方があり、日本でも大正期に活発な実践が行われた。

日本のアニメーションの黎明期は、教育史的にはちょうど大正新教育が活発化した時期にあたり、その具体的な実践を行う学校が次々と創設されたが、一九一七年に開校した成城小学校は、早くから学内での映画上映や映像制作を行ってきたことが知られている。同校教諭の川上春男は、一九六八年に『映像教育論』を発表しており、その中でアニメーションの教育実践も紹介している。同書内で川上は映像を教育の手段とするだけでなくむしろ目的としてとらえ、さらに鑑賞のみならずつくることも推奨している。こうした教育の効果を高めることだけでなくアニメーションにふれる体験そのものに価値を置く視点は、あらゆる物事が成果主義と効率化に向かう二一世紀において、アニメーションと教育の豊かな関係を築くための重要なヒントになりうるのではないだろうか。

（布山タルト）

第4章

海外文化とアニメーション

第17回広島国際アニメーションフェスティバル HIROSHIMA 2018 公式ポスター
アートワーク：クリ　ヨウジ

日本におけるアニメーション享受

様々な言語圏から集まった作家やオーディエンスが参加する国際アニメーション映画祭に参加する機会に恵まれたなら、アニメーションは共通言語となりうるのだという実感をもつかもしれない。アニメーション批評家の小野耕世は、日本の人たちが世界のアニメーション作家たちにふれる機会をもつようになったのは一九八五年に始まった広島国際アニメーション映画祭のおかげだと力説するが、これは裏返せば、日本人が海外のアニメーション作品に出会う機会は極めて限定されてきたことを意味する。その理由の一つは商業系アニメーションの存在が大きいからだ。日本最初の連続テレビアニメ『鉄腕アトム』は商業アニメーションの代表例だが、同作をつくった手塚治虫がインタビューで『鉄腕アトム』ではなく、自分の実験アニメーションつまりは非商業系のアニメーションを見てほしいと述べているのは興味深い。『鉄腕アトム』は、実験アニメーション制作の資金調達のためにつくっていたというのである。

商業系アニメーションは、テレビや劇場で上映され、関連するグッズなどマーチャンダイジングの興業収入、国内外のソフトに収益を求める。一方、非商業系アニメーションは劇場興行にもなじまないため、作品を見ることのできる場は自主上映会やアニメーション祭が主流だった。したがって、クリエーターや一部の愛好家、専門家を除けば一般の人がそれらの作品をみる機会を得ることは難しく、作品を体系的に収録するソフトも高額であることが多い。そのため個人はもとより所蔵する機関も少なく、享受する機会を逸してしまうのだ。

アニメーションの様々な技法

日本においてはアニメーションが「日本を代表する文化発信の手段」というナショナル・プライドをともなった常套句で語られることは少なくないだろう。その一方で日本のアニメーションの技法について目を向けるとき、近年に至るまで商業アニメーション作品の主流はセルに代表される二次元の平面アニメーションであったことがわかる。もちろん戦前には切り抜き法、カラー・セロファン、影絵が制作されていたし、戦後も川本喜八郎の人形アニメーション、非商業系アニメーションの祖といわれる岡本忠成の取り組みも見過ごせない。しかし、海外で制作されてきたアニメーション作品に目を向けるとその技法の多彩さに圧倒されるだろう。毛糸やハンカチがメインキャラクターとなるチェコのヘルミーナ・ティールロヴァーの作品や、砂が様々な生物に姿を変えたり、入れ子人形を利用してマトリョーシカが踊ったり、積み木の組み合わせに圧倒される作品を制作したカナダのコ・ホードマンの短編。フィルム自体にスクラッチ、あるいはダイレクトペイントした映像などのいわゆるカメラレス・アニメーション。代表例はカナダのノーマン・マクラレン『色彩幻想』（一九四九年）だ。そこでは一本のフィルムが大きなキャンバスに喩えられる。同じくカナダのジャック・ドリューアン『風景画家』（一九七六年）は、数十万本ものピンを埋め込んだボードの、ピンの長さで場面の陰影をつくるピン・スクリーンのアニメーションである。これらの作品にふれるとき、日本人が、一般的に持つアニメーション作品に対する認識や受容の内実が、かなり偏ったものではないかと気づく。本書では、紙幅の都合上、特定の国のアニメーション映画についての紹介となった。

海外アニメーション作品へのアクセス

日本においては、どのように海外のアニメーション作品にアクセスすることができるだろうか。前述した広島国際アニメーション映画祭は、八月下旬で隔年開催である。二〇一四年からは新千歳空港国際アニメーション映画祭が毎年一一月初旬に新千歳空港で開催される。広島国際アニメーション映画祭については、優秀作品を紹介するシリーズ『国際アートアニメーションインデックス』がソフト化されているのでアクセスがしやすいかもしれない。

また、スタジオジブリの高畑勲が海外のアニメーション映画を日本に紹介する役割を果たしてきたことも特筆すべきだろう。高畑勲は、カナダ在住のアニメーション作家フレデリック・バック（一九二四〜二〇一三年）の作品『木を植えた男』について『木を植えた男を読む』という著作を表し、フィルム画像を掲載、バックと対談する。また、ロシアのアニメーション作家のユーリー・ノルシュテイン（一九四一年〜）の作品『話の話』等については、数々の著作において「映像詩」としての魅力を解説するほか、ノルシュテインが二〇一六年に来日した際には、トークイベントで対談している。ほかにも、フランスのミッシェル・オスロ（一九四三年〜）のアニメーション映画『キリクと魔女』の日本語版翻訳、演出のほか同作の上映に際しては神戸等で公開講演会を行うなど、その作品の普及に尽力してきた。高畑のほかにもアニメーション作家・山村浩二のブログ「知られざるアニメーション」が海外の優れたアニメーション作品の紹介をしている。

（米村みゆき）

30

アメリカ〈ディズニー〉——成功と挫折の果てに

図1　フランク・トーマス，オーリー・ジョンストン著／高畑勲編『ディズニーアニメーション 生命を吹き込む魔法—— The Illusion of Life』（徳間書店，2002年）

夢と魔法の事始め

一九二八年一一月一八日、世界初のトーキーアニメーション『蒸気船ウィリー』が公開された。架空のキャラクターがスクリーンで歌い、踊り、演奏するその光景は、多くの観客の心を摑んだ。常に新たな挑戦を繰り返してきたウォルト・ディズニーの想像力は映像となり、映像はテーマパークへと展開した。一九二三年にウォルトが兄のロイとともに創業したディズニー・ブラザース・カートゥーン・スタジオは、ミッキーマウスのみならず、グーフィ、プルート、ドナルドダックといった人気キャラクター、そして『白雪姫』（一九三七年）、『ピノキオ』（一九四〇年）、『ダンボ』（一九四一年）、『バンビ』（一九四二年）、『シンデレラ』（一九五〇年）といった数々の名作を生み出してきた。ディズニーはアニメーションの歴史を語るうえで計り知れない変革をもたらした（図1）。ここでは今日、ウォルト・ディズニー・カンパニーというグローバルなエンターテインメント企業として知られるこのスタジオとその展開について見ていこう。

ミッキーの誕生と短編の時代

ディズニーにはミッキーマウス以前に手がけていた人気シリーズがある。『アリス・コメディ』シリーズと『しあわせウサギのオズワルド』だ。前者は、マックス・フライシャー（Max Fleischer, 1883-1972）の『インク壺の外へ（*Out of the*

Inkwell)』（一九一九年）（実写の背景の中でカートゥーンの道化が物語を繰り広げる）を逆手にとって、カートゥーンの世界で実写の少女アリスが冒険を繰り広げ、後者はディズニーが仲間のアブ・アイワークスとともに生み出した最初の人気キャラクター、オズワルドが活躍するシリーズである。オズワルドの伸縮自在な動きと新鮮なギャグは大変な人気を博した。しかし、配給会社との契約交渉が決裂し、ディズニーはオズワルドの版権もスタッフも失ってしまう。ディズニーが著作権に厳しいのはこの苦い経験があってのことだ。そして、こうした苦境の中で誕生した新しいキャラクターこそ、ミッキーマウスなのである。

『ミッキーマウス』シリーズをはじめ、初期の短編の中にはその後のディズニーを形成する重要なエッセンスが詰まっている。とりわけ注目すべきは、『シリー・シンフォニー』シリーズだろう。このシリーズは「音」の重要性を意識したディズニーが「音楽」を意識してカール・ストーリングとともに手がけたものである。『骸骨の踊り』（一九二九年）に始まる、全七五本に及ぶ作品の中には、世界初のカラーアニメーション『花と木』（一九三二年）や初のヒットソング「狼なんかこわくない」を生んだ『三匹のこぶた』（一九三三年）、そしてディズニーが独自に開発したマルチプレーン・カメラを使った『風車小屋のシンフォニー』（一九三七年）など、画期的かつ実験的な作品がいくつもあり、数々のアカデミー賞を受賞している。

『白雪姫』の誕生から戦争へ

ミッキーマウスで大成功したディズニーは、さらなる挑戦に挑む。世界初のカラー長編アニメーション『白雪姫』（一九三七年）である。アニメといえば短編が当

図2　カルステン・ラクヴァ／柴田陽弘・真岩啓子訳『ミッキーマウス――ディズニーとドイツ』（現代思潮新社，2002年）

たり前だと思われていた当時、『白雪姫』の製作は前代未聞の取り組みだった。長編を製作するにあたって、短編で開発したトーキーとテクニカラーに加え、ストーリーを練るために、いわゆる「ストーリーボード」（絵コンテ）が開発された。また白雪姫や小人たち、そして魔女といった人間のキャラクターは、短編時代の「ゴムホース」的な身体表現を脱し、リアルな動きとバラエティ豊かな感情を呼び起こすキャラクターとなった。結果、『白雪姫』は空前の大ヒットとなり、長編アニメーションの歴史の第一歩を飾ることになる。

しかし、『白雪姫』以後、なかなか大成功を収めるにはいたらなかった。『ピノキオ』『ファンタジア』『ダンボ』『バンビ』はどれも優れた傑作だが、第二次世界大戦の開戦とアメリカの参戦により、ヨーロッパの市場は閉鎖された。加えて、僅かなスタッフとともに始まったスタジオも、『白雪姫』が公開される頃には八〇〇人を越える規模となり、従業員との関係も悪化した。一九四一年には大規模なストライキが勃発。その間、ディズニーは米国務省からの依頼を受けて『ラテン・アメリカの旅』（一九四二年）をはじめとする南米への「善隣政策」に適った作品を製作する。また戦時期にはナチスを批判した短編『総統の顔』（一九四三年）や写実的なアニメーション技術を駆使した『空軍力の勝利』（一九四三年）など、戦争関連のプロパガンダ映画を数多く製作している。しかし、第二次世界大戦が終わる頃には、本格的な経営危機に陥っていた（ラクヴァ、二〇〇二年、図2）。

スタジオが改めて息を吹き返すのは、戦後、『バンビ』以来の本格的なアニメーション『シンデレラ』と実写『宝島』が大ヒットした一九五〇年代のことである。以後、『不思議の国のアリス』（一九五一年）、『ピーターパン』（一九五三年）、『眠れ

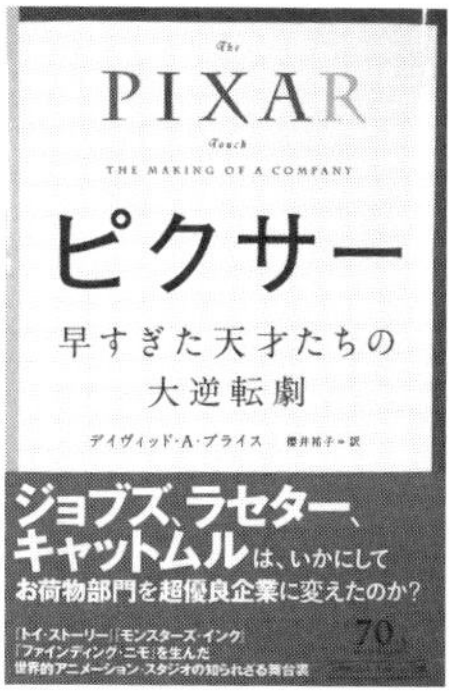

図3　デイヴィッド・A・プライス／櫻井祐子訳『ピクサー 早すぎた天才たちの大逆転劇』（ハヤカワ文庫 NF 文庫，2015年）

る森の美女』（一九五九年）といった名作を生み出していく。この時期にはアニメーションに加え、実写、ドキュメンタリー、そしてテレビへもいち早く参入し、さらにディズニーランド建設へと新たな分野を積極的に開拓していった。

「ディズニー・ルネッサンス」とそれ以後

一九六六年にウォルトが他界すると、経営は再び悪化する。しかし、八四年に元パラマウントピクチャーズ社長のマイケル・アイズナー（Michael Dammann Eisner, 1942-）がCEOに就任（二〇〇五年に辞職）。新たな経営方針によってこの危機を乗り越え、ディズニーは再び成長を遂げていく。『リトル・マーメイド』（一九八九年）からの後一〇年間は『美女と野獣』（一九九一年）、『ポカホンタス』（一九九五年）、『ムーラン』（一九九八年）など、いわゆる「ディズニー・ルネッサンス」と呼ばれる黄金時代へ入る。多文化主義の潮流に応じ、またフェミニズムを強く意識した、「ディズニー・フェミニズム」と呼ばれる新たなヒロインたちが登場する。フェミニズムそのものも多様化し、新しい課題に向き合うことにもなった。

二〇〇〇年代を迎えると時代は手描きスタイルのアニメーションからフルCGの3Dアニメーションへと移行し、九五年にはピクサーと世界初の長編フルCGアニメーション映画『トイ・ストーリー』を共同製作した。その後、二〇〇六年にピクサーを買収（プライス、二〇一五年、図3）。創設九〇周年を迎えた二〇一三年には、『アナと雪の女王』がアカデミー賞長編アニメーション賞及び主題歌賞の二つを受賞し、アニメーション映画史上最大のヒットを記録し、今もなお、世界中の人々を魅了するアニメーション製作に挑んでいる。

（清水知子）

31 アメリカ〈フライシャーとワーナー〉──ディズニーのライバルたち

フライシャー・スタジオ

一九二〇年代から三〇年代のアメリカのクラシック・カートゥーンを語るさい、ディズニーとともに重要な役割を果たしたのが、マックス・フライシャーである。彼は一八八三年七月一九日、オーストリアのウィーンで生まれ、四歳でアメリカへ移住した。ニューヨークで夜間高校に通いながらクーパー・ユニオンで商業美術や工学系の科目を学んだ。また新聞の漫画欄を担当するカートゥーニストとしても活躍していた。なかでも重要なのは、当時、新聞漫画家にしてアニメーションを制作していたジョン・ランドルフ・ブレイ（John Randolph Bray, 1879-1978）との出会いだ。マックスは一九一九年に弟デイブとともにブレイ・スタジオと契約し、以後『インク壺の外へ』をはじめとする多くのプロジェクトに関わることになる。

『インク壺の外へ』シリーズは道化師ココ──フライシャー兄弟による初のキャラクター──がアニメーターとやりとりしながら「現実」の世界と交錯するユーモラスな作品である。このシリーズが大きな成功を収めたことにより、フライシャー兄弟は一九二一年に「インクウェル・スタジオ」を設立する。一九二八年には名称を「フライシャー・スタジオ」に変更し、以後一九四二年にスタジオがその統制を失うまで大きな発展を遂げた（一九四二年五月にパラマウント映画に買収され「フェイマス・スタジオ」に改称）。

フライシャー・スタジオはディズニーのようなビジネス的展開や芸術的革新を目

図1　リチャード・フライシャー／田栗美奈子訳『マックス・フライシャー アニメーションの天才的変革者』（作品社，2009年）

指したわけではない。しかし、キャラクターよりもむしろ音楽とギャグに重点をおき、『ベティ・ブープ』や『ポパイ』、そしてアメリカン・コミックの傑作『スーパーマン』シリーズのアニメ化など独創的で娯楽性に富んだユーモラスな作品を制作していった（フライシャー、二〇〇九年、図1）。

ロトスコープとバウンシング・ボール

フライシャー・スタジオにおいて、特に注目したいのは、その技術的功績である。若い頃『月刊ポピュラー・サイエンス』誌でアート・エディターを務めたマックスは芸術的なものよりもむしろ科学や機械的な革新に興味をもっていた。まるで生きているかのような滑らかな動きを生み出したいという彼の発想は一九一九年の「ロトスコープ」という手法の発明に結びつく。「ロトスコープ」とは、実際の被写体の動きをカメラで撮影し、それをトレースしてアニメーション化する技法である。また一九二四年には観客が作品と一緒に歌をうたう「シング・アロング」形式の『ソング・カートゥーン』や小さなボールが歌にあわせて歌詞の上を跳ね回る「バウンシング・ボール」という仕組みを生み出した。さらにキャラクターの動くプレーンとその背景を物理的に離して撮影することで奥行きをもたせる「ステレオプティカル撮影法」の開発など様々なテクニックを生み出した。じっさい彼はアニメーションに関する発明で一五の特許を取得している。

フライシャーの長編とその運命

一九三七年、ディズニーが長編カラーアニメーション『白雪姫』で大成功を収め

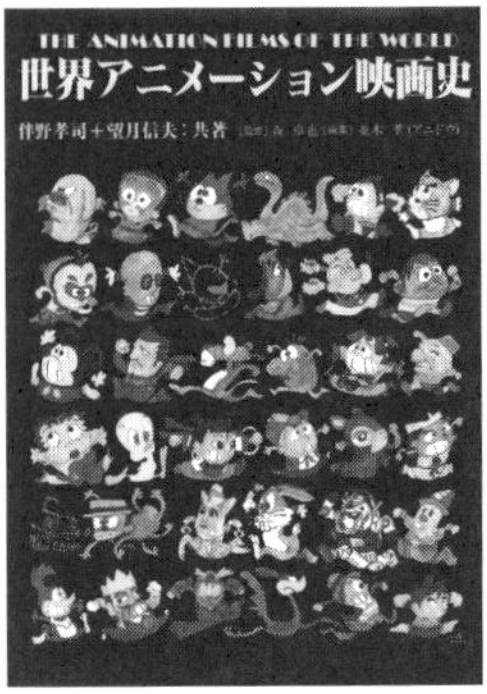

図3　伴野孝司・望月信夫『世界アニメーション映画史』（ぱるぷ，1986年）

図2　レナード・マルティン／権藤俊司・出口丈人・清水知子・須川亜紀子・土居伸彰訳『マウス・アンド・マジック——アメリカアニメーション全史（上）』（楽工社，2010年）

ると、配給会社のパラマウントはフライシャー・スタジオにも長編を制作するよう強くすすめた。とはいえ、長編制作にはスタッフの大幅な増員とそのための設備が必要である。だが当時スタジオは激しい労働運動のさなかにあった。そのためパラマウントはこれらの諸問題を回避すべく、フロリダ州のマイアミに新しいスタジオを建設させた。そして一九三九年のクリスマス、新天地にてフライシャー初の長編アニメーション『ガリバー旅行記』が、さらに一九四一年には長編『バッタ君町に行く』が公開される。しかしその直後に日本が真珠湾を攻撃。アジア太平洋戦争に突入し、莫大な制作費をかけた『バッタ君』の上映はわずか二週間で終了した。その後、以前から緊張関係にあったパラマウントとの関係も悪化し、マックスとデイヴは解雇される。こうしてフライシャー・スタジオは数多くの技術的功績を残しながら、一九四二年八月二八日に公開された『スーパーマン』シリーズ「サーカスの恐怖」を最後に事実上解散することになる（マルティン、二〇一〇年、図2）。

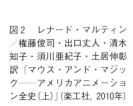

ワーナー・ブラザース・エンターテインメント

一方、一九四〇年代、長編制作に力をいれるディズニーから短編カートゥーンの座を奪って新たな「笑い」を生み出したのが、一九二三年にワーナー四兄弟アルバート、ハリー、サム、ジャックが設立したワーナー・ブラザース（Warner Brothers）である（伴野・望月、一九八六年、図3）。

ワーナーといえば、一九二七年に公開した世界初のトーキー映画『ジャズ・シンガー』で知られる。しかしアニメーションに関しても、一九三〇年からレオン・シュレジンガーのスタジオで制作されたヒット作『ルーニー・テューンズ』や『メリー・メロディーズ』をはじめ、数々の巨匠——ギャグの鬼才テックス・アヴェリーをはじめ、いわゆる「アヴェリー派」といわれるチャック・ジョーンズ、ボブ・クランペット、フリッツ・フリーリングなど——を輩出している。彼らの多くがディズニーで経験を積んでいるのも特徴のひとつだ。ポッキー・ピッグ、バッグス・バニー、トゥイーティー、そしてトムとジェリーなど、ワーナー・ブラザースから誕生した数々のキャラクターたちは、作曲家カール・ストーリングや声優メル・ブランクの存在もあって、ディズニーとは違った、よりワイルドで愉快なギャグにあふれ、アメリカのカートゥーンならではの独自の魅力を放っている。

しかし、アニメーション部門は、幾度かの売却、合併、さらには閉鎖（ワーナー・スタジオはアニメーション部門を一九五三年に閉鎖）を経て低迷状態が続いた。一九七〇年代後半に息を吹き返し、一九八〇年にワーナー・ブラザーズ・アニメーションが開設されると、アニメ・シリーズ『バットマン』や『スーパーマン』に着手。一九九〇年には親会社であるワーナー・コミュニケーションズとタイムが統合してタイム・ワーナー社が誕生。二〇〇〇年にＡＯＬに買収されるも、二〇〇二年には再びタイム・ワーナー社へ。そして二〇一八年にはＡＴ＆Ｔに買収され、現在はワーナーメディアとして、映画製作・配給部門、テレビ番組製作部門、アニメ製作部門、家庭用映像ソフト部門、出版社、そしてテレビの全国ネットワークを展開し、『マトリックス』シリーズや『ハリーポッター』シリーズ、あるいは『ロード・オブ・ザ・リング』三部作など数々のヒット作を生み出している。

（清水知子）

32 カナダ——巨人アメリカの隣人

図1　ジャン・ジオノ 原作／フレデリック・バック絵／寺岡襄訳『木を植えた男』(あすなろ書房, 1989年)

フレデリック・バック

日本人が思い描くカナダ像とは、たとえば広大な森林におおわれた自然豊かな風土といったものだろうか。

だとすれば、高畑勲や宮崎駿も敬愛してやまなかったフレデリック・バック（Frédéric Back, 1924-2013）のアニメーションはさしずめそのイメージの体現であるだろう。森林保護のメッセージを印象派さながらの光あふれる映像で訴えかける『木を植えた男』（一九八七年、図1）。北米大陸の大河セント・ローレンス川の雄大な自然をドキュメンタリータッチで賛美する『大いなる河の流れ』（一九九三年）。アカデミー賞をはじめとする数々の栄誉とエコロジストとしての影響力を備えていた彼こそは、カナダの国民的アニメーション作家と呼ぶにふさわしい。

とはいえ、『木を植えた男』の舞台は南仏プロヴァンスであり、バック自身も生粋のカナダ人ではない。彼の生誕地は独仏国境のザール地方であり、フランスでの美術教育を経てカナダへ移住したときにはすでに二〇歳を超えていた。海外からの移住者がカナダ文化の担い手になる。それが移民の国カナダの現実である。

NFB①——文化政策としてのアニメーション製作

カナダアニメーションの代名詞ともいうべきNFBはカナダ政府の映画製作・配給機関である。

図２　制作中のマクラレン。フィルム上に直接作画する様子がわかる

カナダはもともと映画やアニメーションの伝統が薄い国であった。隣国アメリカから大量に流入する娯楽映画の圧倒的なパワーに押され、自国の映像産業が成長しないという構図である。その問題への回答がＮＦＢの創設（一九三九年）である。

ＮＦＢの当初の業務は第二次世界大戦下のプロパガンダ映画の製作であった。その一つ、ノーマン・マクラレン（Norman McLaren, 1914-87）の『我らの勝利のために！』（一九四一年）という短編アニメーションをみてみよう。「勝利」を表すＶの文字がキャラクター化し、陽気な音楽で行進しながら戦時国債の購買を宣伝する。フィルムに直接作画する「カメラレスアニメーション」と呼ばれる実験的手法が採用され、低コストだが鮮烈な印象を残す映像になっている（図２）。アニメーションは情報を伝達する効率的な手段として重宝されたのである。

戦後になると、ＮＦＢの使命は「映画製作によってカナダ人および国外に向けてカナダを知らしめること」に改められた。

発信の対象としてほかならぬカナダ国民が含まれていることに注目してほしい。大国アメリカの隣人であるがゆえに、カナダ人は「アメリカといかに違うか」に敏感にならざるをえない。その一方で「文化のモザイク」と称されるカナダの民族事情がある。カナダの歴史はフランス系移民に始まり、現在でも英仏の二言語圏が混在する。七〇年代以降激化するケベック州の独立運動にみられるように、その対立は内的分裂を誘発しかねない。カナダの自然・文化・産業を映像で記録し、国民に知らせることは、カナダ人の文化的アイデンティティを構築するために有効である。

こうしてＮＦＢはドキュメンタリーと短編アニメーションの二ジャンルに特化し、ハリウッドとは異なる独自路線をとった。やがてマクラレンの名声が高まるととも

図3 『隣人』

図4 『シュッシュッ』の制作風景。右がホードマン

に、アニメーションはカナダを代表する文化として世界的に認知されるようになる。

NFB②——国際的アニメーションセンター

第二次世界大戦が終わり、プロパガンダ製作の仕事から解放されたマクラレンは実験的手法の開発と洗練に熱中した。代表作『隣人』（一九五二年、図3）で用いられた「ピクシレーション」は実写の人物をコマ撮りで動かす技法である。まるで等身大の人形であるかのように操られた人間は、実写でありながら現実感が欠如した奇妙な映像を生み出した。『線と色の即興詩』『色彩幻想』におけるカメラレスアニメーションのバリエーション、映画フィルムのサウンドトラック部分に手描きする人工音の生成、実写多重プリントによる残像効果が美しい『パ・ド・ドゥ』……。枚挙にいとまがないほどの実験映像は世界中の観客や制作者達を魅了した。

六〇年代以降には後進の作家が台頭し、マクラレンの後を追うようにして既成概念に囚われない新しい表現を追求していった。そこでは積み木（コ・ホードマン『シュッシュッ』、図4）や砂（キャロライン・リーフ『がちょうと結婚したふくろう』、図5）、ビーズ（イシュ・パテル『ビーズゲーム』、図6）といった何の変哲もない日常的な物体が、アニメーションの素材として「発見」されることになる。

注目すべきはその多国籍性である。収益性に左右されない自由な制作環境は世界から優れた才能を引き寄せた。コ・ホードマンはオランダ、リーフはアメリカ、パテルはインドの出身であり、そもそもマクラレンもイギリス人である。これはカナダが世界に先駆けて多文化主義を宣言した国であることとも無関係ではないだろう。

九〇年代以降の予算削減を受け、作家専属制から作品ごとの契約制になり、NF

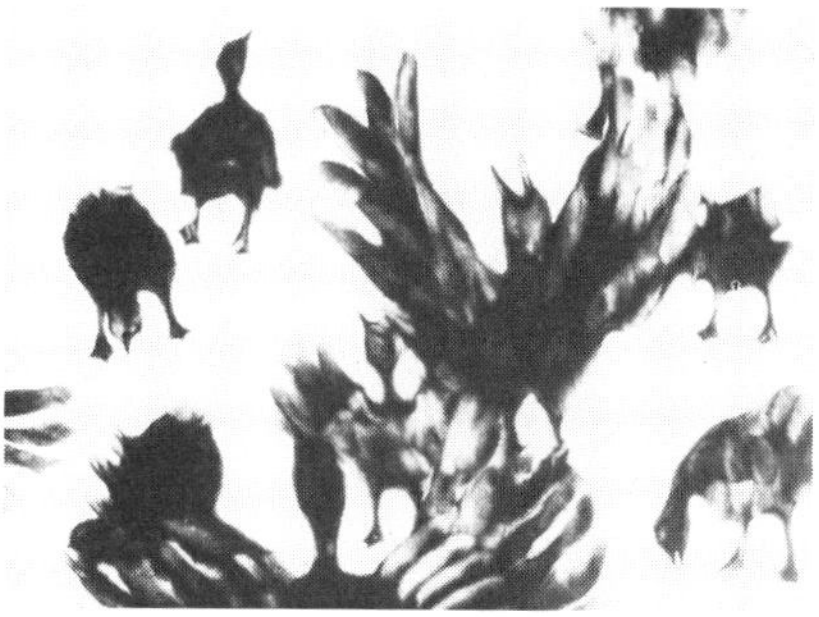

図５　『がちょうと結婚したふくろう』

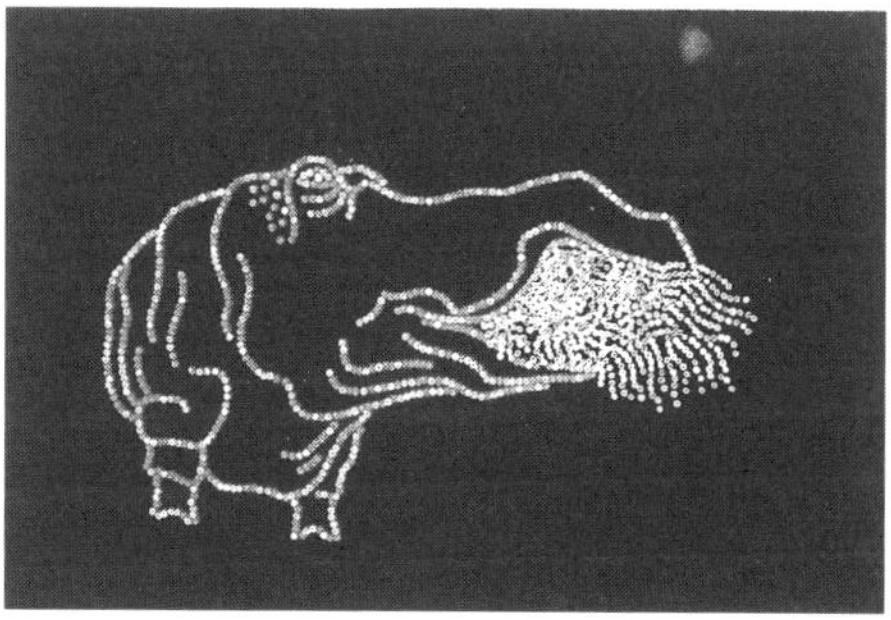

図６　『ビーズゲーム』

Ｂ単体での製作は厳しい状況になっている。だが、海外のパートナーと積極的に組んで共同製作を行うことで、作品のクオリティを維持することに成功している。たとえば、山村浩二の『マイブリッジの糸』（二〇一一年）は日本人初のＮＦＢとの共同作品である。国際合作のハブとして機能することで、ＮＦＢは依然として世界の短編アニメーションの重要なプレイヤーであり続けているといえるだろう。

もう一つの顔――テレビシリーズとＣＧ産業

ここまで非商業系のアニメーションについて述べてきたが、現在のカナダは商業アニメーションの一大拠点でもある。

ただし、ディズニーやドリームワークスのようなアメリカのメガヒット作品と正面から張り合おうというのではない。それを補完する分野、すなわちテレビシリーズの製作で成功を収めたのである。そのメインターゲットは欧米だが、『ぞうのババール』『タンタンの冒険』『アンジェラ・アナコンダ』『無口なウサギ』『アトミック・ベティ』など、意外に日本でも知られている――だがアメリカ製だと思われがちな――タイトルが存在していることがわかるだろう。

近年の動向では、カナダがＶＦＸ（視覚効果）やＣＧ、ゲームなどの先端映像テクノロジー産業の中心地となっている点も見逃せない。たとえばハイエンド３ＤＣＧ製作に欠かせない「Ｍａｙａ」や「３ｄｓ　Ｍａｘ」はカナダで開発されたソフトウェアである。最近のオフショアリング（業務の一部海外移転）の流れを受けて、税制優遇措置でアメリカ企業を積極的に誘致する州も目立っている。アメリカに隣接するカナダならではの強みがここには発揮されているのである。（権藤俊司）

33

フランス——挫折と挑戦の闘ぎ合い

図１　『やぶにらみの暴君』フランスのプレスシート表紙（1953年）

先駆者達の苦難

フランスのアニメーション史とは、多くの先駆者の重要な貢献が明確な発展というよりも報われぬ達成の連続として目立つ。

Ｅ・レイノーは視覚玩具の開発に続き一八八八年にループ運動から解放された動きの再現に成功し、翌年に特許登録を済ませた「光学劇場」が手描きの絵を連続映写する装置で、写真素材の使用以外、後のシネマトグラフの興行的な特徴をすでにもち合わせていた。一八九二年からグレヴァン博物館での七年半の上映活動で五〇万人の観客を集めたが、映写機と作品がすべて手づくりで、結局はリュミエール式映画の機械的基準に無残にも追い越されて消えた。

風刺漫画家のＥ・コールが五〇代で新しい表現へ初挑戦し、動画映画の祖になったのは一九〇八年の『ファンタスマゴリー』で、落書きのような線画の絵が愉快に変形し、原初的な魅力に満ちた独自の表現を確立させた。コールは多作で、ゴーモン、パテ、エクレールの三大映画社と次々と契約し、実写合成、切り絵、人形などを使用したコマ撮り技法の先駆者にもなった。三〇年間で三〇〇本も手がけた記録が残る中、初期が最も本数が多く創作意欲に富む。一九一二年に渡米し、技法面で北米の制作者にも影響を及ぼしたといわれている。

二人の晩年が象徴的で、失望から自作をセーヌ川に捨てたレイノーの如く、悲惨な結末であった。先端的な手探りや一時の成功が個人的な規模を超えることなく、

図2　1963年度のアヌシー国際アニメーション映画祭のカタログ表紙

産業面では早くもアメリカで定着した合理化の圧倒的なスタンダードをほとんど追うほかなかった。

一方、超現実主義の関連で画家F・レジェは、前衛映画『機械的バレエ』で試みた視覚的実験にコマ撮りも用いた。また、英米人のグロスとホッピンが『生きる喜び』で疾走感あふれる奔放さを発揮し、R・ベルトランと化学映画人のJ・パンルヴェが蠟人形で群集劇『青髭』をつくった。

ロシア革命後フランスに渡った亡命者の中では、動物の属性と不気味さを生かした人形アニメーションの先駆者L・スタレヴィッチや、「動く版画」の驚異的な装置ピンスクリーンを発明して『禿山の一夜』等で独自の美学と理論を築いたA・アレクセイエフがいた。ボヘミア出身のB・バルトーシュは、パリへ亡命し、木版画の絵物語を原作に、関節のない切り絵素材を多層式撮影台に置き、多重露光を多用し画家のように層を重ね、裏からの照明で奥行きや霧の独特の雰囲気を表現した。『理念』は政治性と象徴性、悲劇と詩情の傑出した深刻な作品だった。

動画の近代へ

一九三六年、後にヨーロッパ最大の動画スタジオとなる「双子座《レ・ジェモー》」を設立したP・グリモーがこの国のアニメーション界を代表する存在である。縦の構造を活かした視点や独自の絵とリズムをもつ甘さのない作風を確立し、独学で始めた動画表現の近代化を果たした。戦後に国民的詩人プレヴェールと組み、人間の内面を描き切ったが、五〇年に製作トラブルで離れた長編『やぶにらみの暴君』を三〇年後に『王と鳥』へと改作した。独立後、若手に制作の場を与えながら細々と広告・短編

注(1)　43「国際映画祭」を参照。

図３　『やぶにらみの暴君』日本公開時のパンフレット表紙（1955年）

を作り、八八年に過去の作品をつなげた形で自らの軌跡をまとめた。

ルネ・ラルー（René Laloux, 1929-2004）は画家トポールと組んで短編をつくった後、三本の長編を監督したが、国内での制作がかなわず皮肉にも下請けで『ファンタスティック・プラネット』はチェコ、『時の支配者』はハンガリー、『ガンダーラ』は北朝鮮へつくりに行った。

実験という名の下で

一九五〇年代から新世代の個人作家が登場していた。五二年にパリにやってきたイタリア人のロナーティとベティオルのコンビが立体のコマ撮りで児童向けの短編を専門に、後にＴＶシリーズ『シャピ・シャポ』を制作した。五九年からフランスで活躍したポーランドのボロフチクは（当初は同郷人のレニツァと）実験を重ねた後、実写へと移行した。同じ時期に活躍しだしたグリモー門下のコロンバとラギオニーはともに切り絵から出発し、八〇年代に短編から長編へと挑戦した。一方、国営放送局の研究科が一九六〇～七四年の間に画家のラプジャード、ハンガリー出身のフォルデスやポーランド出身のカムレール等の様々な映像実験の場となり、六八年からミニマルな造形と動きで見事に愉快なナンセンスを織り成すＴＶシリーズ『シャドック』も大きな話題を呼んだ。評論の展開も注目に値する。特に五〇年代に最初にこの分野の批評に理論を提唱し独自に確立させ、アニメーションを「インストルメンタル《器機的・楽器的》な芸術」と定義したＡ・マルタンは多方面でその啓蒙に貢献した(1)。

激動の現代へ

一九八三年にリヨンで開かれた業界あげての集会で産業的方針が決まり、各テレビ局の参加や放送が義務化され、逆に国産ＴＶシリーズの粗製乱造を生んだ。一方、文化省による支援制度で、短編こそ志ある唯一の分野となった。八〇年前後に南仏で作家集団として発足したラ・ファブリックとフォリマージュは後にテレビや長編へと活動を広げ、様々な矛盾に直面した。後者ではパラシオス『雪深い山国』やＭ・ドゥドック・デ・ヴィット『坊さんと魚』など優れた短編も制作された(2)。

前者の出身作家で、平面性を強調する説話的な世界を表現し続けたＭ・オスロが九九年に初の長編『キリクと魔女』で大成功を収めた結果、二〇〇〇年以降は国産の長編が流行しだした。Ｓ・ショメは『老婦人と鳩』や長編『ベルヴィル・ランデヴー』で風刺の効いた奇妙で無口な人物を描き、容赦のない笑いを誘った。Ｊ・タチの脚本を映像化した『イリュージョニスト』では一時代の終焉と郷愁を描いた。

今や数カ国での共同製作が不可欠な条件で、特に長編で著しいのは「試作症候群」で、過去の作品から何も蓄積されず、様式も制作体制も毎回一から開発される問題で、成功しても次の作品への可能性や現場の安定には結びつかない。

人材育成の面では、七五年にパリのゴブラン職業学校で始まった専門教育は長い間一校独占の特殊な技能養成にとどまったが、九〇年後半から教育の場が増え続け、今や全国に二〇校以上も存在する。中でもフォリマージュで設立された学校「ラ・プドリエール《火薬倉庫》」を卒業後、それぞれ長編を手がけたＢ・レネールの『くまのアーネストおじさんとセレスティーヌ』とＲ・シャイエーの『遥か北へ』は、日本の作品から影響を受けつつも確かな達成となっている。

（イラン・グェン）

注(2)　ドゥドック・デ・ヴィットはこうして作家デビューをした後，『岸辺の二人』でアカデミー賞短編アニメーション賞等を受賞し，ついに2016年にスタジオジブリの共同製作で，フランスを制作の中心とした初の長編『レッド・タートル』を監督した。

34

ロシア――人間味あふれるアニメーション

人間味あふれるロシアのアニメーション――その歴史の始まり

ロシアが生み出した人気キャラクターに、チェブラーシカというけむくじゃらの動物のキャラクターがいる。アフリカからオレンジとともにロシアへと運び込まれてしまったうっかり屋で、友人であるワニのゲーナや子どもの仲間達とともに、ほのぼのとした冒険を繰り広げるR・カチャーノフ（Roman Kachanov. 1921-93）監督のアニメーション・シリーズから生まれたキャラクターである。チェブラーシカに代表されるように、ロシアのアニメーションは、どこかすっとぼけて、少し奇妙な、誰にも身に覚えのある等身大の印象を与えるものが多い。

ロシアのアニメーションは、そもそも最初から少し変わったものだった。一九一〇年代、L・スタレヴィッチ（Ladislas Starevitch. 1882-1965）は、グロテスクなまでにディテールに富んだ造形の人形を用いた作品をつくった（彼は世界的にみても人形アニメーションの先駆者である）。たとえばカブトムシの夫婦の浮気が巻き起こす騒動を語る『カメラマンの復讐』（一九一二年）の人形は、当時の人々が「昆虫を調教して演技させた」と勘違いするほどにリアルだった。

動かないはずのものが動く、生きていないはずのものが生きるアニメーションが本質的にもつグロテスクさが、ロシアの初期のアニメーションの特徴となる。実写映画の実践でも有名なD・ヴェルトフ（Dziga Vertov. 1896-1954）は、ニュース映画の形式をパロディにして、風刺性の強いアニメーションを発表した。『ソビエトのおもちゃ』（一九二四年）が象徴的な作品だ。ロシア初期の作品は、現実とは違う世界をつくることのできるアニメーションの能力を活かして、現実をひっくり返そうとするカーニバル性が見どころだ。

ソ連の国営スタジオ「ソユズムリトフィルム」の時代

一九二二年、ソビエト社会主義共和国連邦が成立し、ロシアは世界初の社会主義国家となる。ロシア初期のアニメーションは、各地に勃興したスタジオや個人による雑多な試みの集積だったが、ソ連時代に入り、その状況も変化していく。一九三七年、政府の方針で国内の様々なアニメーションスタジオが合併、「ソユズムリトフィルム（連邦動画製作スタジオ）」が成立した。その後しばらくソ連時代のロシアのアニメーションの歴史は、このスタジオの歴史とほぼ重なりあう。

ソユズムリトフィルムは、体制としてはアメリカの商業アニメーションと同じく大規模分業制でつくられ、ディズニーなどと似たところも多い。一方で、ロシアの歴史や民話を題材に求めることで、アメリカと差異化を図ろうともした。アニメーション自体は国家事業となることで初期と比べるとおとなしくなる。一九三二年、ソ連全体の芸術の綱領として「社会主義リアリズム」（共産党政権の示す模範に沿った作品をつくるためのガイドライン）が導入され、アニメーションもまた、国民が目指すべき理想の世界を描くものとなっていく。また、子どもに対して、社会主義を教育していく役割も担わされた。

日本のアニメーションにとって注目すべきは、『雪の女王』（一九五七年、レフ・アタマーノフ監督）である。ヒロイン兼悪役のゲルダがもつ複雑な性格描写が、宮崎駿や高畑勲に大きな影響を与えているからだ。

ニューウェーブ期

ソユズムリトフィルム設立以後、おとなしい動きをみせていたロシアのアニメーションは、一九六〇年代になって新たな傾向の作品を生み出し始める。理想を体現する英雄的な登場人物というよりは、私達の身近な、欠点のある人間像が目立つようになる。冒頭で紹介した『チェブラーシカ』シリーズも、その流れの中で登場する。

これらの異質な作品が生まれたのには、独裁者スターリン死後の表現の自由化（いわゆる「雪どけ」）もかかわっているが、ソ連全体でのアニメーションの位置づけも大きく影響している。ソ連時代のあらゆる表現は国家による検閲の対象となる。この時代の表現のおとなしさの理由はそこにもあるわけだが、アニメーションは子ども向けという認識があり、検閲の目が比較的緩かった。一方で、国からの財政的な支援は保証され、作家個人が自身のユニークな創造性を存分に発揮した作品をつくることができたのだ。

この環境下で生まれたのが、ロシアのニューウェーブである。その代表格であり主導者となったのはF・ヒトルーク（Feodor KHitruk, 1917-2012）だ。『ある犯罪の話』（一九六四年）は、当時のモスクワの住宅問題を皮肉った風刺作品である。この作品が引き金となり、ソユズムリトフィルムの作品は現代の問題を扱い始める。A・フルジャノフスキー（Andrey Khrzhanovsky, 1939-）の『グラスハーモニカ』（一九六八年）も社会主義の官僚制を直接的に批判した（ただし、ソユズムリトフィルムで唯一発表禁止の処置を受けることになったのだが）。

パーソナルな世界を描く詩的な作品も生まれるようになった。代表的なのは切り絵アニメーションの巨匠Y・ノルシュテインだ。ハリネズミの子が霧のなかをさまよう『霧のなかのハリネズミ』（一九七六年）やノルシュテイン自身の記憶をめぐる『話の話』（一九七九年）といった代表作は、ちっぽけなキャラクターが、宇宙のように巨大な世界を生きる様を描き出す。

ソユズムリトフィルム無きあと

ソユズムリトフィルムの勢いはソ連自体の衰退とともに衰えていき、一九九一年のソ連の崩壊とともにスタジオもほぼ終焉を迎える。資本主義体制下の一九九〇年代以降、ロシアのアニメーションは産業化の動きをみせ、多くの作品はアメリカなどその他の国のものとあまり変わらないものとなっていくが、一方で、細々とではあるがロシアらしい人間味あふれる作品をつくる作家達も活躍しつづけている。たとえばA・ペトロフ（Aleksandr Petrov, 1957–、油絵によるアニメーション）やG・バルディン（Garri Bardin, 1941–、折り紙など日常的な素材を使った人形アニメーション）はその手法に手作りの温かみがあるし、K・ブロンジット（Konstantin Bronzit, 1965–）やI・マクシーモフ（Ivan Maximov, 1958–）といったドローイング・アニメーションの作家達は、「欠点ある愛らしい存在」としての人間観をもとに、ユーモラスな作品を次々とリリースしている。

（土居伸彰）

35

イギリス——情報戦からテレビ芝居へ

図1　ニック・パーク監督『ウォレスとグルミット～ペンギンに気をつけろ！』（シネカノン，1993年）。主人公のグルミットは人間なみの知性をもっている犬のキャラクターでいつも飼い主のウォレスを助ける

粘土のスター誕生

ＮＨＫで放送され続け親しまれている人形アニメーション『ひつじのショーン』（二〇〇七年）は、イギリス拠点の世界的に有名なアードマン・アニメーションズの作品である。同社は現代イギリスのアニメーションを代表するとされ、その名声のきっかけになったクレイアニメーション『ウォレスとグルミット』シリーズは、一九九〇年に第一作目が公開されて以来、年齢を問わず国際的な人気を博している（図1）。『ひつじのショーン』も、実は同シリーズの第三作目である『危機一髪』（一九九五年）に脇役として登場する羊を主人公としたスピンオフ（＝派生、外伝）作品である。ほかにイギリスのアニメーションは、一九八〇年代に始まった『きかんしゃトーマス』シリーズなど子ども向けテレビ番組や、ジョージ・オーウェル原作の『動物農場』（一九五四年、図2）、ビートルズが音楽を担当し出演も果たしている『イエロー・サブマリン』（一九六八年）のような長編アニメーションが広く知られている。

イギリスという「国」の複雑な事情

しかしながら、『動物農場』のジョン・ハラス（John Halas, 1912-21）監督はハンガリー出身で、『イエロー・サブマリン』のジョージ・ダニング（George Garnett Dunning, 1920-79）監督はカナダ出身ということからわかるように、イギリスのア

図2　ハラス＆バチェラー監督『動物農場』（A. ハラス＆バチェラープロダクション，1954年）。農場の動物達が人間の支配に対抗し立ち上がる

ニメーションを築いてきた中核的な人々がイギリス出身ではない、もしくはイギリス国籍ではない場合が多い。さらにイギリスでキャリアを続けるわけではなく、途中でほかの国に移ったりする場合もよくあるのである。それは、アニメーション産業自体の構造的な緩さにも関係するが、イギリスという国が二〇世紀前半までは帝国、後半から現在までは連邦という体制をとってきたことにも由来する。たとえば、イギリスの有名コメディ番組『空飛ぶモンティ・パイソン』（一九六九年）でアニメーションを担当し大評判となったテリー・ギリアムももともとアメリカ出身で、若い時代イギリスに渡って以来、数十年間イギリスを拠点に活動しつつも、ハリウッドの大作映画を監督している。

歴史的にイギリスにおけるアニメーション製作は、かなり早くから始まっている。その先駆者の一人であるアーサー・メルボルン＝クーパー（Arthur Melbourne-Cooper, 1874-1961）は、リュミエール兄弟による映画の発明から四年後の一八九九年にマッチ棒の人形を使ったコマ撮りのストップモーション・アニメーションで、イギリス初の広告アニメーションをつくったと評価されている。二〇世紀に入ると、世界大戦が勃発する中、情報戦として映画の重要性に注目したイギリス政府は、一九三三年に中央郵便局（GPO）傘下に映画部を設置し、情報を伝えるメディアとしてアニメーションの製作に着手する。この時期の映画部に所属し実験的な映像で頭角を現したのが、ノーマン・マクラレンやレン・ライ（Len Lye, 1901-80）である。ただしスコットランド出身のマクラレンは第二次世界大戦後カナダに移住し、カナダ国立映画制作庁のアニメーション部門を率いることになる。一方、ニュージーランド出身のライもイギリスでの活動は長く続かず、アメリカに拠点を移す。

戦後アニメーションにおける三つの波

ヴァン・ノリス（二〇一四年）の研究によると、戦後イギリスのアニメーションには三つの波があったとされる。第一の波（一九五五～七八年）は、戦時中の情報映画路線を引きずりつつ、アメリカのハリウッドと異なる小規模なスタジオによって確立された「ブティック・システム」という体制で特徴づけられる。このシステムに基づき、多くのアーティスト達は、企業ＰＲやテレビ局のための小規模なアニメーションを財政的にかなり好条件で製作できる時代を過ごす。イギリスで終戦後本格的に普及するテレビは、斬新な試みが実践できるニューメディアとして働き、聴覚に障害のある子ども達のための教育番組『ヴィジョン・オン』（一九六四～七六年）などが長期にわたりつくられる。これに引き続く『テイク・ハート』（一九七七～八三年）ではモーフというクレイのキャラクターが人間と一緒に登場し、人気者になる。モーフの成功は、それを創造したアードマン・アニメーションズの成長につながる。こういった形でアニメーションはテレビ番組の一部を担っていたのだが、個人の才能が十分発揮できるようになるまでは次の波を待たなければならなかった。

第二の波（一九七九～九六年）は、チャンネル四（Channel Four）という一九八二年に設立された公共テレビ局の貢献によって特徴づけられる。同局は特別な趣味や個性を重視する少数の視聴者のための番組編成を目指し、それらの番組は自社内ではなくコミッションという社外委託方式で製作してもらい、購入、放送することで、個人のレベルで活動するいわゆる「作家」達に活躍の場が出来上がる。そのおかげで数多くの傑作アニメーション（主に短編）が生み出されることになる。その作品群は、日本でも多くの視聴者にお馴染みの『スノーマン』（一九八二年）からマニア

図3　ブラザーズ・クェイ監督『ストリート・オブ・クロコダイル』（イメージフォーラム，1986年）。従来の人形アニメーションに革新をもたらしただけでなく，現代ハリウッド映画界にも影響を及ぼしている

ックなファンに人気の『ストリート・オブ・クロコダイル』（一九八六年、図3）まで非常に幅広い。その中でも、イギリス的な特徴の一つとして、コメディというジャンルと結合し、マイノリティ問題など社会的テーマに取り上げるアニメーションたとえば『審査場で』（一九八三年）のような大人向けのアニメーションが数多く現れたことは特筆すべきであろう。ニック・パーク（Nick Park, 1958-）監督の『ウォレスとグルミット』シリーズの初期作が大ヒットしたのもこの時期である。

第三の波と『ザ・シンプソンズ』

一九九七年から現在に至る第三の波は、アメリカで一九八九年に放送が開始された大人向けテレビアニメ『ザ・シンプソンズ』からの影響が大きいとされる。同作品に刺激され、チャンネル四でも『ボブとマーガレット』（一九九八年）など一般の大人向けのアニメーションがつくられるが、視聴率に伸び悩む一方、以前から存在していた公共放送局のＢＢＣと民放のＩＴＶも同類の番組製作へ参与し始める。そんな中、衛星放送の導入でアメリカ発のアニメーションや子ども向けチャンネルをはじめ、一気にテレビチャンネルの数が増えるとともに、市場競争も激しくなる。二〇〇〇年代には、アードマン・アニメーションズは、アメリカの大手映画会社との合作でストップモーション・アニメーション手法による長編映画を次々と公開する。現在同社は、イギリスのディズニーとまで呼ばれているが、同国のアニメーションを支えているのは、「ブティック・システム」と社会へのコミットメントを通して培われてきた創作現場の個々人といえよう。

（キム・ジュニアン）

36 ドイツ――ロッテ・ライニガーの影絵アニメーション

世界初の長編アニメーション

一九二六年公開の『アクメッド王子の冒険』は、世界初の長編アニメーション映画である。モノクロではあるが、ディズニーのカラー長編『白雪姫』（一九三七年）に一〇年も先んじている。制作したのはロッテ・ライニガーというドイツ人女性で、この映画によりその名を映画史に刻んだ。その頃のアニメーションはメインの映画の前座として、もっぱら短編がつくられていたが、『アクメッド王子の冒険』は、六六分という当時では前代未聞の長さであったため、上映場所を探すのにも苦労したという。それでもパリでの初上映は好評を博し、半年に及ぶロングランとなり、続いて公開されたドイツでも好意的に評価された。

ライニガーが生まれたのは一八九九年のベルリンである。ディズニーより二年、日本のアニメーション作家の大藤信郎より一年前にあたる。黎明期にあった映画をライニガーは好み、劇団に属しもした。『アクメッド王子の冒険』の制作は、一九二三年に夫のカール・コッホ（Carl Koch, 1892-1963）らと開始している。これは説話集『千一夜物語』をアレンジして自由につくった冒険物語であった。

制作方法

ライニガーの作品は、切り絵の人形と影絵劇を融合させたアニメーションである。紙の人形を用いて影を映し出し、セリフ、歌、音楽をつけて演ずる影絵劇は、ヨー

図1 『Lotte Reiniger, Tanz der Schatten』［DVD］（absolut MEDIEN, 2012年）。ドキュメンタリー映画

ロッパでは中世から行われ、家庭でも楽しまれていた。

撮影用には独自の台を用意し、ガラス板の部分にトレシングペーパーを敷き、その上に切り絵の人形を置いた。そこに下から光を当てて影を生み出し、台の上方一〇五センチに固定したカメラで撮影を行った。監督と技術は夫が担当し、切り絵は、子どもの頃から得意としたライニガー自身が作成した。厚手の紙に人物を描き、鋏で切り抜き、各パーツに目打ちであけた穴を、細い針金でつないでいく。こうした作業を驚くほど早く行う様子は、『アート・オブ・ロッテ・ライニガー』などの動画で記録されている（図1）。背景も基本的には切り絵でつくられており、全体としての統一感がある。濃淡や奥行を出すためには、トレーシングペーパーが何層にも重ねられた。

カメラを接近させると切り口の粗さが目立ってしまうため、クローズアップ用には大きな人形を用意し、人形が移動する場面も、背景のほうを動かしてカメラは固定したまま撮影した。こうして背景や人形の手足を少しずつ動かしながら、一コマずつ撮影を行うため、一秒あたり二四コマが必要なアニメーションには、膨大な制作時間を要する。長編の『アクメッド王子の冒険』には三年が費やされた。以降もライニガーは、グリム童話や『ドリトル先生』シリーズなどを題材とした影絵アニメーション作品を多数生み出したが、それらはもっぱら短編であった。

トーキー、カラー映画の登場

『アクメッド王子の冒険』は無声映画で、一九二九年の東京での公開もオリジナル楽曲の生伴奏つきで行われたことが、当時のパンフレットからわかる。初期のライニガー作品は無声で、完成した作品に合う音楽を探し、その楽譜に映画の場面を

図2　テュービンゲン市の博物館。ライニガーの常設展示がある（2009年）

貼りつけ、映像と音楽がずれないように工夫して上映された。ところがアニメーションの世界も、一九二八年のディズニーによる『蒸気船ウィリー』以降、トーキーの時代となり、ライニガーも、一九三〇年の『モーツァルトの幻想』以降は、歌や音楽、ナレーションをともなう作品も手掛けている。

ディズニーの『白雪姫』がアカデミー賞特別賞を受賞し、さらに時代はカラー作品を求めるようになる。ライニガーも一九五〇年以降に、色を用いた作品を残している。それには、背景のみがカラーで登場人物は影として映し出す場合と、人形にも彩色している場合とがある。後者の場合は、光を上方から当てて撮影が行われた。ただしライニガー作品は、初期のモノクロ作品のほうが影絵の魅力が存分に発揮されているといえよう。

映画の発展のみならず、ナチスの台頭による影響も受けている。ユダヤ人との交友関係や、夫の政治的な立場もあり、第二次世界大戦中は国外を転々とし、戦後は最晩年までイギリスに移住した。この時期に生み出された作品のうちとりわけ知られているのが、一九五三〜五四年制作の短編シリーズである。グリム兄弟の『ヘンゼルとグレーテル』『シンデレラ』やアンデルセンの『親指姫』等の話を、英米の子ども向けのテレビ番組として作成した。

ライニガーの作品に影響を受けて、B・ベティゲ（Bruno J. Böttige, 1925-81）やH・タッペルト（Horst Tappert, 1939-2006）が映画会社デーファ（DEFA）のドレスデンのアニメーション用スタジオで影絵アニメーションの制作を続けたが、世界的に知られたものにはならなかった。

人形アニメーションでは、ディール兄弟（Hermann Diehl, 1906-1983/Ferdinand

図3　テュービンゲン市の博物館内の展示（2009年）

Diehl 1901-1992）によるはりねずみ『メッキ』のシリーズが、とりわけ五〇年代に好評を博した。メッキは、テディベアで有名なシュタイフから人形が販売されるなど、ドイツでは愛された。また、一九七一年に始まり今日まで続いている教育番組『マウスといっしょ』には、途中にショートアニメのパートがある。そこに登場するオレンジ色のネズミ「マウス」はドイツでは国民的な人気を誇るキャラクターである。この番組は、日本でもテレビ放映され、キャラクターグッズも販売された。

3Dの時代に

ライニガーの『アクメッド王子の冒険』の公開から一世紀近くが経とうとする現在、ドイツのテレビでは『アルプスの少女ハイジ』や『みつばちマーヤ』など日本のアニメーション作品が、コンピューターグラフィックスで3D化されたものが放映されている。ドイツ・ミュンヘンを拠点とするベルギーの会社が、リメイクしているのである。すべてを手作業で行っていたライニガーの時代とはまさに隔世の感がある。ライニガーの作品の多くは色も用いられず、平面的で、描写が極端に制限されている。人物の表情も、影には描きこむことが不可能なため、ライニガーはとりわけ人形の造形や動きを工夫したという。そうした努力が功を奏し、想像力を刺激するライニガー作品の魅力は今日も失われることなく、主要な作品は現在でもDVD（ドイツ語版）として入手可能である。（児童）文学の映像化の研究対象としては今日でも大学の講義や研究発表において議論の対象とされる。

ドイツ南部のテュービンゲン市の博物館には、寄贈されたライニガーの遺品が常設で展示されている（図2・3）。

（西口拓子）

37 イタリア——イタリア文化と日本のアニメーション

日本のアニメーションとイタリア

イタリアは数十年にわたり、日本のテレビアニメとアニメーション映画にとって魅力的な海外市場の一つであると同時に作品の中にたびたび描かれている国の一つでもある。ここでは、日本のアニメーションとイタリア文化の関係の三つの面について簡単に説明したい。ファンのための偉大な地としてのイタリア、日本のアニメーションスタジオの商業的または芸術的なパートナーとしてのイタリア企業、また作品に登場するイタリアとイタリア人キャラクターについてである。

日本のアニメーションの受容

日本のアニメーションは、一九五九年に初めてイタリアに到着した。藪下泰司(一九〇三～八六年)の『白蛇伝』(一九五八年)はヴェネツィア国際映画祭児童映画部門で特別賞を受賞した。その後、東映動画の映画が劇場で公開され、ついでテレビアニメの人気が高まっていった。一九七六年からイタリアの配給会社やRAI(イタリアの公共放送局)の重役、ほかにも民間放送局が、日本の主要スタジオから新旧のテレビシリーズの購入を開始した(その大部分は六〇年代から日本で製作されたアニメーション作品と特撮シリーズだった)。七七年以降、八〇～九〇年代にわたって、ライセンスの取得は増加し続けていたようだ。イタリアにおけるアニメーションの成功は、日本の漫画への関心ももたらした。漫画は、七九年にイタリアで出版が始まったが、真に人気が爆発したのは九〇年代だった。さらに、新旧のアニメシリーズ、映画、ＯＶＡ（オリジナル・ビデオ・アニメーション）のホームビデオ版が大量に発売されたほか、日本のＳＦや冒険ものの実写シリーズも多く発売された。こうしたアニメの比類なき成功には、非常に重要な要因が二つある。まず、テレビシリーズで放送されたジャンルに多様性があることだ。七〇年代後半からこれらのテレビシリーズが、日本製であると公表され、評価や批判を受けた。一方、フランスなどの主要なヨーロッパ諸国におけるアニメの市場では、日本が起源であることや日本らしい特徴を可能なかぎり、または完全に隠す目的で、さらに大幅に改変されていた。六〇、七〇年代から八〇年代のアメリカでも同様だった。そのため、イタリアでは、日本のアニメの影響が世界で最も強く、様々なレベルで顕著である。

このアニメの到来は、絵本、原作漫画、おもちゃ、イラスト付きの雑誌、ライセンス商品など、幅広い商品の登場と同時に展開していて、ファンコミュニティのみならず、七〇年代後半以降、ほとんどの若者が何気なくアニメに接触している。

日本とイタリアのアニメーション共同製作

日本とイタリアのアニメーターとの共同製作で、おそらく最も評価された初の作品は、『名探偵ホームズ』（東京ムービー新社・Studio Pagot、一九八四年）である。この作品は上述のＲＡＩから援助を受けた。宮崎駿（最初の六話）と御厨恭輔がデザインと監督をし、イタリアでは *Il fiuto di Sherlock Holmes*（シャーロック・ホームズの腕前）というタイトルで知られている。宮崎はイタリアのアニメーション監督、マルコ・パゴットと友人であった。映画『紅の豚』の主人公を「マルコ・パゴッ

図１　椋尾篁による『母をたずねて三千里』の背景画のためのスケッチ。この画は，ジェノバにある有名な古い細い路地・カルッジから見たもの（*Il Mondo di Marco*, Istituto Italiano di Cultura, 2016）

ト」と命名したのは偶然ではない。

異文化間における共同製作の事例では、テレビアニメ『手塚治虫の旧約聖書物語』（一九九二年）があげられる。イタリアで *In principio: storie dalla Bibbia*（『原理：聖書の物語』）として翻訳された。この作品はもともと、バチカンのテレビ局が手塚プロダクションに委託し、後にＲＡＩが再び援助した。日本では一九九七年に放送されたが、イタリアなどのヨーロッパ諸国では九二年に放送されている。ほかには、タツノコプロと協力した『ロビンフッドの大冒険』（一九九〇～九二年）、『白雪姫の伝説』（一九九四年）、『シンデレラ物語』（一九九六年）、日本アニメーションによるシリーズ『ジャングルブック　少年モーグリ』（一九八九～九〇年）、葦プロダクションによる『快傑ゾロ』（一九九六年）がある。

一方、二つのアニメ〝ヒーロー達〟として、カリメロとトッポ・ジージョを紹介したい。もともとはイタリアの子ども向けのものである。『カリメロ』は、一九六三年にカルロ・ペローニがイタリアのテレビコマーシャル用につくったもので、共同製作として一九七二～七五年（芹川有吾、ニーノ・パゴット、東映アニメーション／KSS／Rever）、一九九二～九三年（冨永恒雄、トニー・パゴット、東映アニメーション／Rever）、二〇一四年（ウィリアム・ルノー、Gaumont Animation／Studio Campedelli／テレビ東京）の三作がある。トッポ・ジージョは、五九年にマリア・ペレゴによって創られたねずみで、『トッポ・ジージョ』（一九八八年）と『夢見るトッポ・ジージョ』（一九九二年）ついては、石黒昇がメインディレクターを務め、日本アニメーションとReverによって共同製作されている。

図3　『アニメーション紀行　マルコ・ポーロの冒険』。キャラクターデザインは杉野昭夫（『杉野昭夫作品集』講談社，1982年）

図2　小田部羊一による『母をたずねて三千里』の画（図1に同じ）

日本のアニメーションに登場するイタリアとイタリアの文化

日本のアニメーターは、しばしば、イタリアからインスピレーションを得ている。それに関して、特筆すべき四つの事例をあげたい。宮崎駿監督の『紅の豚』（一九九二年）と『風立ちぬ』（二〇一三年）、近藤喜文（一九五〇～九八年）監督の『耳をすませば』（一九九五年）、テレビアニメ『ルパン三世』の第二（一九七七～八〇年）と第四（二〇一五年）シリーズである。『紅の豚』では、二〇世紀初頭のイタリアが描かれ、イタリア人の登場人物もいる。『風立ちぬ』では、イタリアの航空技術者ジャンニ・カプローニ（Gianni Caproni, 1886–1957）が登場し、主人公に完璧な飛行機をつくるように空想の中で刺激を与える。『耳をすませば』の少年は、優秀なバイオリン職人になるために、イタリアのクレモナの街に行こうとしている。クレモナは弦楽器の製作技術において世界で最も重要な場所として知られている。

ほかにも、『母をたずねて三千里』（一九七六年、図1・2）、『愛の学校　クオレ物語』（一九八一年）、『アニメーション紀行　マルコ・ポーロの冒険』（一九七九年、図3）、『テルマエ・ロマエ』（二〇一二年）、『トトイ』（一九八三、九二年）、『カンピオーネ！～まつろわぬ神々と神殺しの魔王～』（二〇一二年）、『キャプテン翼』（一九八一～二〇〇二年）、『ヘタリア』シリーズ（二〇〇九～一五年）などイタリアに関係するアニメーション作品は枚挙にいとまがない。

（マルコ・ペッリッテーリ、訳：平野　泉）

38

ハンガリー――中欧のアニメーション大国

図１　『ハエ』

栄光の八〇年代

一九八〇年度のアカデミー賞短編アニメーション賞を受賞した『ハエ』（図１）という作品がある。家屋に飛び込んだハエが脱出口を求めて狂おしく室内を飛び回る。その一人称視点を驚異的な背景動画によって視覚化し、手塚治虫の『ジャンピング』（一九八四年）に多大な影響を与えたことでも知られる傑作である。ところが、この受賞でハンガリー映画初の栄誉を勝ち取った監督Ｆ・ローフス（F. Rofusz, 1946–）には出国許可が下りず、授賞式ではハンガリー映画輸出代理店のプロデューサーが無許可でオスカー像を受け取り、スピーチを行う「事件」も起きたという。閉塞状況を鮮やかに描いた作者自身が囚われの身であるという歴史の皮肉。社会主義体制下のアニメーション作家が受けていた抑圧を象徴するかのようなエピソードである。

そのような制限はあったにせよ、国家予算による作家主義的アニメーション制作が推進されたのは、国際映画祭の受賞等で国威称揚に貢献する機能をもっていたからである。ローフスが所属したパンノーニア・フィルムスタジオは国営のアニメーションスタジオであり、多数の才能の活躍により八〇年代にハンガリーアニメーションの黄金期を築き上げた。

その代表作家の一人がクレイアニメーション『アブ・オヴォ』（一九八七年）でカンヌ映画祭の短編アニメーション賞を受賞したＦ・ツァコー（F. Cakó, 1950–、図

図3 『ホワイト・メアの伝説』（本国版ポスター）

図2 砂アニメーションを制作中のツァコー

2）である。ツァコーはＮＨＫ『みんなのうた』なども手がけており、現在ではサンドパフォーマンスアーティストとして国際的に活躍している。

多彩な長編アニメーション

長編の方に目を向けてみると、ここでも八〇年代のハンガリーは質・量ともに突出していたことが明らかになる。この時期、パンノーニアは年一本強のペースで長編を送り出した。アニメ大国日本の基準からはピンとこないかもしれないが、当時のヨーロッパでフランスに次ぐ第二の生産量である。

ただし、ハンガリーで初めての長編アニメーション（M・ヤンコヴィッチ（M. Jankovics, 1941-）『勇敢なヤーノシュ』）がつくられたのは意外に遅く、一九七三年のことであった。旧東欧諸国の中でハンガリーは比較的緩やかな社会主義体制であったとされるが、一九六八年の経済改革以降に進展した自由化を受け、パンノーニアが力を入れていったのが長編の分野であった。長編作品の一部はアメリカやフランスとの合作であり、ここにおいて西側の資本と東側の低廉な労働力との利害関係は合致していた。一例をあげれば、フランスのルネ・ラルー（代表作は『ファンタスティック・プラネット』）が監督したSF長編『時の支配者』（一九八二年）も、実質的な制作作業はハンガリーで行われたのである。

長編の中で、ヤンコヴィッチの第二作『ホワイト・メアの伝説』（一九八〇年、図3）は評価が高い。世界を破滅に導くドラゴン、世界樹、三人の王子による世界の再生といった神話的モチーフがちりばめられた大作である。驚くべきはアールデコのスタイルを取り入れたその斬新でカラフルなデザインであり、今見てもまったく

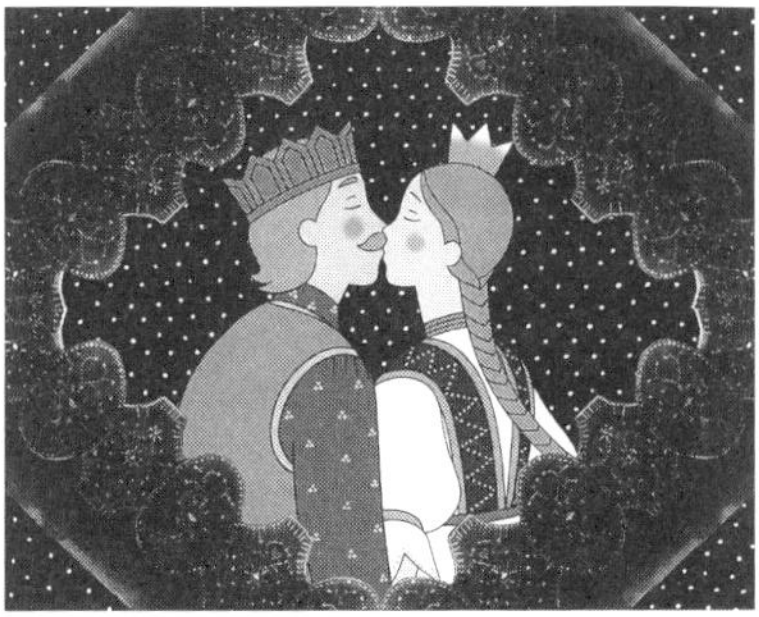

図５　『ハンガリアン・フォークテイルズ』

図４　『英雄時代』

古さを感じさせない。

それとは対照的に、伝統的な油絵スタイルをアニメーションに応用したのがＪ・ゲーメシュ（J. Gémes, 1939-2013）の『英雄時代』（一九八四年、図４）である。騎士道文化の終わりを生きた男の栄光と悲劇をテーマとして、重厚な絵画的画面が歴史ドラマを支える力作を生み出した。華やかな合戦シーンには騎馬民族の後裔を自認するハンガリー人の意識がみえるようでもある。

古きもの——豊かな民俗性

ハンガリーはヨーロッパで最もキリスト教以前の異教文化が残っているといわれる地域である。そのフォークロア的想像力はアニメーションにおいても豊かな実りをもたらした。たとえばヤンコヴィッチがスタートさせた『ハンガリアン・フォークテイルズ』（図５）はその集大成的シリーズである。

版画作家でもあるＤ・ケレステシュ（D. Kereszteś, 1953-）の『ナンダ、ナンダ？』（二〇〇二年、図６）は、人が動物に、動物が人に変身し、天＝前世と地＝死後をつなぐ円環を描いていく。ハンガリー特有の世界観・死生観が版画風のモノクロ画面で表現された印象的なアニメーションとなっている。

ハンガリーアニメーションでおもしろいのは、民俗的・神話的モチーフがしばしばモダンデザインと結びついて現れる現象である。前述の『ホワイト・メアの伝説』しかり、Ｓ・ライゼンビュフレル（S. Reisenbüchler, 1935-2004）の『太陽と月の誘拐』（一九六八年、図７）もその好例といえるだろう。英雄が天馬に乗り多頭のドラゴンを退治するストーリーは八岐大蛇退治をほうふつとさせるが、最小限の動

図６　『ナンダ，ナンダ?』

図７　『太陽と月の誘拐』

画で構成されたリミテッドアニメーションと大胆に省略された線画スタイルは極めて前衛的なものとなっている。

新しきもの——モダンデザインの系譜

アニメーションにおけるモダンデザインの要素はハンガリーアニメーションの草創期からすでに存在していた。

戦前からの重要作家であり、ハンガリーで最初のアニメーションスタジオを設立したG・マチカーシー（G. Macskássy, 1912-71）という人物がいる。一〇代の彼が友人ヤーノシュ・ハラースらとともにデザインを学んだのが、首都ブダペストの広告デザイン学校「ムーヘイ（工房）」であった。ここはハンガリーアヴァンギャルドの主要メンバーだった構成主義画家シャーンドル・ボルトニクが設立した学校であり、ドイツのバウハウスにならい、先進的な芸術教育が実践されていた。その後、イギリスに移住したハラースは「ジョン・ハラス」と改名して長編『動物農場』でイギリスアニメーションの重鎮となり、その一方でマチカーシーは『雄鶏のダイヤの半ペニー』（一九五一年）を皮切りに戦後のハンガリーアニメーションに新しい風をもたらしていくのである。

アニメーション作家の多くが大学で美術・デザインを学んだ人材ということもあり、ハンガリーは高いデザイン性を備えたアニメーションを輩出し続けてきた。近年の国際映画祭で台頭著しいモホリ＝ナジ美術大学（ＭＯＭＥ）の学生作品にも、その伝統は受け継がれているといえるだろう。

（権藤俊司）

39 クロアチア——嵐の中の孤高の戯れ

図1　Dušan Vukotić 監督『Surogat Ersatz 代用品』（ザグレブフィルム，1961年）

ザグレブ・フィルムまでの歩み

中世時代から歴史の激流の中で存在し続けた小国クロアチアは、近・現代史でも国の形が度々揺れて、二〇世紀でも統合と独立を繰り返した背景で開花した芸術表現は、ナイーブ・アートのように、あくまでも個人の為す技だった。アニメーションもいくつもの断絶を経ながら、戦後の冷戦時代にザグレブ・フィルム社が国産アニメーションの一大拠点となり、数々の名作で表現上独自の可能性を示した。ここではその歴史の概略で「ザグレブ派」と呼ばれた文脈を位置づける。

クロアチアのアニメーション史は一九二二年に、CMや劇映画の予告編を制作したポーランド系映画技師S・タバッツで始まる。二八年からはソ連の技師を中心に「国民健康学院」が影絵撮影や動画による衛生教育映画を数本制作した。また、ベルリンで広告映画会社を経営していたモンドシャイン兄弟が三一年にザグレブへ避難し、「マール広告映画社」を設立したが、五年で制作は途絶えた。

戦前は他にも様々な試みはあったが、四一年にドイツに敗れたクロアチアは「独立国家」としてナチ協力政府が成立し、映画制作が禁止された。四五年に解放されたとき、社会主義国家ユーゴスラビアでは、戦前からの技術や機材は何も残されていなかった。

ただし、同国には戦前から挿絵、風刺画や漫画の伝統があり、三五年にデビューし戦時中も活躍した漫画家のノイゲバウエル兄弟が四五年に動画に初挑戦する一方、

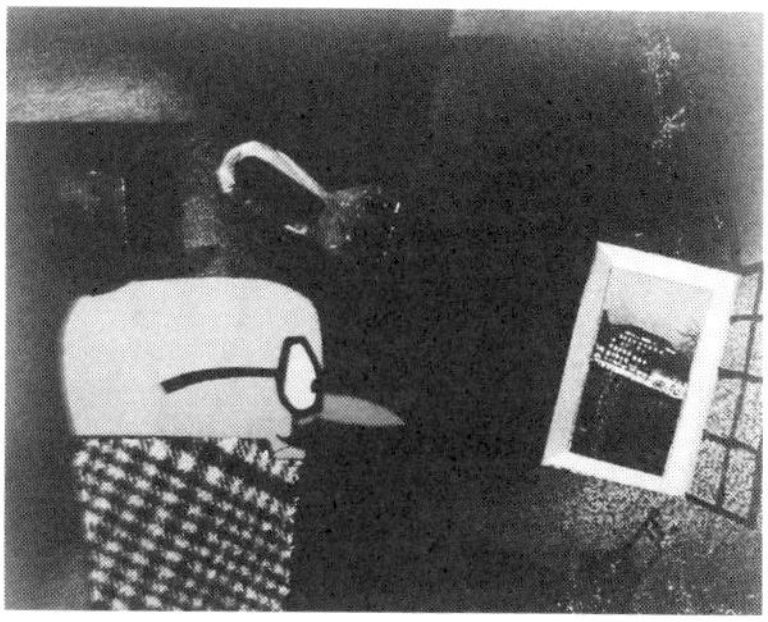

図2　Vatroslav　Mimica 監督『Inspektor se vratio kući 刑事の帰宅』（ザグレブフィルム，1959年）

後に国産動画制作の母体となる風刺漫画雑誌『ケレンプフ』も同年に創刊された。四八年以降チトー政権がソ連中心の方針から離れて「中立」の方向へ進み、後に「非同盟諸国」の先端に立ち、共産主義圏の中で比較的に自由な国家になっていった。戦後の復興の中で動画に挑んだのは、国から何の支援もない新聞漫画家だった。五〇年に「ケレンプフ」編集長の決断で雑誌収入の一部と編集部内の二部屋が動画制作に割り当てられ、その翌年、時事風刺の短編動画『大集会』が完成した。

そこで国の支援を得て、意欲ある仲間を集めた制作会社ドゥガ・フィルムが発足した。そこにはディズニー的な様式に近い先駆者のノイゲバウエル兄弟も、他の道を探るD・ヴコティッチ（Dušan Vukotić, 1927-98）、A・マルクス、V・ユトリシャ、Z・ボウレクやB・コラール、Z・グルギッチやV・クリストルもいた。発足後わずか二年で完成した五本のうち二本はヴコティッチが脚本・演出・デザインおよび原画頭を務め、最初からディズニー的画風の脱却を図り、頭角を現した。

ドゥガ・フィルムに参加した後、教育動画で活躍したN・コステラッツも五四年よりヴコティッチ等と組んでCMや国産初のカラー短編動画を手掛けた。

ザグレブ・フィルム動画スタジオ全盛時代

一九五三年に映画製作・配給の全般を事業に設立されたザグレブ・フィルム社も、ヴコティッチ演出のCMや予告編を製作し、五六年に動画スタジオを創設した。

最初の作品は、ヴコティッチの『いたずらロボット』とコステラッツによるCMだった。以後、作品ごとの協力関係も複雑な模様をなす中で国内外受賞の代表作が多数生まれた。初期であげねばならないのは、一九六一年にアカデミー賞短編アニ

図3　図2と同じ

メーション部門でアメリカ人以外の初の受賞となった『代用品』（図1）をはじめ、『復讐者』『銀行ギャング』『月世界の牛』『ピッコロ』等で斬新で皮肉の効くヴコテイッチと、『あら皮』『ドン・キホーテ』の前衛的な作風で強烈な軌跡を残したクリストル。一方、五七年に脚本から参入し、演出も務めたV・ミミツァ（図2・3）はマルクスと組んで考案したデザインも、質感あふれる重層的な絵画性の豊かさをもつ点で周りに多大な影響を及ぼした。

しかし、六二年頃からクリストルはドイツへ去り実写を中心に活躍し、コステラッツはCMに専念して、ヴコティッチとミミツァも実写映画制作へと移行した。この時期から彼らを支えてきたスタッフの監督デビューにより、多様な才能への世代交代となった。奇才ボウレク（『鍛治屋の見習い』『はるかな霧と土煙の中に』『猫』）、巧みな変化と妄想のドラギッチ（『気分はディオゲネス』『過ぎゆく日々』『日記』）、大胆な単純化のコラール（『ワン・ワン』）、典型的な笑いのグルギッチ（『悪魔の仕業』『鳥とミミズ』『バルタザル博士』シリーズなど）、「最後のザグレブ派」と呼ばれたマルシッチ（『魚の目』『高層長屋』や長編『虹』）に至るまで、同スタジオは七〇年代末まで作家達の表現の場として機能し続けたが、八〇年代にはつくり手達が会社運営の低迷の犠牲となり、九〇年代に入ったときは制作も途絶える寸前だった。

クロアチア独立以降

一九九一年におけるユーゴスラビア連邦共和国からの独立宣言から九五年まで続いた戦争は、半世紀前の悲惨な対立の繰り返しで、アニメーションでも同じく大きな断絶となった。D・シュリィッチ、M・メシュトロヴィッチ、V・ポポヴィッチ

注(1) DVD「ザグレブ・フィルム作品集」(ジェネオン・エンタテインメント，2006年) 解説文より。

図4　Ždenko Gasparović & Branko Ranitović 監督『Maska crvene smrti 赤き死の仮面』(ザグレブフィルム，1969年)

やS・ボゴイエヴィッチ・ナラットなど、新しい世代の作家達が登場し、ザグレブ・フィルム以外でも精力的に制作しだしている。

「ザグレブ派」の位置づけと役割

片山雅博が指摘するように、「初期のザグレブアニメーションの特徴は、モダンでグラフィックセンスに長け、シンプルでシンボライズされたキャラクターとその動きにある。それはいわゆるリミテッドアニメーション特有の淡白な動きとはうらはらに、シャープで繊細かつ鋭敏さに溢れ、ある種のクセのある粘っこいアニメートで、独自の優美なスタイルを構築しようとしていた。それがアニメーション史の中で『ザグレブ派』と尊称される所以なのである(1)」。

一九五〇年代後半の登場で早速フランスの映画評論家が「ザグレブ派」と示した動画作家達は、個々の創作の追求を、各自でその全責任を負う覚悟だった。すなわち、仲間とともに動き出したが、共通の方針等何もなく、それぞれの道を行くほかなかった。風刺性、平面性や象徴性など、絵の簡略と純度を前面に出して、皮肉と異化効果を強く提示したその作品群はやがて劇映画や記録映画を差し置き、国産映画を代表するに至った。

実際、このグループの最も驚くべき特徴はその密接な協力関係の精神である。互いに役割を交代するようなスタンスで脚本や演出、デザイン、動きや背景の総合共鳴を狙い、何人もが職種の垣根を平気で越えて、有機的な役割分担と自由な共同作業を通じて、動画づくりのどんな既成文法をも顧みない近代性を発揮した。

(イラン・グェン)

40

チェコとスロバキア――人形のワンダーランド

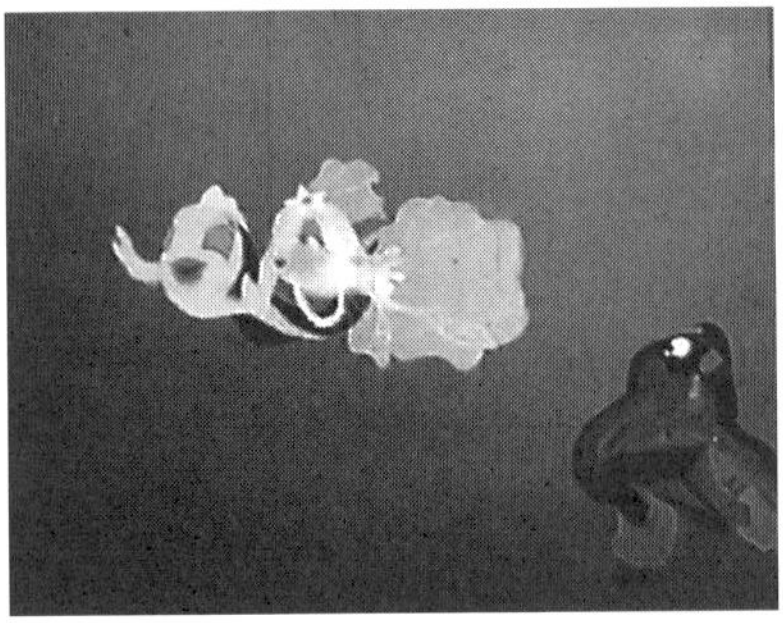

図1　『サンゴ礁での結婚式』（AFIT）。第二次世界大戦中，ナチスドイツ占領下のチェコスロバキアでつくられた

ワンダーランドの現在と始まり

人形アニメーションで国際的に有名なチェコとスロバキアは、一九九三年に分離するまではチェコスロバキアという一つの国として長年歴史をともにしてきた国である。分離してからも作品が両国間で共同制作され、スロバキア出身の学生がチェコ側のアニメーション学校で自由に勉学できるなど、ネガティブな影響はみられない。むしろ両国のアニメーション界に大きな変化をもたらしたのは、一九八九年のビロード革命で共産党体制が崩壊して以来導入されることになる市場経済だったといえよう。

チェコスロバキア初のアニメーションは、一九二六年にヘルミーナ・ティールロヴァー（Hermína Týrlová, 1900-93）がカレル・ドダルと一緒に手描き手法でつくった『失恋した水の精』である。ティールロヴァーはその後も数編の作品を発表しており、一九三九年にナチス・ドイツがチェコスロバキアを占領した後にも同国初の人形アニメーション『アリのフェルダ』（一九四四年）を完成させる。一方、ナチスはプラハのAFIT社を接収し、現地の若いアーティストにディズニーのようなアニメーションをつくらせようと試みるが、計画の多くは未完で終わる。同社で『サンゴ礁での結婚式』（一九四三年、図1）という短編の秀作を完成させた現地のスタッフはその経験を活かし、一九五〇年代以降チェコスロバキアのアニメーション界で活躍することになる。

三人の巨匠

終戦と同時にナチスから解放されると、まもなくズリーン拠点のティールロヴァーとカレル・ゼマン、そしてプラハ拠点のイジー・トルンカといった三人の巨匠を中心に本格的な独自のアニメーション制作が展開し始める。特にトルンカ（日本を代表する人形アニメーション作家川本喜八郎の師匠でもある）は、同国初の長編人形アニメーション『チェコの四季』（一九四七年）に引き続き二作目の長編『皇帝の鶯』（一九四九年）を連続でつくり上げる。彼ら三人は主にコマ撮り手法、つまりストップモーション・アニメーションを用いることで共通しているが、人形に集中したトルンカとは違い、ティールロヴァーはハンカチなど日常生活の中に存在するモノを取り入れたオブジェ・アニメーション、一方、ゼマンは「チェコのメリエス」と呼ばれつつ実写とアニメーションを合成した特撮映画で名声を築いていく。

二〇年間の黄金期

一九四八年にチェコスロバキアが社会主義国家になると、アニメーションのスタジオは国有化され物資の面で恵まれた環境を迎える。表現の面では抑圧されたとはいえ、子ども向けということもあり、およそ二〇年間は同国におけるアニメーションの黄金期が続く。一九五〇年代にはブジェチスラフ・ポヤルをはじめ多くのアニメーション人材が現れ、作品もよりモダンな題材とダイナミックな映像が著しくなる。さらに徐々に当局による規制が緩和されるにつれ、近代文明や権力を風刺する作品が増えていく。

一九五三年にはテレビ放送が開始し、テレビシリーズのアニメーションが登場す

図2　ズデネック・ミレル『もぐらのクルテク』(Krátký Film Praha, Studio Bratři v triku, 1957年)。「チェコスロバキアのミッキーマウス」といえるキャラクターが主人公のシリーズ

る。その中でも一九五七年に第一作目が発表されて以来世界的な人気作となるズデネック・ミレルの『もぐらのクルテク』(図2)は日本でも放送されて久しい。当時多くのアニメーション作家達が依然として映画としてのアニメーションにこだわる中、エドゥアルド・ホフマンはテレビ向けアニメーションの基盤を築き、一方、ヴァーツラフ・ベドジフは映画とは異なるテレビならではの特徴が活かされた作品をつくったと評価される。この時期のテレビシリーズの中には、手描き手法はもちろん、人形アニメーションによる作品も数多くある。一九六〇年代にチェコスロバキアの高度なアニメーション生産力は海外にも知られ、米MGM社の一九四〇年以来の有名シリーズ『トムとジェリー』の中で一九六一年から一九六二年までのエピソードや、フランスのルネ・ラルー監督による長編『ファンタスティック・プラネット』(一九七三年)が同国でつくられる。海外からの下請けは最近まで続いている。

産学協力と女性の進出

チェコスロバキア社会の自由化への動きは、一九六八年に「プラハの春」と呼ばれる自由改革路線に進むが、ソ連の軍事介入で失敗に終わり、その後、映画界にも一九八〇年代末まで暗い二〇年間が始まる。一九六〇年代半ばに監督デビューし、今日チェコ出身の映画作家として国際的に名を知られているヤン・シュヴァンクマイエル(図3)も、一九七二年に当局の許可を得ず作品を公開したことで、数年間作品制作を禁止される。インデペンデント作家だったシュヴァンクマイエルとは違い、国営スタジオ所属のアニメーター達は、当局の統制を受けながらもアニメーションを制作し続け、ヴラスタ・ポスピシロヴァ、ガリク・セコ、イジー・バルタ、

図3　『対話の可能性』(Krátký Film Praha, 1982年)。ヤン・シュヴァンクマイエルの代表作の一つとして，17世紀の画家アルチンボルドが引用されている

パヴェル・コウツキー、ミハエラ・パヴラートヴァーらが国際的に高い評価を受ける。

一方、国営スタジオが、アニメーション教育機関で学ぶ学生の卒業作品に協力する連携体制が一九六〇年代末から始まり、若い世代の新しい感性やアイデアがスタジオに刺激を与えることになる。この産学協力は女子学生の業界進出も拡大させる。制作現場に女性スタッフがいなかったわけではないが、その役割は主に周縁的な仕事だったことに対し、この時期から中核的なポジションを占め始める。

国策からグローバルな市場競争へ

共産党体制の崩壊後、市場経済システムの導入による影響はアニメーション制作現場にも大きな変化をもたらす。新しい小規模のプロダクションが自由に立ち上げられる中、国からの助成金やテレビ局からの注文が支えになるとはいえ、資金調達および配給は市場開放以来の依然として乗り越えるべきアニメーション業界の課題と指摘される。さらには外国から輸入される数多くのアニメーションとも競争せざるをえなくなったのである。チェコおよびスロバキアのアニメーションは、数百年間にわたって庶民に愛され続けてきた人形劇、モーツァルトのオペラ、カレルとヨセフ・チャペック兄弟の文学など、自由で豊かな文化的土俵の上に成り立っている。それゆえに手描きか人形か、アニメーションか実写かといった境界にこだわらない様々な手法の自由な混合と、ユーモアに富んだ多彩な発想は最近の作品でも変わることなくその魅力を発揮している。

（キム・ジュニアン）

41 中国、台湾——アジアにおけるアイデンティティの探索

超大国との競い合い

財政的な要求が求められる商業芸術であるアニメーションは、小規模で特殊な産業であるため、その発展には資本やスタジオ、技術的資源、文化と資本、地場市場対多国籍市場などの要因が重要である。台湾と中国のアニメの歴史的発展は、これらの要因の複雑でダイナミックな相互関係と密接に関連する。

二〇世紀におけるこれら二つの地域で生じたアニメーション芸術の発展は、経済的、技術的、芸術的な面で、日本とアメリカの二つの〝超大国〟とかかわった近代化のプロセスと同時に成長した。台湾のアニメーション産業の慎ましい始まりは、一九七〇年代のアメリカにおけるアニメーションスタジオの下請け作業による。その後の発展もグローバルな協業ネットワークから切り離すことはできない。対照的に、大国である中国は、アメリカと日本に対する競争力を強く意識する。特に一九三〇年代、六〇年代、そして二〇〇〇年以降には、独立した産業と美的に固有の表現を求める欲求は、アイデンティティのために苦闘する原動力となってきた。手短に言えば、台湾と中国のアニメーション産業は、どちらもこの二つの理想的なモデルと協力し、かつ競争することを模索してきた。遅れて発展した巨大国家である中国がこの二つの超大国と競い合い、その成功モデルを再現あるいは打ち負かすことを目指している一方で、台湾は、現代の地政学における権力のダイナミクスを反映し、この二つの国と協調する方向に傾く。以下、台湾と中国におけるアニメーショ

ンを歴史的に概観したい。

台湾——共同制作、コラボレーション、〝ハイブリッド〟の美学

台湾のアニメーション産業はかなり遅れて経済成長を迎えた。一九五〇、六〇年代には、原始的ではあるがわずかな短編アニメーションが制作されていた。一九七〇年代のアニメーション黎明期においては、〝産業〟さえもたず、主に日本やアメリカから（たとえば、影人カートゥーンプロダクションは一九七〇～七二年に東京ムービーの『アタック№1』や『巨人の星』、上上カートゥーンプロダクションは一九七二～七四年にフジテレビの『科学忍者隊ガッチャマン』を下請けした。また、一九七〇年代後半から八〇年代のハンナ・バーベラ・カートゥーンのサタデー・モーニング・カートゥーンなど）の下請けを行った。台湾は、〝技術的支援者〟であり、オリジナルな芸術作品はほとんど制作していない。しかし、台湾初の長編カラーアニメ作品である『封神演義』（一九七五年）、日本との初めての合作である『三國演義』（一九七九年）の二作品を製作・販売した中華カートゥーンなどのオリジナルな制作会社もあった。

地方政策は、台湾アニメーションの美学と物語に強い影響力を与えた。ジャンルや物語の題材の面でいえば、台湾のアニメは、一九七〇年代と八〇年代の戒厳令下の時代（戒厳時期）に、中国の民話や伝統的な幻想文学からインスピレーションを得ている。一九八七年に戒厳令が解除された後、台湾アニメは、〝脱中国化〟と物語の多様化を引き起こす政治的かつ文化的な〝開放〟を目の当たりにする。九〇年代における戒厳令後のヘテログロッシア（異言語混淆）を反映した三つの代表的な作品に、『阿寛と禅』（一九九四年）、『魔法阿嬤』（一九九七年）、『カバランの少年』

図1　『夢見　MIDA』（肯特動畫數位獨立製片股份有限公司, 2013年）

（一九九八年）である。台湾初のデジタル3Dアニメへの進出となった『小太陽的天空』は、ピクサーの『トイ・ストーリー』と同年の一九九五年に公開された。

九〇年代には労働コストと製造コストが増加したため、台湾のアニメ制作会社は、OEM事業を中国に委託し始めた（〝西進運動〟）。これはすぐに二つの効果を生んだ。(1)中国内にある台湾のアニメOEM制作会社の支部は、中国のアニメーションの才能を育て、アニメーション技術と生産の品質の進歩をグローバルスタンダードにもちあげた。(2)国際競争の難局の中で、多くの精鋭台湾アニメアーティスト達は、民衆の文化遺産を活用できるオリジナルのコンテンツ制作に移行する機会とみた。

二〇〇〇年代以降では、アニメーション制作者の努力により、さらに成熟、洗練された台湾のオリジナル作品が発表された。(1)日本と共同出資、共同制作されたTVシリーズ『魔豆奇伝パンダリアン』（二〇〇四年）、(2)『海之傳說―媽祖』、(3)実写映画とアニメーションのハイブリッド作品『BBS鄉民的正義』（*Silent Code*、二〇一二年）、そして、(4)『夢見』（*Mida*、二〇一三年、図1）である。

中国――文化的な特徴の追求

一九二二～四一年の間は、自主制作の先駆者である上海の万兄弟《ワン》（万籟鳴、一九〇〇～九七年・万古蟾、一九〇〇～九五年）達がアメリカのカートゥーンの成功に触発され、様々な長さの作品を三〇本ほど製作した。彼らの最大の偉業は、『西遊記』の一部分を原作にした中国（そしてアジア）初の長編アニメ（八〇分）である『鉄扇公主』（『西遊記　鉄扇公主の巻』、一九四一年、図2）だった。この作品は、ディズニーの『白雪姫』（一九三七年）に触発されたものであった。万兄弟は伝統的な民話

図２　『鉄扇公主』（峨嵋電影制片廠音像出版社，1941年）

からディズニーヒロインの中国版に値するものを求めて、国民的な人気アイコンをつくり上げた。一九三七年の日中戦争の最中に映画が制作された同作は、一方でアメリカの文化的ヘゲモニーと戦う意向に沿い、そしてもう一方では日本に対する中国の人民が連合し行う抵抗運動と〝最終勝利〟を寓意化した。一九五五年、万兄弟はカラーアニメーション『カラスはなぜ黒いのか』をつくり中国初の国際映画祭の受賞作となった。

一九五七年四月、中央政府は上海美術映画製作所のもとで、国家初の公的なアニメーション制作への援助を始める。このことは、五〇年代後半～六五年の間に中国のアニメーションの黄金時代を促進するのに一役買った。一九五八年、万兄弟は伝統的な切り絵（剪紙）の手法を使った新しいスタイルのアニメーション『猪八戒スイカを食べる』をつくった。一九六〇年、虞哲光《ユー・チォークァン》（Yu Zheguang、一九〇六～九一年）は『かしこいアヒル』で中国の折紙芸術に民族的な操り人形（木偶戯）を混ぜ合わせたスタイルを試し、同年に最初の水墨画アニメーション『おたまじゃくしがお母さんを探す』を制作した。

黄金時代は、文化大革命により突然に終了した。七〇年代後半～八〇年代のアニメーションの復興期には、『ナーザの大暴れ』（一九七九年）、『黒猫警長』（一九八四年）、九〇年代には、『宝蓮灯』、『隋唐英雄傳』、その後、中国アニメーションの新しい傾向としてハリウッド映画を文字どおり〝中国〟映画のショーケースに変えた『カンフー・パンダ３』（二〇一六年）のほか、インターネット指向の「ウェブアニメーション」という未開拓領域への進出が指摘できよう。

（Ming Hung Alex Tu 涂銘宏、訳：平野　泉）

42

韓国――デジタルの映像新世代へ

クリエイティブのキーはデジタル

ゴーグルをつけているペンギンが主人公の『ポンポン ポロロ』(二〇〇三年)や人型ロボットが車に変形する『ロボカーポリー』(二〇一一年)など、主に3DCGアニメーションによる子ども向けのテレビ番組の領域で、韓国のアニメーション業界は、近年国際的に活発なビジネスを展開している。しかしながら、海外アニメーションの下請け工場、さらに剽窃《ひょうせつ》の温床という認識も長年続いていた。一九九〇年代に登場するデジタル映像世代の若者は、そのような問題を乗り越えるため、いわゆる「独立=インディペンデント」アニメーションのムーブメントを推し進め、その流れは現在に受け継がれている。さらに商業的にも一定の成果を遂げていることは注目に値する。彼らが刺激を受けたのは、初期の頃は日本のアニメや欧米のアート・アニメーションであったが、一九九〇年代後半からはピクサーの3DCGアニメーションの影響が大いにみられる。

眩い一九六七年、そしてオリンピックまで

韓国のアニメーション史は、おおむね四期に分けられる。第一期は、日本の植民地支配下だった一九三六年に『犬の夢』が、朝鮮人による初めてのアニメーションとして制作予定というニュースが新聞で報道されてから、第二次世界大戦終戦後アメリカ占領期や朝鮮戦争が終わる一九五〇年代前半までの時期にあたる。この時期

図1　シン・ドンホン監督『少年勇者ギルドン』（セギサンサ，1967年）。韓国初の長編アニメーション映画として公開された当時の新聞広告

には、『少年倶楽部』など戦前日本の少年雑誌でイラストレーターとして活躍していたキム・ヨンホァン（ペンネームは北宏二）（一九一二〜九八年）が、戦争末期に松竹に入社し同社制作の『桃太郎　海の神兵』（一九四五年）のスタッフとしてかかわった後、その経験を活かし終戦後独立国になった韓国の首都ソウル市内にアニメーションスタジオを設立したことが知られている。実績としてアニメーション作品はあまり残されていないものの、第二期への重要な足がかりとなっている。

一九五〇年代後半から一九七二年までの第二期は、一九五六年頃に韓国初のアニメーション手法によるテレビコマーシャルが放送される一方、一九六一年には国立映画製作所が旧組織を拡大・昇格する形で新発足し、文化映画の枠組みの中でアニメーション制作の本格的な歩みが始まる。コマーシャルと文化映画という異なる両分野から多数の人材が登場し、特に焼酎を宣伝するコマーシャルで好評を得たシン・ドンホン（一九二七〜二〇一七年）は一九六七年に韓国初の長編アニメーション『少年勇者ギルドン』（図1）を公開し、興行の面で大成功を収める。そのシン監督はキム・ヨンホァンの弟子にあたる。同年には日本で持永只仁に師事したカン・テウン（一九二九〜）も長編人形アニメーション『フンブとノルブ』を公開するなど、韓国映画の全盛期の中でアニメーションも多くの成果を残している。

一九六一年のクーデタ以来軍事政権下にあった韓国だが、一九七二年には憲法を否定した独裁政権による「維新体制」に入り、社会全般にわたる統制がいっそう厳しくなる。その影響は文化的な面にも及び、ちょうど七二年から数年間、長編アニメーションが一気に姿を現さなくなる。これが第三期の始まりであり、軍事政権そのものが完全に幕を下ろす一九八〇年代末まで続く。そんな中、長編アニメーショ

図2　チャン・ヒョンユン『ウルフ・ダディ』(Now or Never, 2005年)。作家を目指す狼さんと，ある日突然現れてきた子ども達との共同生活がリリカルなタッチで描かれる

ンは再登場するが、子ども向けの反共主義などのプロパガンダ的な作品が多く制作、奨励される。第三期の後半の一九八〇年代にはオリンピックのソウル開催決定をきっかけに、スポーツものの人気漫画に基づいたテレビアニメーションの制作が国策として進められる。一方、この時期には海外からの下請けの仕事が国家的輸出業として評価され、規模が拡大する。と同時にその業界では、『スペースガンダムV』(一九八三年)など剽窃作品が大々的に制作され、後に論争の火種となる。

デジタルとインディペンデントの台頭

一九八七年に民主化に成功した韓国社会は、アニメーションにおいても新時代を迎える。特に一九九五年にはソウル国際漫画・アニメーションフェスティバルが開催され現在に至る。さらに同年にはパソコンを用いた短編アニメーション制作を実践する美大生中心の創作集団「フューチャーアート」が結成され、アニメーションは芸術か否か、そしてアートと商業アニメーションは両立可能か否か、といった議論を深めつつ、二一世紀の次世代を待つ。社会全般に従来の下請けや剽窃の過去を批判する声が高まり、「創作」をキーワードに新時代のアニメーションへの要望が強くなる。

その最初の快挙と評価されるのは、「フューチャーアート」の延長線上にいるイ・ソンガン(一九六二〜)の長編監督デビュー作『マリといた夏』(二〇〇二年)である。公開の翌年にはフランスのアヌシー国際アニメーション映画祭で長編部門グランプリを受賞する。それ以来韓国のアニメーションは世界各地の映画祭で数多く評価を受け続け、特に短編としては、広島国際アニメーションフェスティバルで広

図3　ヨン・サンホ『豚の王』（Studio Dadashow, 2011年）。中学校で同級生だった2人が再会し当時の事件のミステリーに迫るストーリーの中で，いじめなど社会問題を取り上げる

島賞を受賞した『ウルフ・ダディ』（二〇〇五年、図2）のチャン・ヒョンユン（一九七五〜）監督が、日本で短編集のDVDを発売する。チャンとほぼ同年代のヨン・サンホ（一九七八〜）は、近年長編で頭角を現し、成人映画指定でハードな社会派作品である『豚の王』（二〇一一年、図3）がカンヌ映画祭に招待され、観客と評論家の両方から強い支持を受けたため、韓国アニメーションの新しい地平を開いたとされる。なお、同作品の成功は、長い間「独立」アニメーションに対し与えられてきた「アマチュア」という偏見に決定的な終止符を打つことになる。

両極化は乗り越えられるか

二一世紀の韓国アニメーションは、子ども向けと成人向けという枠組みによって作品のフォーマット、テーマ、スタイル、ファン層が分かれている。『ロボカーポリー』のようなシリーズものについては、子どもの情操教育に対する親からの関心が高まるにつれ、学習コンテンツ産業の展開が目指されている。一方、インディペンデント系アニメーションは、主に監督個人の表現が第一の目標とされる傾向がある。そのため作品のシナリオを自ら執筆する監督も多く、彼らは通常「作家」と呼ばれる。このような両極化を乗り越えようとする試みとしては、『Green Days 大切な日の夢』（二〇一〇年）の共同監督ハン・ヘジンとアン・ジェフンによる実践があげられる。日本でもテレビシリーズ『アニメ 冬のソナタ』（二〇〇九年）の監督としてお馴染みの二人は、テレビ局と出版社が制作に参加する体制を組み、韓国の有名な近代短編小説を原作にした短編アニメーションをシリーズとして発表している。

（キム・ジュニアン）

43

国際映画祭——揺れる評価軸

映画祭という文脈

アニメーション映画祭は、戦後に映画をめぐる運動の中で発展した実写映画祭の隆盛から発生し、六十余年の歴史で独自の発展と役割を果たした文脈である。映画史のある段階に誕生し、国際社会の情勢とともに変化し、今なお文化と経済のせめぎ合いで揺れるそのあり方は多くの問題をはらんでいる。

「短い期間に特定の会場限定で、関係者等をゲストに迎えた作品の集中的上映、及びそれに関連する講演・会議・展示などで構成される発表・交流の場を提供する、作品の文化的価値付けを意義とする定期的な事業」と定義できる映画祭は、制作者・鑑賞者ともに、参加者にとって様々な形や角度で映画を共有する場となる。

第二次世界大戦前後に発足し、戦後の映画文化の拠点となったヴェネツィア、カンヌ、ベルリンという世界的に有名な映画祭は一般に「三大映画祭」として知られている。(1) 現代ではその意義や機能はほとんど振り返られない。一方、アニメーション界でも同類の催し物が多い中、世界的な「四大アニメーション映画祭」はアヌシー（仏）、ユーゴスラビア（現・クロアチア）のザグレブ（図1・2）、オタワ（図3）（カナダ）、そして広島である。

本項では、これらの代表的な事例の歩みを紹介し、その主な役割と課題を再考したい。

注(1)　1932年にムッソリーニ政権下で発足したヴェネツィアのモストラの例が示すように，国際映画祭は最初から政治・外交の関連性が強く，後の冷戦時代の二極化した世界の中ではますます国家の文化政策という側面が色濃くなった。東西対立の構造が様々な映画祭を生み，1946年にはカンヌとチェコのカルロヴィ・ヴァリ，1951年にはベルリン，1959年にはモスクワが発足した。

国際アニメーション映画祭の系譜

戦後の復興の中で盛んに展開したシネクラブ活動こそが、映画をただ観るものではなく、上映前後の解説や質疑応答でつくり手や批評家が登壇し、議論を通じて社会や文化への関係を確固たるものにした。各国の映画文化が広く根づく地道な成熟の鍵となり、交流の場としての意義と可能性も立証し、A・バザンの指摘のとおり、映画を「現代の言葉」[2]にまで仕上げた土台となり、当時の民衆にとってどの表現よりも映画こそ「最も身近に接する芸術体験」[3]だった。

そんな中、フランスで毎年別の地方都市を巡る「映画の日々」やトゥール短編映画祭を主催したフランス映画普及協会の主要構成員のA・マルタンとM・ボシェーが動画に注目し、作品上映・評論執筆・制作者の代表団体設立など、あらゆる方面で啓蒙活動を展開し、制作の面でもコンビで頭角を現した。特に、この分野の批評に理論を最初に提唱し、独自に確立させたマルタンこそ、世界中の作品を論じつつ「アニメーション」をコマ撮り映画の総称として最初に定着させ、「インストルメンタル《器機的・楽器的》な芸術」と定義した。[4]

最初のアニメーション映画祭の名にふさわしいのは、一九五六年のカンヌ映画祭の一環で開催された、マルタン等の情熱と行動力で実現した「国際アニメーションの日々」である。[5]歴史上の系譜を「絵柄」「リズム」「素材」などの探求で整理した作品の特集上映、多くのつくり手から資料を借りて実現した展示や、一六カ国からの参加者を集めた国際会議で構成された画期的な内容だった。世界各地のつくり手たちが互いの作品を知る場で初めて一堂に会し、発見と驚きに満ちた人的交流の始まりとなり、歴史の転換点となった。

注(2)　1953年発行の文集「映画への新しい眼差し（Regards neufs sur le cinéma）」に収録されたバザンによる巻頭文の題名。

注(3)　注(2)と同じ，本文より。

注(4)　マルタンの論考は部分的にしか出版されておらず，その功績も正当な評価が未だに待たれるが，現代につながる多くの展開の基盤を理論上で表した最大の先駆者である。

注(5)　以前にも，たとえば1949年にパリで「国際動画映画祭」と題した催し物等が開催されたが，連続上映会の域を出なかった。

図1　1972 Zagreb Festival newsletter no. 1

図2　1972 Zagreb Festival film list

この衝撃で国内外で初めて共通の認識が生まれ、五七年にフランスの「アニメーション映画制作者・友の会」（ACA）や六一年の国際アニメーションフィルム協会（ASIFA）など、代表団体の設立の引き金にもなった。後者は冷戦時代においてこの分野の国連を目指す志で発足し、東西のバランスを常に重視し、長年その規定や公認を通じて世界の映画祭の間のある秩序を保った組織である。

一九五八年にカンヌで開催された第二回「国際アニメーションの日々」後、六〇年からはアルプスの麓の町アヌシーで独立した国際アニメーション映画祭となり、今やこの分野では世界最古・最大の催し物になっている。一方、五六年のカンヌの直後から、五七年にロンドンの「動画映画祭」や六七年のモントリオール万博での大規模な「世界アニメーション回顧展」など、各地で同類の事業が単発に始まった。ルーマニアのママヤ（六六、六八、七〇年）やニューヨーク（七三、七四、七五年）、ブルガリアのヴァルナ（七九、八一、八三、八五、八七年）のように数回で終わった試みもある一方、非同盟国の立場を活かしたザグレブが七二年に、北米ではオタワが七六年に、アジアでは広島が八五年に発足し、アヌシーに次ぐ規模で現代も開催が続いている。初期は短編を唯一の対象にしたビエンナーレが主流で、二年ごとに新作を網羅できたものの、時代の変化に沿って長編やテレビ、CMなども含まれるようになり、また映像教育や映像業界向けの見本市も同時開催で登場した。九〇年代からはドイツのFMX（九四年〜）や韓国のSICAF（九五年〜）等、映画祭や制作本数の急増にともない、広島以外はすべて毎年の催し物になった。

図3　1976年度の（第1回）オタワ国際アニメーション映画祭のプログラム表紙

映画祭の役割について

映画祭の意義は長期的継続性の中にこそ見出されるが、近年の映像環境や文化政策の変化にともない、その機能と役割も大きく揺れている。本来の理念では、期間限定性と定期性にともなう収穫の季節に似た新鮮な体験であったが、ビデオやネットの普及した現代では作品と最初にふれる役割が薄れ、その臨場的・特権的な意味合いが問われている。

　また、賞を与える評価の仕方も、映画祭の乱立からその価値が相対化される中、たとえば映像教育の取組み等で、別の趣旨で成立し、競争部門を設けない映画祭の方が、競争原理から開放された純粋な共有・位置づけとしての文化的意義が際立っている。

　さらに、アニメーション映画祭の特質の一つとして、長年短編を中心とした環境で、それにともなった評価軸から後の長編・テレビへの拡大に対し、価値づけの面でどのような対応が可能か課題のままであり、より広くいえばこうした事業の文化面と経済面の両立が今なお多くの問題に及ぶ。

　しかし、経済的な面でも、つくり手の制作環境への取組みとして、金銭的支援等、様々に後押しの仕組みが存在する。一方文化的な面では、作品やつくり手への「一期一会」の出会いの場の機能も完全に消えることはなく、「ソフトパワー」などの虚栄を超えて、開催時点での創作の地図を、多様性のある秩序を、臨時の美術館のような発表・鑑賞・交流のための広場を提示する限り、この映像文化にいかに貢献できるかが、今後も総じて模索され続けるに違いない。

※　紙幅の都合上、日本での映画祭の流れについては割愛した。

（イラン・グェン）

第5章

アニメーションと消費文化

海外でも愛される日本のアニメ

アニメーションコンテンツの広がり

メディアミックスという言葉を聞いたことがあるだろうか。和製英語ではあるが、非常に便利な言葉である。アニメーション作品は、その物語（世界観）やキャラクターが、マンガ、ゲーム、演劇やショーなどの別のメディアの作品でしばしば共有される。「コンテンツ」に帰属する表現メディアなのだ。コンテンツとは、英語の content（内容）の複数形であるが、日本では「情報の束」という意味でとらえられており、ポップカルチャー関連の産業は、コンテンツ産業と呼ばれている。多メディア展開の作品以外にも、コンテンツは、文房具や、玩具、シールなどの遊具、パジャマ、Tシャツ、アクセサリーなど身に着ける衣服や装飾品、スナックのパッケージ、作品内に登場する料理などの食品、さらには飛行機、新幹線、バスなどの乗り物のラッピングや、内装にいたるまで、「体験」するものも含む。アニメーションのキャラクターを中心にしたそうした「キャラクタービジネス」によって、一つの作品のキャラクターと世界観が複数のメディアで展開されている状態が、メディアミックスだ。そうしたコンテンツ産業のビジネス展開の中で、私たちはキャラクターや世界観を日々消費しながら生活している。

娯楽施設へ

アニメーションの世界を物体化し、体験型アミューズメントパークを作って大成功したディズニーランドは、私たちをディズニー映画のファンタジーの世界に入り込ませてくれる。一歩入ると、映画の中でおなじみのミッキーマウスや、シンデレラなどのキャラクターが、出迎えてくれる。そうした単一のアミューズメントパーク以外にも、アニメーション関連のアトラクションは、一つのテーマに沿って演出されたテーマパークの中にもみられる。ユニバーサル・スタジオ・ジャパンの期間限定『ＯＮＥ ＰＩＥＣＥ』関連のアトラクション（サンジに扮したキャストが、他のキャラクターに扮したキャストと寸劇をしながら料理を味わってもらうという演出の「サンジの海賊レストラン」、キャラクターに扮したキャストによるドラマ仕立てのアトラクション「ワンピース・プレミアショー」など）が好例である。常設以外の娯楽施設では、作品の世界観をベースにした期間限定（たとえば、夏休みなど）のイベントも体験型だ。たとえば、『進撃の巨人』イベントでは、参加者を調査兵団の役割を与えて推理仕立てにして進んでいくものもある。リアル脱出ゲームなども、様々なコンテンツを使って展開されている。私たちは、作品の世界観をベースにした空間で、イマジネーションをフル回転させ、ファンタジーを消費する。

そうした体験型アトラクションを取り入れた展覧会も、盛んになってきている。アニメーションという映像作品の展示は、マンガの原画展のように、アニメーション原画、絵コンテ、キャラクター設定シート、作画の道具、デジタル作画以前はセル画の展示など、静的なものが多かったが、最近は、キャラクターの等身大フィギア（人形）や作品世界に登場した小道具を具現化して、世界観そのものを展示し、観客が写真を撮ったり、触れたりと、体験型の展示を演出しているものが多い。

作品や作者に特化したミュージアムも増加傾向にある。藤子不二雄ミュージアム（川崎市）、石ノ森萬画館（石ノ森章太郎のミュージアム、石巻市）など、作者の出身地、居住地に作られ、集客に効果を上げている。このように、展示やミュージアムは、ただ見て鑑賞するものから、体験するものへと変化してきている。

集客戦略としてのアニメーション

アニメに限らず、テレビドラマや映画などの視覚メディアは、土地と不可分の関係にある。一九六三年に始まったNHK大河ドラマは、歴史上の実在の人物を描く作品が多いため、その人物ゆかりの土地に観光客が押し寄せる効果を生んでいる。ゆかりの土地でなくとも、たとえば、映画『ロード・オブ・ザ・リング（*The Load of the Rings*）』（二〇〇一～〇三年）シリーズなどのように、原作が生まれた英国ではなく、映画のロケ地になったニュージーランドへファンが殺到する映画ロケ観光も有名だ。そうした観光誘致活動に、アニメも利用され始めた。観光資源の乏しい土地が、アニメの舞台になったことによって若いファンが集まり、やがて町全体の活性化へつながる事例は、地方再生のカギとして注目されている。埼玉県春日部市や久喜市（鷲宮町）が舞台になっている『らき☆すた』（二〇〇七年）がもたらした効果は、テレビ放映やブームが終了した二〇一九年現在でも続いている。作品のファンから、地元のファンへ移行した人が多く、最初は作品世界に没頭するために訪れたものの、地元の人々と仲良くなり、今度はその人たちに会いに来るといった行動の変化が、サステナブルな観光を可能にさせているようである。そうした成功例から、アニメを利用して街おこしをしたいという地方自治体が増加しているという。

この章では、こうしたコンテンツ産業やコンテンツを提供する側の現状と、それを消費する私たちが形成する文化を考えていく。

（須川亜紀子）

44

自主規制——TVの公共性をめぐって

自主規制の根拠

新聞・雑誌などと放送メディアの間には大きな違いがある。

一つはプッシュ型のメディアであり、視聴者が見る意思がなくても偶然見てしまう可能性が高いこと。もう一つは、電波という限られたリソースを使うため、誰もが自由に放送メディアを立ち上げることはできないこと。つまり「社会的影響力」と「限られた資源を有効に使う責務」が大きいのが放送メディアの特徴であり、放送メディアには高い公共性が求められることとなった。そのため各放送局は放送法に基づき、自主的に放送基準を定め、それに基づいて放送内容を律している。

アニメもこの放送基準の対象であり、内容によっては放送にふさわしい形に修正を施されてオンエアされることになる。これまでにも夕方枠であってもパンチラをカットするなどの例はあったが、深夜アニメが多数放送されるのが当たり前になってからは、自主規制は日常的な風景となった。

深夜アニメ成立の背景

深夜アニメのルーツを遡っていくと、一九八〇年代半ばに成立したOVAに辿り着く。OVAは、TVでは放送できないような「マニアックな題材」を「コアなファンに向けて」制作し、ビデオグラム（ビデオカセット、DVDなど）の販売によって資金回収するというビジネスモデルである。スポンサーが提供する制作費の中で作品をつくる従来のＴＶアニメとは発想が異なり、ＯＶＡではビデオメーカーが中心的な役割を果たした。

ＯＶＡはＴＶアニメよりも上の年齢層を想定していたため、エロスやバイオレンスについて突っ込んだ表現をするものも多かった。たとえば『妖獣都市』（一九八七年）は当時人気を集めていた菊地秀行の伝奇バイオレンス小説をアニメ化にしたものであったし、『くりぃむレモン』シリーズ（一九八四年）といった一八歳未満は見ることができないポルノアニメも一ジャンルを形成していた。

一九九〇年代に入ると、ＴＶを舞台に、ビデオメーカー主導で、ＯＶＡと同様のビデオグラム販売を最終的な目標とした作品づくりが始まる。こうした番組は当初テレビ東京の夕方枠など、電波料が安い枠で放送されていた。しかし一九九七年に『新世紀エヴァンゲリオン』の深夜再放送が二・〇％と高視聴率をマークしたことをきっかけに、より放送コストの低い深夜枠でアニメが増えることになる。二〇一六年には総放送分数の半分以上が深夜枠での放送となっている。

これはつまり「ＴＶアニメの人気作がビデオグラムになる」のではなく、最終商品はビデオグラムであり、ＴＶはあくまでも作品の存在を広く知ってもらうファーストウィンドウという位置づけになったということを意味する。したがって、作品をビデオグラム用にＴＶで放送できるように改変を施す必要が生まれる。

深夜アニメの自主規制

二〇〇五年七月から放送された『ガン×ソード』第一七話「座標Xを追え」は、深夜アニメとしてはっきりと自主規制が施された初期の作品である。同エピソードは、主人公ヴァン達が目的地に向かうために、水着女王が支配する水着王国を解放しなくてはならなくなるという内容。水着王国は男子禁制のため、女性キャラクター達が水着姿で王国に潜入し、水上運動会的なものに取り組む羽目になる。

このエピソードでは「間もなく演出意図による自主規制が始まります」のテロップが入ると、水着の女性キャラクターのきわどい部分などをロバのアイコンで隠すという演出がなされた。事前にテロップを入れるあたり、自主規制がまだ日常的ではなかったことがうかがえる。

こうした規制を演出の一部とする例は珍しく、大半の作品は浴場の湯気を濃くしたり、差し込む光を強く表現してそれで裸身を隠すなどの形で自主規制を行う。これらはあくまでもＴＶ放送用の処置で、湯気や光の薄い映像を見たければビデオグラムの購入が必要となる。湯気や光は、当初はその場面にふさわしく表現されていたが、次第に「映像作品としての整合性」は後退し、現在はさしたる合理性もないまま、裸身を単に白い光で見えなくすることが多い。

当然ながらエロティックな表現だけではなく、残酷表現も自主規制の対象となる。血しぶきは赤みを押さえた色味に変更されたり、激しい肉体損傷は画面を黒くして見えなくする。たとえば二〇一四年に放送された『テラフォーマーズ』は、火星を舞台に人型ゴキブリと昆虫などの能力を身につけた人間が死闘を繰り広げる内容で、画面の大半が黒くなってしまうカットが頻出することになった。自主規制の処置は、映像制作の最終段階であるビデオ編集の工程で行われる。

現実に起きた事件の余波

映像の一部を改変する場合だけでなく、重大事件・事故が発生すると、番組の放送そのものが自粛される場合もある。ＴＶの公共性に基づいた判断といえる。たとえば二〇〇一年にアメリカ同時多発テロが発生した時は、ハイジャックのシーンがある『フルメタル・パニック』の放送開始が三カ月延期された。二〇〇七年九月には一六歳の少女が斧で父親を殺害するという事件が起き、この事件を連想させるとして『School Days』第一二話「スクールデイズ」と、『ひぐらしのなく頃に解』第一二話「皆殺し編　其の七　雛見沢症候群」が複数の地上派で放送を見送られた。二〇一四年にも『PSYCHO-PASS サイコパス 新編集版』放送中の七月に女子高生殺人事件が発生し、女子高生が女子高生を殺害する第四話は放送されなかった。

ハーディングチェック

内容だけではなく光の激しい明滅などがあるためＴＶ放送用に映像に改変が加えられることもある。一九九七年一二月に放送された『ポケットモンスター』第三八話「でんのうせんしポリゴン」の放送後、気分が悪くなったり倒れた子ども約七五〇人が病院に搬送され、一三五人が入院するという事故が起きた。作中にあった激しい光の明滅が光過敏性発作を誘発したのだ。この事件を受けて民間放送連盟は一九九八年四月に「アニメーション等の映像手法に関するガイドライン」を制定。それに基づいて映像をチェックし、条件をクリアしていない場合はディレイ（残像を残すことで明滅の刺激を減らす手法）などの変更を施して放送される。

（藤津亮太）

45

メディアミックス——連関したアレンジの体系

図１　角川文庫版『犬神家の一族』表紙（横溝正史『犬神家の一族』角川書店, 1972年）

メディアミックスの発端

メディアミックスという商業戦略の日本における始祖は、しばしば角川春樹とされる。角川が七〇年代後半から、書籍・映画・レコードの三媒体を関連づけて展開し、互いが互いの宣伝機能を担う形態を整備したからである。「読んでから見るか、見てから読むか」というスローガンは、横溝正史原作の『犬神家の一族』（角川文庫版、一九七二年・映画、一九七六年、図１）、赤川次郎原作の『セーラー服と機関銃』（角川文庫版・映画、一九八一年）などにみられる、映画と書籍の関係を、顕著に表していよう（図２）。

しかしこうした形態は、突然に誕生したわけでも、角川のまったくの独創によって生み出されたわけでもなかった。複数の媒体を組み合わせて相乗効果を上げようとする商業戦略は、それ以前からみられたし、「メディアミックス」という言葉自体も、その用法や意味こそ違えども存在していた。そもそも角川が自身の戦略を「メディアミックス」と呼ぶようになるのは八〇年代半ばであった。用語と概念と戦略とは、それぞれ別に発生し、後に結びつけられたのである。

メディアミックスの定義

マーク・スタインバーグ（二〇一五年）は角川の商業戦略を、それ以前のメディア越境的な展開と峻別する要素として、出版と映画製作が、一つのグループ企業の

図２　映画『犬神家の一族』（1976年）の一場面　（市川崑『ＫＯＮ』光琳社，1998年）

内側で構想されたこと、さらにはそれ以前の、アニメと菓子や玩具とのタイアップとは異なり、一般成人向けの作品も発表されたことを指摘している。

角川グループのメディアミックスは、八〇年代後半からさらに変化する。角川書店の出版物を映画化し、さらに関連するレコードを販売してアイドルをプロデュースする形態から、基本となる世界像を、各メディアで展開されるストーリーやキャラクターが共有し、一つの媒体の消費が他の媒体のさらなる消費を誘う形態に転換していくのである。アニメーションを含む劇場用映画、テレビ番組、マンガ、小説、ゲームといった様々な媒体の、どれかが「原作」なのではなく、すべてが一つの企画のバリエーションとして展開するこの形態は、それ以前の形態とは大きく異なる。

このような変化を踏まえれば、メディアミックスとは以下のように定義できよう。すなわち、根幹となる一つの企画が多数のメディアを前提に、そのアイデアを放射状に展開する、連関したアレンジの体系である。

メディアミックスにおける映像・出版・玩具

先述したように、メディアミックス的な商業展開は、角川が独自に始めたものではなかった。スタインバーグは先行事例の一つとして、テレビアニメ『鉄腕アトム』のキャラクタービジネスを分析している。ただし「アトム」と角川とは、いずれも出版文化を起点としたものである。ここでは別の事例として、アニメーション制作会社である東映動画が、出版社や玩具メーカーと提携したケースをあげておきたい。

東映動画での本格的な版権ビジネスの拡大は、七二年末から放映開始されたテレ

図4　永井豪『魔王ダンテ　1』（朝日ソノラマ，1973年）

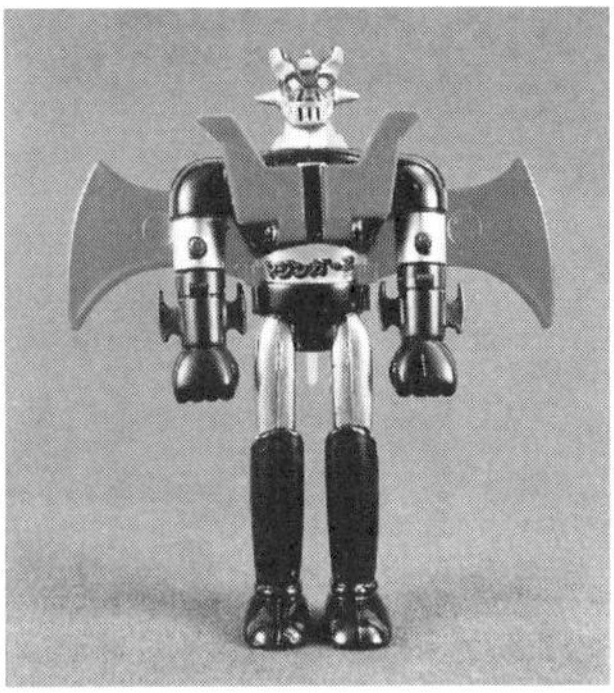

図3　超合金マジンガーZ（50周年実行委員会・50周年事務局・50年史編纂チーム編纂『東映アニメーション50年史　1956-2006　走り出す夢の先に』東映アニメーション株式会社，2006年）

ビアニメ『マジンガーZ』によるといわれる。漫画家永井豪のダイナミックプロダクションや、玩具メーカー・バンダイの子会社であったポピーなどとの提携のもとで展開されたこのシリーズは、その続編を含めて四年以上にわたり続けられた（図3）。

東映動画とダイナミックプロダクションの提携は、『マジンガーZ』よりも前に放映された『デビルマン』（一九七二～七三年）の企画時から始まっていた。東映動画の企画者であった有賀健は、講談社のマンガ雑誌『週刊ぼくらマガジン』に連載された永井豪の『魔王ダンテ』（連載、一九七一年・単行本、一九七三年、図4）をきっかけに、ダイナミックプロやテレビ局などと『デビルマン』の番組企画を立ち上げた。

当時の東映動画の企画者には、本来は脚本家や漫画家、児童向けの作家などを志望していた者も少なくなかった。彼らの業務は映画会社の企画者と同じように、雑誌に目を通し、いち早く有望な原作を発見しては権利を取得し、ヒット番組をつくり出すことであった。その仕事には、単なる製作プロジェクトの管理や他企業との折衝ではなく、文芸創作的な側面がともなわれていた。こうした人々によって、出版社や玩具メーカーとの具体的な折衝が行われて企画が立案され、制作が始まると、彼らが目を通すシナリオなどに、その構想が反映されていった。こうした企画者の仕事は、他社との企画共同開発といえるものであり、ここですでに、無形の企画を根幹として、アニメ・雑誌・玩具の連携による一つのプロジェクトを遂行する形式が確立されていたといえよう。

文化／産業論としてのメディアミックス

一九九〇年代後半から二〇〇〇年代初頭にかけて、日本のサブカルチャー、特に

図5　マーク・スタインバーグ／大塚英志監修／中川譲訳『なぜ日本は〈メディアミックスする国〉なのか』（KADOKAWA・角川学芸出版，2015年）

その産業的側面への注目が高まったことにより、学術的か否かを問わず、国内外で様々な議論が登場するようになった。それに対してどのような立場をとるかは別として、これはいわゆる「クールジャパン」論への一つの反応だったといえよう。

近年では、こうした関心の帰結として、スタインバーグ（図5）をはじめ、欧米の研究者による日本のサブカルチャー表現や産業に関する研究が多く発表されている。

こうした研究の多くは本来、欧米におけるメディア産業のあり方を相対化し、彼らが多角的な文化論や産業論を展開する一つの手がかりとして、日本のサブカルチャーに目を向けたものである。しかしそれが日本に逆輸入されると、むしろ日本文化特殊論ないし優位論の根拠であるかのように、その意味を転換されることがある。欧米において自国の文化状況や経済体制を相対化しようとする日本研究の試みが日本に導入されると、そうした自省的姿勢がかえって、あたかも日本におけるサブカルチャーの興隆やメディアミックス的状況が、世界的に特殊ないし最先端の現象であるかのように論ずる根拠にされるのである。

これは、いわゆる「日本研究」としての視座と、情報資本主義社会の普遍的な分析手法との間に横たわる、理論的な葛藤に根ざしているとも考えられるが、それと同時に、日本におけるサブカルチャー論の視座が、結局のところ未だ、文化を国境という政治的単位によって区切ることを自明とする水準にとどまっている、その限界性を示す徴候なのではないかとも思える。

グローバルな文化産業のバリエーションとして、メディアミックスを相対化して分析する理論的視座を構築することは、喫緊の課題であろう。

（木村智哉）

46

キャラクタービジネス――物質化されるメディア文化

図1　イエローキッド（Jerry Robinson, "*The Comics　An Illustrated History of Comic Strip Art 1895-2010*", Dark Horse Books, 2011）

キャラクター消費の始まり

アニメなどのマスメディアに登場するキャラクターの関連商品を販売して収益を得るキャラクタービジネスは、現在では文化産業の収益構造の中に所与のものとして組み込まれており、ライセンサーの許認可を受けずに関連商品を製造・販売すれば違法とみなされる。また許認可を行った企業ないし製作委員会へは許諾料が支払われており、受注額を上回った制作コストにより生じた制作会社の赤字分をこの収益により補うこともある。

しかしキャラクタービジネスは、このようなビジネス上の構造が確立されるだけでなく、消費者が架空のキャラクターに価値を見出し、金銭を支払う市場を構成しなければ、存立しえない。この習慣は、いつ頃から発生したのだろうか。アニメーションに限定せずにその経緯を探るならば、それはおおよそ一九世紀末とされる。

小田切博（二〇一〇年）はキャラクター消費の最初期の事例として、一九世紀末に新聞に掲載されたコミックストリップの登場キャラクター「イエローキッド」（図1）をあげる。コマによって変わるメッセージが書かれた、貫頭衣を着る坊主頭の少年キャラクターは、多数の商品・広告・模作等に無断で転用された。このことから小田切は、大衆向けメディアの普及とキャラクター消費の開始との関連性を示唆する。

アメリカにおけるアニメーション制作とキャラクタービジネスの関係性の確立は、

図2　マーブルチョコレート（明治製菓）の景品だったアトムシール（大崎悌造『昭和子どもブーム』学習研究社，2010年）

ディズニーの商品展開にみることができる。ハーマン・ケイ・カーメンは、商品化の許諾契約や利益分配の方法論を構築し、アニメーション制作のみに拠らない事業収入をディズニーにもたらした。ミッキーマウスなどの意匠がプリントされた製品や、デザインそのものを成型した玩具が多数登場したほか、ミッキーマウスクラブも組織され、アニメーション映画のキャラクターは、一つのブランドとして社会に認知された。

日本への導入

第二次世界大戦前の日本においては、漫画のキャラクターであり、アニメーション映画化もされた「のらくろ」の玩具が、一九三〇年代前半にヒットしていた。ただしその中には、ライセンス契約によるものだけでなく、むしろ作品の宣伝として未許諾商品を黙認するような形で普及したものもあった。そもそもこの頃には、商品化の許認可制度自体が認知されていなかった。

五〇年代後半には武内つなよしのマンガ『赤胴鈴之助』が、ラジオドラマ、劇場用映画、テレビ番組など多くのメディア展開をみせた。鈴之介が用いる「赤ザヤの刀」の玩具は、キャラクターのもち物を模造した、早期の事例とされる。

六三年には、三〇分枠での国産テレビアニメシリーズ『鉄腕アトム』や『鉄人28号』が始まった。これらのキャラクターのシールやワッペンを景品とした菓子メーカーの競争は、キャラクターによる代理戦争として報じられるほど巨大なものになった。『鉄腕アトム』を制作した手塚治虫の虫プロダクションは、各業者による「鉄腕アトム会」を組織して、商品化の許認可制度の普及を進めた（図2）。許認可

図3　ハローキティ（ポッププロジェクト編『広告キャラクター大博物館』日本文芸社，1994年）

商品にはマンガ単行本の著作者印紙をヒントにした虫プロの証紙が添付され、これが日本で現在まで続く制度の一つのモデルとなった。

こうしたテレビキャラクター商品の人気は、テレビ局の注目するところとなった。TBSは番組放映権の海外販売契約書に「マーチャンダイジング・ライツ」という記載を発見し、これを「商品化権」と翻訳して、以降、自局で権利を掌握しようと試みた。六六年に、実写の特撮テレビ映画『ウルトラQ』『ウルトラマン』が放映されると、そのソフトビニール製人形が商品化され、TBSは多大な利益を得た。

キャラクター商品とマスメディア

キャラクター商品は、本来形をもたないフィクションのメディア文化を物質化し、消費者の周囲に配置して、相互の距離を狭める媒介としての機能をもった。

また、キャラクターには、自社製品の直接的なシンボルとしてデザインされたものもある。不二家の「ペコちゃん」や、アニメーションCMも制作されたサントリーの「アンクルトリス」などは同時代的な生活感を取り入れたキャラクターであり、場合によってはキャラクター商品自体がノベルティグッズとして頒布された。

さらに、自社製品としてキャラクター雑貨を開発・販売していく事例もみられるようになる。当初、サンダルやグリーティングカードなどの雑貨を手がけていた㈱サンリオは、七四年に自社開発したキャラクター「パティ&ジミー」と「ハローキティ」を発表した（図3）。これらのキャラクターを用いた小物類の普及により、七四年から七六年にかけて、サンリオは売上高を四倍近く増大させた。

ただしサンリオは、マスメディアを利用した一時的なブームには警戒心を抱いて

図4　ビックリマンシール
（図3に同じ）

おり、サンリオフィルムで映画製作に乗り出した際も、既存の自社製キャラクターを積極的には用いなかった。また、月刊紙『いちご新聞』の発行や、テーマパーク「サンリオピューロランド」の設立などの事例からは、キャラクターの息の長い運用を、独自の媒体も設けて進めようとする方針がうかがえよう。これは既存のマスメディアに基盤を置くアニメキャラクタービジネスとは異質な事例にみえる。

「キャラクター」から「コンテンツ」へ

ボードリヤール（二〇一五年）は現代社会を、生産よりも消費が優位となった「消費社会」と位置づけ、そこではモノ自体がもつ、使用者のニーズを満たす有用性よりも、モノ同士の関係性の中に絶えず生じる差異性にこそ、大きな価値が見出されていると論じた。キャラクター商品の需要拡大は、彼の議論にみられる、消費社会における使用価値から記号価値への移行を示す事例であろう。八〇年代の日本では「ビックリマン」（図4）や「シルバニアファミリー」など、キャラクター商品の開発から始まるメディアミックスが多くみられるようになる。大塚英志の『物語消費論』（一九八九年）は、こうした現象を、商品そのものの消費ではなく、その背景にある「物語」を消費する様式と考えるマーケティングの理論化を行ったものであった。

このように「物語」を付与されたキャラクターが、媒体横断的に用いられる手法は、特定のメディア表現からなる「原作」を前提にしない無形の企画が、マルチに展開していくものである。それは製作委員会方式による多企業間での共同出資に親和的であると同時に、メディア産業を個別に扱わない、「コンテンツビジネス」という語句と概念が採用される必要性をも導いたのであった。

（木村智哉）

47

児童向け玩具——遊びとマスメディア

図１　『〈子供〉の誕生』表紙（フィリップ・アリエス／杉山光信・杉山恵美子訳『〈子供〉の誕生』みすず書房，1980年）

玩具の位置づけ

玩具に関する研究は、人文学の多くの領域で盛んに行われてきた。児童の遊具に限定しない、玩具とその用途に関しては、祭祀・儀礼の器具や、それを模した郷土の民芸品などに注目する、文化人類学的ないし民俗学的な研究がみられる。また、児童の生活や成長過程への関心からは、教育学や発達心理学による研究がある。

歴史的にみれば、そもそも社会における「子ども」概念の発生、すなわち「大人」とは異なる、特定の社会的集団としての「子ども」の発見は見過ごせない（アリエス、一九八〇年、図1）。伝統社会において、しばしば「小さな大人」としてみなされ、労働への早期参加を前提とした生活を送ってきた多くの子どもが、近代社会においては学校に代表される社会的な機関で教育を施される、特定の集団として認知されるようになった。そして、ヨーロッパで近代化が進行する一八世紀には、当時の思想家の教育観や、独自の児童観が、児童向け玩具の機能にも影響を与えたといわれる。

また、ホイジンガやカイヨワによる研究は、しばしば労働や教育に比して、価値の低い私的行動とみられてきた「遊び」についての分析の意義を高めた。玩具とその社会的機能に関する研究は、こうした様々な方法論によって可能である。

加えてアニメ文化と玩具の関係を考えるにあたっては、産業的側面を強く意識せねばならない。現在多々みられるアニメキャラクターの玩具と伝統的な玩具とは、その生産基盤も社会的機能も大きく異なるものだからである。

注⑴　自動車メーカーのフォードが行った，画一化された部品と単純反復型の分業に基づく大衆向け車種の大量生産は，消費者に廉価で質の高い車を提供することを可能にした。これは生産の効率化と市場の拡大をもたらし，労働者にとっては労働時間の短縮と賃金上昇につながった。余暇と可処分所得を得た労働者は，消費社会の担い手となった。フォーディズムは狭義には，少品種大量生産の管理方式をさすが，広義にはそれによってもたらされた大衆消費社会のライフスタイルそのものを意味する。

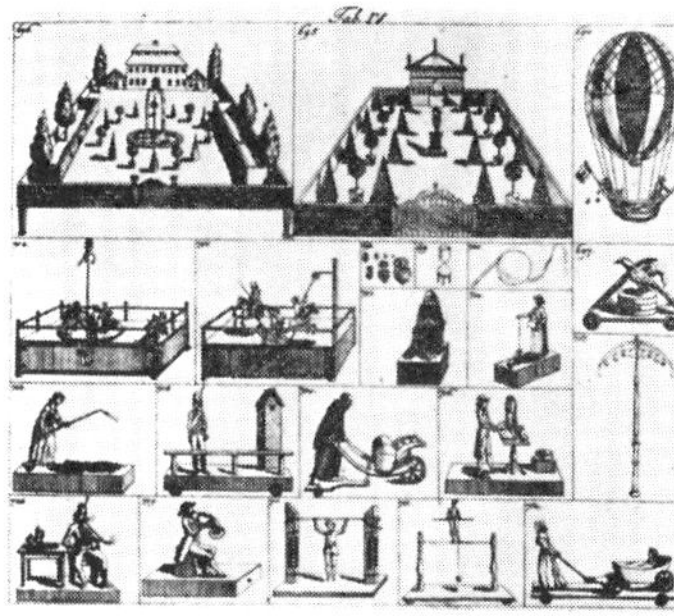

図２　ドイツ・ニュルンベルクの玩具販売業者によるカタログ（アントニア・フレイザー／和久明生・菊島章子訳『おもちゃの文化史』玉川大学出版部，1980年）

玩具製造の産業化

玩具を専門的に生産する玩具職人は、すでに中世から存在していたといわれる。ヨーロッパにおいては、木材資源の豊富なドイツが玩具生産の一つの中心地であった。玩具職人は児童を含めた廉価な労働力を確保し、分業による効率化をはかって手工業化と合理化を進めた。このドイツ製玩具（図２）は他国へも輸出され、ヨーロッパにおけるもう一つの玩具生産地域だったフランスを徐々に圧倒していった。

一九世紀後半に出現したプラスチックは、軽いが耐久性があり、輸送コストを軽減できるため、玩具に用いられ始めた。金属やプラスチックなど、工業的加工が必要な資材の普及は、玩具生産を大規模な工場労働によるものへと転換させた。

第一次世界大戦でドイツが敗北すると、玩具生産の中心地はアメリカ合衆国へと移った。アメリカにおける消費社会の到来と中産階級家庭の増加は、フォーディズム⑴と結びつき、玩具市場の拡大をもたらした。

日本においても、江戸時代にはすでに、雛人形などの製造を行う職人と、卸売や流通を担う問屋が存在した。さらに近代以降の工業化の過程では、第一次世界大戦で敗戦国となったドイツが失墜したことで、玩具を製造し輸出する国際的役割も担うようになった。しかし日中戦争期以降は、物資動員計画のもと、金属製玩具の製造が禁止されていき、輸出量も激減した。

第二次世界大戦後、一九五〇年代にはプラスチック製玩具が登場し、五八年には国産初のプラモデルが発売された。また、金属製模型も輸出製品として再注目されたが、海外製品から型をとったコピー商品も少なからず生産された。

図3　『キャンディ・キャンディ』の人形（バンダイグループ三十年史編纂委員会編集『萬代不易　バンダイグループ三十年のあゆみ』バンダイ，1980年）

「マスコミ玩具」の変遷

多くのマスコミキャラクターの玩具は、一九五〇年代以降に登場した。こうした製品は既存の玩具と区別して、「マスコミ玩具」と呼ばれた。マスコミ玩具は、出版・映像・放送産業と相互に結びつき、多大な利益をあげた。

しかし玩具業界にはマスコミ玩具への警戒が根強かった。製品そのものの質よりも、マスメディア上でのブームが売れ行きを左右するため、メーカー側の製造・販売計画の自律性が保てないからである。実際、今井科学やマルサンなどの企業が、人気番組の終了後に、相次いで経営破綻に至っていた。

マスコミ玩具評価の転換は、『仮面ライダー』や『マジンガーZ』など、東映系のキャラクター商品が大きなヒットをみせたことにより始まる。この動きは、『キャンディ・キャンディ』など女児向けのアニメにも広がっていった（図3）。そして商品化の進行とともに、その許認可をめぐる判例が積み重なり、法的整備も進んだ。

玩具メーカーは他のアニメ制作会社とも提携し、八〇年代に入る頃には、マスコミ玩具は一過性の流行ジャンルではないと認められるようになった。個別のキャラクター自体は入れ替わっても、マスコミ玩具の存在感自体は揺るがなくなったのである。これに並行して、玩具生産は国内市場向けの産業へと転換していた。

児童向け玩具の社会的位置

マスコミ玩具は、伝統的な玩具の文化的・教育的な価値を重視する立場からは、児童の「遊び」に対する主体性を奪い、過剰な商業主義に従属させるものとして批

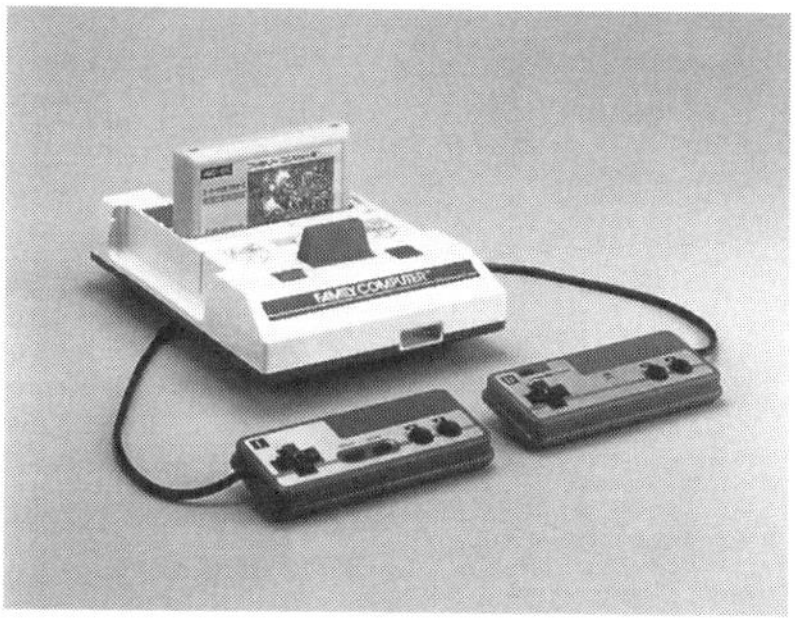

図４　ファミリーコンピュータ（上村雅之・細井浩一・中村彰憲『ファミコンとその時代――テレビゲームの誕生』NTT出版，2013年）

判されてきた。都市化による遊びの空間的縮小、受験戦争激化による時間的縮小、少子化などが、玩具の変化と並行して、室内でメディアと遊ぶ児童文化を構成した。八〇年代に発売されたビデオゲーム機器の普及も、その一環としてとらえられた（図４）。この過程で、玩具はメディア文化の一端になっていたともいえよう。

この動向に批判的な見方は、強力な商業メディアによって「遊び」が変化させられることを問題視する。一方、こうした変化を前提とすれば、新しいメディア状況への関係性を育もうとする見解が生まれる。特にビデオゲームは、受動的メディアとされてきたテレビへの、能動的働きかけを導くとする見解もあった。

後者の議論は前者よりも現実的であるが、「遊び」が商業メディアに埋め込まれて限定される事象は問題化しえない。メディア状況の相対化が、常に実践されているかのような評価は楽観的にすぎよう。

これは玩具を通したジェンダー規範の構築についても同様である。人形などの伝統的玩具にもジェンダー規範は備わっていたが、男児向け・女児向けのメディア文化と玩具の相互提携は、その（再）構築においても相乗効果を発揮しているだろう。須川亜紀子（二〇一三年）はこうした文化の受容にも、児童側の関心に基づくバイアスがあり、たとえば母親役割などの描写が、必ずしもそのまま受け入れられていない事例を紹介している。とはいえ、ジェンダー規範的な要素が繰り返し、玩具とアニメに登場する事例も軽視できない。商業メディアとなった玩具は、特定のメッセージを伝えるものというよりも、マーケティングに基づくヒット商品模索の成果物となっている。したがって、そこには個別の作り手の意図よりも、さらに広範な社会的規範が、かえって表象されているとも考えられるのである。（木村智哉）

48 テーマパーク、ミュージアム——世界観とストーリー

テーマパークに必要な「世界観」と「ストーリー」

テーマパークとは、特定の国の文化や時代などを主題として掲げた娯楽施設で、遊園地のようなアトラクションを備える場合も多くある。国内では、オランダの町並みを再現した「ハウステンボス」、ハリウッド映画を題材とした「ユニバーサル・スタジオ・ジャパン」、明治時代の貴重な建築を移築した「博物館明治村」などが知られる。

その中でも代表的な存在といえるのが、一九八三年に開園した東京ディズニーランド（現在は二〇〇一年に開園した東京ディズニーシーと合わせて、東京ディズニーリゾートと総称される）だ。東京ディズニーランドは、一九五五年に開園したディズニーランド（アメリカのカリフォルニア州）のフランチャイズである。ディズニーランドは、世界で初めて「テーマパーク」と呼ばれた施設で、東京ディズニーリゾート（TDR）も本家の基本姿勢を踏襲した運営を行っている。

テーマパークと遊園地（アミューズメントパーク）の一線を画すポイントは、二つある。一つはもちろん「テーマ」の存在。そしてもう一つはその「テーマ」を五感に訴えかけるよういくつかの要素に分解してしていく「演出」である。

たとえば「宇宙」を題材にしたテーマパークをつくると考えよう。このとき、「宇宙」というキーワードから考えられるアトラクションを並べただけでは「テーマパーク」にはならない。アトラクションに加え、宇宙港を模したエントランス、

異星の酒場を模したレストランとそのメニューといった部分まで「演出」を徹底的に施したときに、ようやくテーマパークの姿がみえてくる。これは「宇宙」というアイデアを「世界観」にまで高めていると考えることもできる。

だが、それだけではまだ「観客をその世界の一員にするためのストーリー」が欠けている。単に「宇宙」という世界観があるだけでは、観客は「世界観」と自分の間の距離を埋めることができない。観客が主体的に「宇宙」という世界観へ身を投じるにはそこにストーリーが必要なのだ。観客が、世界観の中のストーリーに身を委ね、その一員として振る舞うようになったとき、テーマパークは完成する。

能登路雅子の『ディズニーランドという聖地』(一九九〇年)によると、SF作家、レイ・ブラッドベリはディズニーランドを映画と演劇の世界を融合した新しいエンターテインメント形態であると評したという。言い替えればこれは、テーマパークとは、徹底的に演出された世界観と、五感を通じてストーリーの当事者となった観客のコラボレーションということになる。ディズニーランドがディズニー映画(近年ではピクサー作品と『スター・ウォーズ』シリーズもそこに加わった)と不即不離なのは、この「世界観」と「ストーリー」を多数の観客に浸透させることができるのが映画に代表される映像メディアだけだからだ。

改めて整理すると「魅力的なテーマパーク」とは「世界観が貫かれているか」「その世界観に没入できるストーリーをもっているか」「世界観とストーリーが広く周知されているか」の三点によって支えられていることになる。この三点を意識したとき、国内においては「三鷹の森ジブリ美術館」が美術館であると同時に、TDRと並ぶ完成度の高いテーマパークでもあることがはっきりとわかる。

近年増えたアニメーション系展示

「三鷹の森ジブリ美術館」はテーマパーク的なアプローチをとりながら、アニメーション（を含む大衆娯楽）の魅力にフォーカスした美術館である。オープンは二〇〇一年。奇しくも二〇〇〇年前後から、アニメーションをミュージアムで取り上げるケースが増えてきた。従来のアニメーション関連の展示（主な会場は百貨店の催事場など）がキャラクター中心の子ども向けだったのに対し、近年は制作素材（設定画、原画・動画、美術等）を鑑賞の対象として展示するところに特徴がある。

これにはまず助走として一九九七年から始まったメディア芸術祭や一九九八年の『マンガの時代展――手塚治虫からエヴァンゲリオンまで』の存在があげられる。この頃からマンガやアニメを美術館で取り上げる気運が高まってきた。

二〇〇〇年には川崎市民ミュージアムが「アニメ黄金時代――日本アニメの飛翔期を探る」と題して初期東映動画の企画展を行った。また二〇〇三年以降は東京都現代美術館ではスタジオジブリが「男鹿和雄展」（二〇〇七年）、「スタジオジブリのレイアウト展」（二〇〇八年）を行い、背景美術とレイアウトという制作素材をフィーチャーしながら、多くの観客を動員した。スタジオジブリは同館で行われた「ディズニー・アート展」（二〇〇六年）、「メアリー・ブレア展」（二〇〇九年）にも協力している。同館では二〇〇三年に「日本漫画映画の全貌　その誕生から『千と千尋の神隠し』、そして…。」も開催している。

制作素材の展示に力を入れる傾向は最近も変わらない。二〇一三年には「エヴァンゲリオン展」、二〇一四年に「機動戦士ガンダム展」、二〇一五年に「大河原邦男展」「蒼樹うめ展」「MADOGATARI 展」「アニメーションと多摩」「スポ根展！」

などが開かれ、いずれも意欲的な展示でそれぞれ話題を呼んだ。

アニメ関連の展示は動員が見込めるだけでなく、物販が人気を集めるもの特徴の一つ。だからこそ、ポイントとなるのはキュレーションである。

単に「魅力的な絵」を並べるだけではそれはあくまで「作品関連のイベント」にとどまるが、もし美術館で展覧会を開催するのならば、その作品、その素材の魅力を、どうやって歴史（アニメ史、絵画史、現代史等）の中に位置づけてプレゼンテーションするのかという視点が必要になるからだ。イベントが悪いわけではないが、こうして様々な文脈の中で価値づけされることによって、作品やその作品の制作資料のもつ価値が、時代を超えて共有（あるいは検討）可能なものになる。戦後のTVアニメやアニメ映画の歴史が半世紀を超えた今、求められているのはそうした大きな視点からの価値づけであり、アニメーションの展示は、それを通じて「TVアニメ・アニメ映画の歴史」を形づくっていくよい機会であるといえる。

意外に少ないアニメの展示施設

ちなみに全国でマンガなどを展示するミュージアムが各所に建てられているが、アニメーションをフィーチャーした施設は少ない。そんな中で東京アニメセンターin DNP PLAZA（市ヶ谷）と杉並アニメーションミュージアム（荻窪）はアニメーションをメインに据えた施設だ。東京アニメセンターでは、テーマに基づいた制作資料などの展示を行っている。また、杉並アニメーションミュージアムは小さいスペースながら時期に合わせて興味深い企画展を行っている。

（藤津亮太）

図1　「ミュージカル『テニスの王子様』3rd シーズン　青学 vs.四天宝寺」（2018〜2019年）キービジュアル

49

ミュージカル、ライブシアター——キャラクターに会える空間

2・5次元舞台

アニメ、マンガ、ゲームなどを原作にした舞台は、「2・5次元舞台」（ミュージカル、セリフ劇、ショーなども含む）と呼ばれる。架空の世界（2次元）のキャラクターが、現実の世界（3次元）に現れたようにみえるので、2次元と3次元の中間＝〝2・5次元〟という表現がファンの間でささやかれ始め、いつの間にか定着していった。そのきっかけとなったのは、キャラクターに外見や内面の似た若手俳優を積極的に採用して人気を得たミュージカル『テニスの王子様』シリーズ（二〇〇三年〜、図1）や、ゲーム「刀剣乱舞-ONLINE-」を原案としたミュージカル『刀剣乱舞』シリーズ（二〇一五年〜）と舞台『刀剣乱舞』シリーズ（二〇一六年〜）、海外ツアーも成功させた『ライブ・スペクタクル「NARUTO-ナルト-」』（二〇一五年〜）シリーズなど、2・5次元舞台の功績が大きい。

2次元の世界を舞台化したという意味では、大ヒットした一九七四年の宝塚歌劇団による『ベルサイユのばら』（原作は池田理代子の同名マンガ）が嚆矢といえる。また海外のアニメーション映画の舞台化では、『ライオンキング』（一九九四年）をはじめとするディズニーミュージカルが、独特の演出と大がかりな舞台装置でロングランを今も続けている。日本では劇団四季がディズニーミュージカルを日本語で上演している。アメコミ（アメリカンコミックス）ヒーロー「スパイダーマン」の舞台化『ミュージカルスパイダーマン　ターン・オブ・ザ・ダーク』（二〇一一〜一四年）、アニメ『スポンジボブ』のミュージカル化である『SpongeBob SquarePants』（二〇一六年）などもある。

だが、2・5次元はもともと声優を意味していたことや、2・5次元舞台が架空のキャラクターなどの再現性の高さや、観客が参与するショーを含むものが多いこと、そしてグッズなどのマーチャンダイジングや、製作者側から積極的にバックステージ（舞台裏の意。稽古風景やキャストのつぶやきなど）を露出するというメディアミックス展開があることを考えると、宝塚歌劇団やブロードウェイミュージカルなどとは、2・5次元舞台は一線を画しているといえるだろう。

既存のアニメーション原作ミュージカルやセリフ劇との違い

そもそもミュージカルは、セリフの大部分が歌であるオペラから派生したオペレッタが、二〇世紀に欧州からアメリカに伝わって発展したものである。ミュージカルとはセリフが突然歌に変わったり、踊りで表現したりする形式である。ミュージカルでは、導入部で人物の背景や物語の説明が歌でなされ、一本の上演作品で物語は完結するようにできている。それに対し、2・5次元ミュージカルは、原作が非常に長いものが多いため、一本の上演作品で長期連載物語をつめこむことは難しい。

セリフ劇は様々な様式があるが、少なくとも歌や踊りは皆無、またはごく少なくなっている。しかし、2・5次元舞台の場合、二部構成で第一部がセリフ劇で、第二部がショーになっているものもある。たとえば、舞台『戦国BASARA』シリーズ（二〇〇九年〜）の中には、第一部が戦闘を中心とするセリフ劇で、第二部でキャラクターが自由に寸劇を行ったり、替え歌を歌ったりするショーになっている作

図2 「ミュージカル『テニスの王子様』3rd シーズン 全国大会 青学 vs. 氷帝」(2018年) キービジュアル

品もある。宝塚歌劇団も電飾と大きな羽で有名なショーが本編のあとに行われるが、あくまで本編が完結した後のカーテンコール的な意味合いで短時間に行われるため、2・5次元舞台とは異なる。3D上映が導入された舞台『攻殻機動隊 ARISE：Ghost is alive』(二〇一五年)や、セリフ劇とミュージカルの中間のような『ライブ・スペクタクル「NARUTO-ナルト-～暁の調べ～」』(二〇一七年)などもある。多様な演出効果や装置で実験的な試みがなされているのも、2・5次元舞台の特徴であろう。

主に対戦相手毎に約一公演ずつ構成されているスポーツもの(例『テニスの王子様』『ハイキュー!!』)や、敵ごと(原作ではしばしば「○○編」とされる)に構成される戦闘もの(例『美少女戦士セーラームーン』『BLEACH』)、特定の人物を主人公にして物語をつくるシリーズ(例『薄桜鬼』)などもあり、一つの上演タイトルをロングランするブロードウェイ方式と異なり、シリーズ化(連載上演)していくのも特徴といえる。初見では登場人物の関係や物語が十分にわからないこともある。より深く理解するためには、観客はある程度の〝学習〟を必要とされ、それがまた楽しみを増幅する。

劇場内外での演出

舞台鑑賞をするためには、劇場に足を運び、所定の席に着き、上演開始を待つ。上演を楽しんだ後は、劇場を立ち去る。この一連の動作でも、2・5次元舞台は一般の演劇と異なる。まず上演開始前に、挨拶をする場合がある。「本日はご来場いただき、誠にありがとうございます」というものだ。たとえばミュージカル『テニ

図3 『ライブスペクタクル「NARUTO-ナルト-」』の上海公演。連日ファンが絶えない

スの王子様』（図2）では、毎回異なるキャストが、時には演じるキャラクターになって音声での挨拶や寸劇を行う。これを「影ナレ（舞台裏ナレーション）」と呼び、観客（ファン）はその日の担当が誰なのか、予想しながら楽しむ。上演が終わった後にも影ナレをする作品もある。劇場に入った瞬間に、すでに2・5次元世界になるのである。

また、劇場外での活動も活発である。キャストが公式Twitterで、上演前の舞台稽古や千秋楽後の楽屋の様子などを写真つきでつぶやいたりする。観客（ファン）達は、キャラクター同士の関係性と、それを演じるキャスト達の関係性をクロスレファレンスしながら、そのギャップやパロディを楽しむのである。たとえば、舞台上では敵同士を演じるキャストが、仲よく肩を組んで写真に映っていたり、物語の中では出会うはずのないキャラクターのツーショットが実現していたり、と観客（ファン）の妄想を掻き立てる回路が劇場外に存在することは、一般のミュージカルやセリフ劇と異なる点であろう。

海外の反応

2・5次元舞台は、いくつかの作品がアジアを中心にツアーをしている。ミュージカル『テニスの王子様』は、早くから韓国や中国で上演を果たしていたし、原作が世界中でヒットしている『ＮＡＲＵＴＯ』の舞台は、シンガポール、マレーシア、中国などのアジアツアーを成功させている（図3）。海外での観客の熱狂ぶりは、日本以上である。これからも多くのマンガ、アニメ、ゲーム原作の舞台化が登場し、私達を魅了しつづけるだろう。

（須川亜紀子）

50

町おこし、村おこし——地域振興への活用

図1　『輪廻のラグランジェ』の舞台となった千葉県鴨川市

アニメと地域振興

アニメやマンガが、町おこしや村おこしといった地域振興、そして国内外からの誘客を視野に入れた観光振興に活用されることが増えてきた。そうした事例は、研究対象としても認識され、二〇〇〇年代後半から、専門書の刊行が相次いでいる。

こうした観光・地域振興は、政策的にも推進されている。たとえば、二〇〇五年には、国土交通省、経済産業省、文化庁、観光庁などは、次のような動きをみせた。二〇〇五年には、報告書「映像等コンテンツの制作・活用による地域振興のあり方に関する調査」が、二〇〇七年には、「日本のアニメを活用した国際観光交流等の拡大による地域活性化調査」が出された。地域振興やインバウンドを含めた観光振興へのアニメの活用可能性が認識された。さらに、二〇一二年に観光庁から出された「観光立国推進基本計画」では、「観光立国の実現に関し、政府が総合的かつ計画的に講ずべき施策」の中の、「新たな観光旅行の分野の開拓」というセクションに、「アニメについては、作品の舞台となった地域への訪問など、参加者に対して周辺観光を促す地域の取組みを支援する」と明記された。実際、二〇一三年には、観光庁の表彰事業「第一回『今しかできない旅がある』若者旅行を応援する取組表彰」で、アニメ『ガールズ&パンツァー』（二〇一二年）と連動した茨城県大洗町の取組みが奨励賞に選ばれた。アニメ聖地巡礼（本書53）は、ファンカルチャーの一つでもあるが、町おこしや村おこし、観光振興などの文脈にも位置づけられるようになった。

図2　佐井村におけるコスプレイベント

図3　ユニバーサル・スタジオ・ジャパンの入り口

地域における活用の様々

アニメやマンガなどを地域振興に活用する際には、いくつかの形が考えられる。

まずは、テーマパーク的な活用だ。大阪市にあるユニバーサル・スタジオ・ジャパンでは、映画作品のみならず『新世紀エヴァンゲリオン』や『ＯＮＥ ＰＩＥＣＥ』『進撃の巨人』といったアニメに関連したアトラクションやイベントを展開している。

次に、作品のロケ地をきっかけにしたものだ。本書53「アニメ聖地巡礼、コンテンツツーリズム」でも紹介したように、作品の舞台にはファンが訪れる。『ガールズ＆パンツァー』の大洗町はここに当てはまる。ロケ地観光やフィルムツーリズムと呼ばれるもので、映画やドラマなどでも行われてきた手法だ。長島一由（二〇〇七年）によると、ロケ地誘致の取組みとしては、フィルムコミッション（ＦＣ）事業が全国各地で行われており、作品の製作サイドにロケ場所を提供している。

そして、アニメやマンガの作家の故郷や居住地などのつながりを用いるものだ。作家の名を冠したミュージアムやストリートを中心に作家や作品と地域のつながりを表して誘客する。兵庫県宝塚市の「手塚治虫記念館」や、『ゲゲゲの鬼太郎』を代表作にもつ水木しげるの故郷鳥取県境港市にある「水木しげるロード」は有名だ。

また、アニメやマンガを集積することで、その地に人々が集うケースもある。たとえば、アニメ・マンガのミュージアムや映画祭、展覧会などがこれに該当する。「京都国際マンガミュージアム」や「新潟市マンガ・アニメ情報館」などが該当する。そうすると、マンガ喫茶なども、アニメやマンガを集積させることで誘客を図る施設といえる。新たな動きとして、千葉県鴨川市の事例を紹介したい（図1）。

注(1)　2003年から，愛知県名古屋市で毎年開催されているコスプレイベント。

図４　土師祭・らき☆すた神輿

アニメ『輪廻のラグランジェ』の制作資料が、二〇一五年に、作品の舞台となった鴨川市で保管されることになったのだ。現代的なアニメの制作資料が地域に保管され、原画展を開くなどして活用されたのはおそらく初めてである。

さらに、アニメやキャラクターの発信地として地域とつながるケースもある。アニメ産業が集積している杉並区には、「杉並アニメーションミュージアム」がある。また、地域発のキャラクター「ふなっしー」や「くまモン」は、地域とのつながりを表現したコンテンツであり、こうしたキャラクターがアニメ化されることもある。

最後に、ファンカルチャーそのものが集うことによって、その地域に人々が訪れる形だ。たとえば、「コミックマーケット（コミケ）」や「世界コスプレサミット[(1)]」などである。これを村おこし的な文脈で活用した取組みとして、青森県佐井村におけるコスプレイベントの実施があげられる（図２）。特定の作品の舞台となっているわけではないが、景観が美しく、それを目当てにコスプレイヤーが訪れる。このように、一言でアニメを活用した村おこし、町おこしといっても、形態は様々だ。

地域文化とコンテンツ文化の関係性

観光客が地域を訪れる以上、地域住民（ホスト）と旅行者（ゲスト）の間で摩擦が生じる可能性が出てくる。テーマパーク（図３）やミュージアムであれば、迎える側は、ある程度トレーニングを受け、知識をもったスタッフだが、そうではない場所で、住民として地域にいる人々はその限りではない。様々なアクター同士でトラブルが起こる可能性がある。しかし、うまくマネジメントできれば、経済的なインパクトのみならず、心理・社会・文化的なインパクトももたらす。

図5　ボランティアスタッフとして土師祭を支えるアニメファン

図6　ぼんぼり祭

たとえば、アニメ『らき☆すた』(二〇〇七年)の舞台である埼玉県久喜市鷲宮では、地元の祭りである土師祭《はじさい》で、もともと担がれていた千貫神輿に加えて、「らき☆すた神輿」が登場した(図4)。ファンと地域住民の交流から生まれたこの神輿は、全国から集まったアニメファンによって、放映から一〇年経った二〇一七年にも担がれ続けている。神輿の運用をアニメファンがボランティアで担当するなど、地域振興の担い手となっている(図5)。また、岐阜県高山市が舞台のアニメ『氷菓』(二〇一二年)の中には、飛騨一宮水無《みなし》神社の祭り「生きびな祭」が描かれ、多くのアニメファンが祭りを見に現地に訪れた。地域文化を多くの人に知ってもらう絶好の機会となっている。さらに、石川県湯涌温泉では、アニメ『花咲くいろは』(二〇一一年)で描かれた架空の祭りである「ぼんぼり祭り」を実際に執り行った(図6)。地域住民によると、地域の祭りとして長く続けていきたいという。コンテンツがきっかけとなった地域の伝統文化誕生の瞬間といえるかもしれない。

かかわる人々が幸せになる形

アニメを活用した取組みで、関係する人々が良好な関係を取り結ぶために必要なことは何か。山村高淑(二〇一一年)は、アニメツーリズムのためのトライアングル・モデルを提唱している。アニメの製作者、地域、そして、ファンの三者がコンテンツへの愛と敬意をもったうえで、相互互恵関係を築けるのがその理想形である。こうした関係性をうまく築くことができれば、コンテンツに関心をもった人々がそれを通じて地域を愛し、応援し、場合によっては移住することもある。アニメやマンガを使って一過性の地域振興を行うだけではない展開がありうるのだ。(岡本　健)

第6章

ファンの受容とファンダム

コスプレをする海外のファン。LA のアニメ・エキスポにて

ファンがつくりあげる文化

熱心なアニメファンは、キャラクターと世界観を二次利用して別のメディアで作品や批評を発表したりする。紙媒体の同人誌、ピクシブなどネット上のイラスト投稿、Youtubeなどへの MADムービー（アニメなどの映像や音声を改変、編集した映像クリップ）の投稿などの二次創作活動、印刷物やSNSなどを通じたファンによる批評活動などがそれにあたる。そうして同一、または類似の嗜好をもつファンの集団＝ファンダムが形成される。

大塚英志によると、今日でいうメディアミックス的な複数メディアでのコンテンツ展開は、古くは江戸時代の歌舞伎にみることができるという。戦時中にはプロパガンダとして機能し、一般市民が国策と意識せずに参画していった事例もある。戦後もそうした活動は続くが、六〇年代にテレビアニメの時代が始まり、より多くの視聴者に無償で、しかも時差なくアニメ作品が届けられると、ファンの数も増加し、ファン活動も活発化していく。七〇年代になると印刷技術の発達、それにともなうコストの低下により、特別な技能をもたないファンでも、紙媒体の印刷物（同人誌）を比較的容易に制作できるようになった。同時に、増加しつづける同人誌即売会という場にファンが集まり、販売や購入を通じて、他のファンと交流を深めていく。九〇年代後半からインターネット、二〇〇〇年代後半からはSNSという双方向メディアの時代に入ると、ファンは不特定多数に意見を発信したり、二次創作作品を発表したりすることが可能になる。これにより、物理的な空間とサイバー空間の両方に、ファン活動が拡大するのである。ニコニコ動画は、サイバー空間でのみ場を共有した見知らぬ匿名の他者同士が、コメントを言い（書き）合うことを可能にさせた。一緒にテレビを見て、つぶやきあっているという共有体験が、サイバー空間上でできるようになったのである。アクセス元がどこであろうと、掛け声を合わせたり、コメントにさらにコメントするなどのコミュニケーションを通じて、ファンは一体感（逆に時には疎外感）を感じることができるのだ。

現実空間での場と時間の共有

現実では面識のない者同士が、ネット上だけでファンダムを形成し、コミュニケーションを行う。しかし、制限のないサイバー空間だからこそ、現実空間（つまりオフライン）で、実際に物理的に会ってお互いの存在を確かめる行為もファンにとっては醍醐味である。そうした場の一つが、イベント会場であり、アニメの「聖地」と呼ばれるスポットだろう。

日本のアニメ、マンガ、ゲームだけに限らず、ポピュラー文化関連のイベントは、世界中で開催されている。そうした中、日本のアニメ、マンガ、ゲームに特化したイベントも、それで育った若者たち中心に数や規模の点において増加しつづけている。企業が主催するイベントでは、どうしても企業のプロモーションが前景化されるが、その場を借りて、ファンたちは、コスプレ（コスチュームプレイの略）をして写真を撮ったり、また逆にファンに写真を撮られたりして楽しんでいる（もちろんコスプレ禁止のイベントも存在する）。

コスプレオンリーイベントは、身体を使ったアニメ、マンガ、ゲームの二次創作として、世界中で人気である。プロのコスプレイヤーも、日本だけでなく各国で出現するようになった。また、ファンが自分の創作物（二次創作）を売買する同人誌イベントは、ファン同士が現実空間で出会う重要な場である。

観光を通じた街の活性化

「聖地巡礼」として一般の人にも知られるようになったアニメの舞台を訪れる行為も、ファン同士が現実空間で交流する機会である。いくつものコンテンツが含まれる大きなアニメ、マンガ、ゲームイベントなどと異なり、聖地を訪れている人は、多かれ少なかれその聖地関連作品のファンであるといえるだろう。つまり、嗜好が同じまたは類似するファンがその場を共有しているため、自然と会話が生まれたりする。単独で聖地巡りをしているファンも多く、旅先で同じ作品のファンに出会うことで、あらたなネットワークが広がることもよくある。また、直接出会うことがなくとも、聖地に置かれている「巡礼ノート」や、聖地になっている神社絵馬に書くメッセージやイラスト（いわゆる痛絵馬）、そして特定の店や場所（観光案内所など）に置かれたキャラクターグッズなどを通じて、同一、または類似嗜好のファンの存在を確認することができるのだ。自分が残したノートへの書き込み、イラスト絵馬、店に残したグッズなどがまだそこにあるのかを確かめるために、再度聖地を訪れるファンも多い。こうしたリピーターの増加により、アニメ作品のファンから、その土地のファンになるケースも増え、やがては地域活性化や町おこしといった効果につながっていくことも注目されている。

この章では、こうしたファンの活動を、ほんの一部ではあるが、取り上げて考えていく。

（須川亜紀子）

51

イベント——アニメ関連イベントの広がり

アニメ関連イベント

アニメイベントの定義は多様であるが、この項ではファン主導のアニメ関連同人誌即売会と、民間企業や団体などが主催するアニメ関連の複合的フェスティバルで、比較的大規模なものを取り扱う。

日本の同人誌イベントのパイオニアの一つは、同人誌即売会コミックマーケット（コミケ）である。一九七五年に小規模で始まったコミケだが、いまや年二回夏と冬に東京ビッグサイトで開催され、二〇一七年一二月の第九三回では参加サークル約三万二〇〇〇、参加者約五五万人と発表されている（図1）。同人誌即売のほかコスプレセクションもあり、海外からも多くのファンが訪れている。津堅信之（二〇一七年）によると、一九七七年にアニメ映画『宇宙戦艦ヤマト』のヒットを契機に第二次アニメブーム(1)が起こった。それにより、コミケでの関連同人誌やファンクラブ会誌の数も増大していく。推定五〇〇〜七〇〇〇人で推移していたコミケ参加者は、七七年に約一三〇〇人に膨れ上がり、年々増加している。

民間企業が主催するアニメ関連イベントとしては、一九六四年に東映動画が行った「まんが大行進」（のちの「東映まんがまつり」）というアニメ映画の祭典があり、名称や形式の変更、休止などを経て二〇〇二年まで続いた（最終名称は「東映アニメフェア」）。テレビアニメ数本を映画版に編集して上映、または劇場版映画の同時上映が特徴のこの試みは、子ども達の夏休み、春休みに開催される一種のアニメ映画

注(1)　第一次はテレビアニメ『鉄腕アトム』をきっかけにした六〇年代。

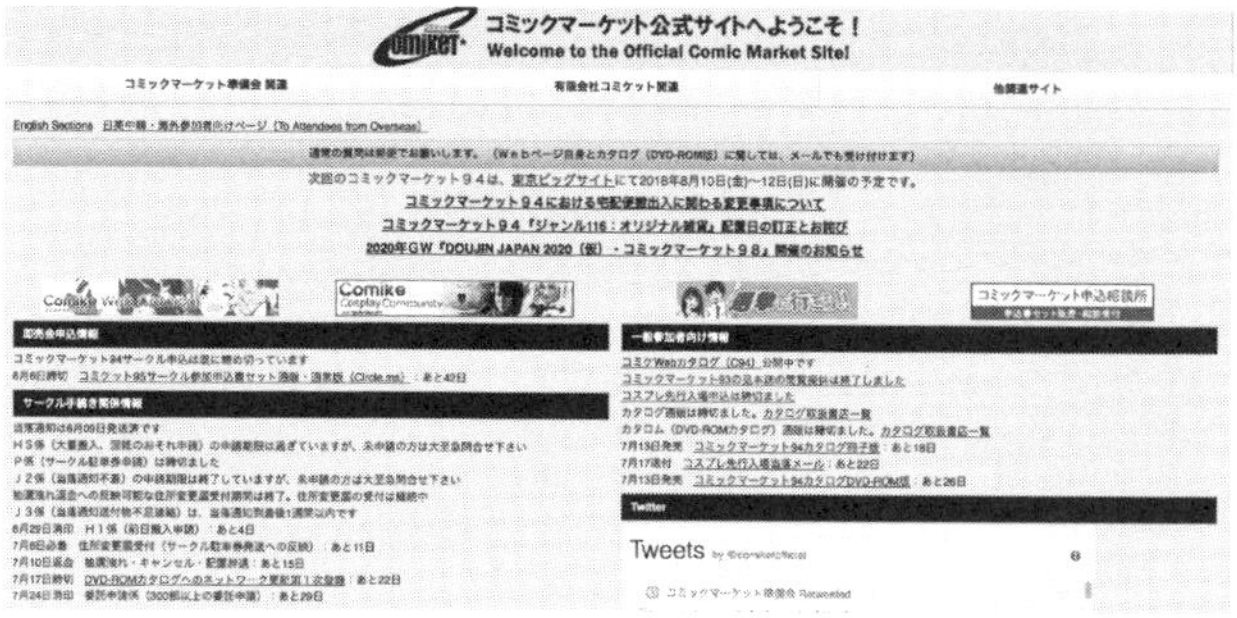

図１　コミックマーケット公式ホームページ

イベントであった。

第二次アニメブームの七〇年代後半〜八〇年代後半には、ＰＲとしてアニメ映画のイベントが多数行われた。特に、『幻魔大戦』（一九八三年）公開直前のイベントは、興味深い。原作は平井和正（小説版）と石ノ森章太郎（漫画版）というビッグネームの共作であったためか、マスコミでも話題を呼び、イベントでは公開アテレコなども披露された。『幻魔大戦』は配給収入が一〇億円強という大ヒットとなった。

「アニメジャパン」誕生へ

こうした映画上映＝映画館という伝統的なフェスティバルイベントがある一方、九〇年代になると映画館から離れ、イベント会場で行われるイベントも増加していく。印刷メディアであるマンガ雑誌も、テレビアニメの原作としてアニメと深い関係があるため、アニメ関連のイベントを開催するようになる。一九九九年に始まるジャンプフェスタは、『週刊少年ジャンプ』をはじめ集英社のジャンプ系マンガ雑誌の人気キャラクターを中心とする「マンガ・ゲーム・ホビー・アニメがたっぷりつまった夢の祭典」で、その代表格だ。展示物、ステージ、アトラクション、関連フード、物販など、一つの会場であらゆる体験ができるこのフェスだが、近年はグッズを手に入れようと徹夜で並ぶファンもいて、問題になっている。

制作会社や出版社の区分なく、アニメ作品全体を扱う大規模イベントの一つは、二〇〇二年から一三年まで続いた東京国際アニメフェア（ＴＡＦ）である。東京都、日本動画協会などが中心の実行委員会が主催するＴＡＦは、見本市の様相を呈しており、初日は商談のためのビジネスデー、二日目が一般のファンが入場できるパブ

図2　ルッカ・コミックス・アンド・ゲームズ（イタリア）で『聖闘士星矢』のコスプレをするファン

リックデーというふうに、アニメ産業の促進とアニメファンへのPRの場であった。しかし、二〇一〇年に東京都の青少年健全育成条例改正が可決され、表現の自由への制限への懸念から主要な漫画出版社や日本動画協会が声明を発表。事実上、角川書店やアニプレックス、マーベラスエンターテインメントなど八社はTAFを離れ、二〇一一年TAFと同日に別会場で「アニメコンテンツエキスポ（ACE）」というイベントを企画したが、三月一一日の東日本大震災の発生により、開催が中止となった。紆余曲折を経て、二〇一四年からAnime Japanとして統合され、一部は東京アニメアワードフェスティバルという国際アニメーション映画祭として独立開催されている。Anime Japanは、二〇一七年に来場者数のべ約一四万五〇〇〇人を突破し、日本最大のアニメイベントとなっている。

海外のアニメ関連イベント

海外でもアニメ関連イベントは盛んである。おそらく最も長い伝統をもつのは、一九六六年に始まったイタリアのルッカ・コミックス・アンド・ゲームズ（Lucca Comics and Games）だろう（図2）。中世の城壁が残る街ルッカ市で、城壁内全体が会場となるこのイベントは、日本のアニメだけでなくコミックスやゲーム、SF映画などあらゆるポピュラー文化の展示、ステージ、トーク、カラオケ、コスプレ、物販が行われている。しかし、八〇年代後半頃に日本のアニメで育った若者がこのイベントを手伝うようになってから、アニメ関連の企画が増えたようである。

九二年にはアメリカのロサンゼルスでアニメエキスポ（Anime Expo）が始まる。日本製のセルアニメに代表される商業アニメーションを意味する日本式アニメーシ

図3　サロン・デル・マンガ（スペイン）の自主マンガブースで売るアマチュア漫画家

ヨン＝「アニメ」を冠するこのイベントは、非営利団体である日本アニメーション振興会主催で、毎年独立記念日の七月四日の週末にコンベンションセンターで行われる。「アニメ」関連のステージ、トーク、物販、上映会、ライブが多いものの、会場にはディズニーやSF・ファンタジー映画のコスプレで来る参加者も多く、アニメーションのお祭りになっている。

九五年にはスペインのバルセロナでサロン・デル・マンガ（Salon del Manga）が始まる（図3）。マンガが冠されているが、マンガとアニメはほぼ同義でとらえられており、アニメエキスポと同じく、日本のアニメ中心のイベントに、アニメーションや映画のキャラクターのコスプレをする人で埋め尽くされている。離れた複数の会場で行われていたこのイベントは、現在大規模なコンベンションセンターに集約されており、二〇一七年には約一五万人の来場者数を記録した。

フランスのパリで二〇〇〇年から開催されているのは、日本文化全般の祭典であるジャパン・エキスポ（Japan Expo）である。アニメ関連のイベント、ブースのほか、剣道、合気道、茶道など日本の伝統的な文化紹介、地方自治体のブース、饅頭などの日本の食べ物、アニメDVD、マンガ、グッズ販売からコンセプトカフェまで、あらゆる日本文化が紹介されている。Japan Expo 独自のユニークな風習としては、"Hug me"（ハグして）などのハグを求めるプラカードをもった人が多いことだ。コスプレイヤーがハグを求めていると、キャラクターにハグされている気分になるのかもしれない。

その他アジア、オセアニア、ラテンアメリカ、中東など、アニメ関連イベントは広がっている。アニメはすでに世界の文化になっているのである。（須川亜紀子）

52

コスプレ——自己の偽装と虚構の体現

コスプレの起源

コスプレ（コスチュームプレイの略）は、いまや世界共通語である。中村仁（二〇一六年）によると、コスプレとは「仮装の一種であり、n次創作としての服飾造形（衣装制作）・身体装飾（メイク・ウィグ・着装）・身体表現（パフォーマンス）の複合による表現行為」であり、「自然物・人工物・また実在・非実在」問わずあらゆるものが創作対象だという。最も知られているのは『スター・ウォーズ』などのSF映画や、アニメ、マンガ、ゲームなどの虚構キャラクターの衣装、小道具、ヘアスタイル、仕草、ポーズなどあらゆることをまねる遊戯である。外見も内面もまねるコスプレイヤー（コスプレをする人、略してレイヤー）も多く、演じるキャラクターの口癖も含めてシチュエーション会話を楽しむのもコスプレの醍醐味だ。

コスプレはどのように生まれ、発展してきたのだろうか。まず、〝自分を偽装し、他者を演じる〟という意味では、中世ヨーロッパまで遡ることができるだろう。中世の宮廷では、婚礼の催しの一つとして仮装舞踏会があった。ハレの日、つまり限定的で一回性の無礼講として自分の素性を隠蔽し他者として振舞うことが許されたのである。その遊戯は一五世紀に仮面舞踏会のカーニバルとして、宮廷という限られた空間以外にも広がった。その後一七〜一八世紀にこうした仮装は大流行するが、不道徳な行いや、王族や貴族への暗殺の危険性もあったため、制限されていくのである。このように衣服や小道具を使用して自分の正体を隠蔽し、他者としてふるまうという行為は、社会的に構築された自己からの一時的な逸脱でもあり、快楽でもあったのだ。

しかし、そうした仮面舞踏会での仮装は、あくまで自己の隠蔽が主目的であった。特定のキャラクターを演じるという意味で、コスプレとも関係が深いのは、「ハロウィーン」をめぐる仮装であろう。

ハロウィーンの祭りと仮装

ハロウィーンは、古代ケルト人の収穫を祝う祭りが起源とされている。古代ケルトでは、一一月一日は新年にあたり、その大晦日の一〇月三一日に死者の魂が家族の元に帰り、また悪霊が悪さをすると考えられ、悪霊払いに篝火をたいた。日本の新年・お盆・節分が合体したような様相を呈している。その後古代ローマ、キリスト教文化と混ざり合う過程で、悪霊の概念が視覚化し、お化けや魔女などの仮装でハロウィーンを祝う風習が生まれたようである。アメリカでは子ども達が仮装をして「Trick or treat（お菓子をくれないとイタズラしちゃうぞ）」と叫び、家々を訪問してお菓子をもらうお祭りとして定着した。日常からの逸脱と自己を偽装し他者としてふるまい、一時的なストレス解消や逃避や仲間との交流を楽しむ行為が、仮装にはある。

日本におけるコスプレ文化

こうした「仮装による気軽な気分転換」としてハロウィーンの仮装が意味づけられるにつれ、コスプレはもう少し狭義な意味で「実在・非実在キャラクターを演じ

図1　名古屋で開催されている「世界コスプレサミット」。世界のコスプレチャンピオンが集う

る」行為に使用されることが多い。狭義の意味でのコスプレの起源としては、諸説あるものの、SF作品のコスプレがあげられるだろう。アメリカでは六〇年代に流行したSFテレビドラマ『スタートレック（Star Trek）』（一九六六～六九年）や、七〇年代の『スター・ウォーズ（Star Wars: Episode IV A New Hope）』（一九七七年）のキャラクターを、SFファンイベントでコスプレする人が現れたり、『スター・ウォーズ』第二弾（一九八〇年）の映画公開初日にダースベイダーの格好をして長蛇の列に並ぶファンなどが報道されるなど、コスプレは注目されるようになった。その流れを受け、日本でも七〇年代SF大会でSF作品のキャラクターのレイヤーも現れ、その後〝SFアニメ〟とも称される劇場版『宇宙戦艦ヤマト』（一九七七年）のヒットも後押しして、SFファンとアニメファンが同人誌即売会などのイベントでコスプレをするケースが徐々に増え始めた。七〇年代は、『海のトリトン』（一九七二年）、『科学忍者隊ガッチャマン』（一九七二～七四年）などSF系テレビアニメ作品もヒットし、その独特の衣装と愛すべきキャラクターを演じる人（特に女性ファン）が出てくる。大量生産の衣装がない時代は、コスチュームや小道具を自作する必要があったため、裁縫技術にたけた女性がコスプレ文化を主導していったようである。

場の拡大と身近になったコスプレ

一部の人々の〝特殊な趣味〟であったコスプレは、いまや年齢、性別、国籍問わず誰しもが楽しめる手軽な娯楽の一つになっている（図1）。このコスプレの普及には、次の三つの背景が考えられる。一つ目は、子どもの頃マンガ、アニメ、ゲー

図2　ロボットコスプレ。「世界コスプレサミット」にて

ムなどを楽しんでいたファンが成人し、関連ビジネスを展開するなど、マンガ、アニメ、ゲーム自体の認知度の高まりがある。クールジャパン政策にも後押しされ、大量生産で手軽にコスチュームや小道具が入手できるようになったことでコスプレ人口の裾野が広がった。二つ目は、場の拡大である。同人誌即売会などのマンガ、アニメ、ゲーム全般のイベントのほかにコスプレに特化したイベントが国内外で数多く開催されている。最後に、SNSの発達により、ファン同士の広範囲で迅速かつ円滑なコミュニケーションが可能になったことである。コスプレイヤーズ・アーカイブなどコスプレ専門のSNSによって、コスプレ写真をアップしたり、イベントで「合わせ」と呼ばれる同作品キャラクターのレイヤー仲間を見つけたりと、コスプレを通じて交流ができるのである。

海外にも広がる日本文化としてのコスプレ

コスプレが多様化するにつれて、カテゴリーも増加する。マンガ、アニメ、ゲーム関連のキャラクターのコスプレが〝正統派〟コスプレだと仮定すると、ネタコスプレなどウケねらいで奇抜なモノをコスプレするものもある（たとえば『デスノート』ならノートのコスプレなど）。特定の制服・服装に関連するものとしては、ミリタリーコスプレ（戦時中の帝国陸軍やナチスドイツの制服でのコスプレ）もある。海外で多くみられるのは、ロボットコスプレ（図2）や「女子高校生」（ルーズソックスにセーラー服）、「ロリータ」など、日本を象徴している存在のコスプレである。今後も日本発祥の文化として、コスプレは世界中で変容していくことだろう。

（須川亜紀子）

53

アニメ聖地巡礼、コンテンツツーリズム──現実、情報、虚構空間と旅

アニメ聖地巡礼の誕生と展開

本書「50町おこし・村おこし」でも言及したように、アニメやマンガを活用した観光・地域振興の実践が盛んに行われ、政策的な期待も高まっている。とはいえ、こうした流れは、すべてが国や地方自治体主導というわけではなく、その源流には、アニメファンや地域の人々による草の根的な取組みがあった。

ファンカルチャーの一つであったアニメ聖地巡礼がそうだ。聖地巡礼は、もともと宗教的に大切な場所である聖地を訪ねることをさす用語だが、アニメ聖地巡礼はアニメの背景のモデルとなった場所を探し出して訪ねる行動のことをさす。

アニメ聖地巡礼は、一九九〇年頃に登場した。作品としては、『究極超人あ〜る』『天地無用！魎皇鬼』『美少女戦士セーラームーン』などがその嚆矢と考えられている。とはいえ、物語の舞台として現実の場所が描かれるケースはこれ以前にも数多くあり、和歌や小説の舞台を訪ねる行動も珍しくない。しかし、九〇年代から始まったアニメ聖地巡礼は、アニメの背景と現実の風景が、アングルも含めてほぼ特定可能になった点が特徴的だ。そもそも、アニメの背景を静止してみられるようになったのは、記録媒体としてのビデオが登場してからだ。家庭用ビデオデッキでビデオソフトの再生やテレビ番組の録画が可能になった。これによって、映像の鑑賞中に画像を停止したり、巻き戻したりといった映像の操作ができるようになったのである。映画館での上映やテレビ放送でしかアニメを鑑賞できない環境では、たっ

図１　ファンによる作中シーンの再現

図２　個人商店におけるグッズの集積

た一度、一瞬しか映らない背景を記憶し、それと寸分違わない風景を見つけ出すのは難しい。ビデオデッキの普及率は一九八〇年代に上昇し、それとともにビデオリリースのみのアニメ作品であるＯＶＡが発売されたり、レンタルビデオ店が開業したりした。この時期に、聖地巡礼の下地がつくられていったのである。

とはいえ、それだけでは、現在のようにアニメ聖地巡礼を多くのアニメファンが行う状況には至らなかっただろう。アニメ聖地巡礼が登場した当初は、熱心なファンによる個人的な行動で、それは多くの人々とは共有されにくかった。この状況を変えたのはインターネットだ。ネットが発展、普及したことで、アニメ聖地の情報が広く知られるようになっていく。特に、ネット上でアニメの画像と、デジタルカメラで撮影した風景写真を並べて示すことが可能になったことで、視覚的にわかりやすく示せるようになった。こうしてみると、アニメ聖地巡礼はメディア環境の発展とともに誕生し、展開していったことがよくわかる。

聖地巡礼行動のプロセス

聖地巡礼のスタートはアニメの視聴だ。アニメの世界は虚構の世界だが、その中に既知の風景が出てきた場合は、その時点で「聖地の場所に関する情報」とアニメのシーンが組み合わさり、アニメ聖地の場所が特定できる。そうでない場合は、外部情報を用いることになる。前述したように、ネットからの情報を得ることも多いが、ガイドブックも存在する。『聖地巡礼』（二〇〇五年）や『マンガ・アニメで人気の「聖地」をめぐる神社巡礼』（二〇一四年）などのような、複数の作品の舞台を紹介した書籍や、一つの作品に特化したものがある。他にも、口コミや同人誌、Ｓ

図3　痛絵馬

図4　痛車

NSやネットゲームでのやり取りからもアニメ聖地の場所情報が得られる。

アニメ聖地では次のような行動がみられる。一つは写真撮影だ。アニメと同じアングルで風景を撮影する。それ以外にも、自分自身が入ったり、キャラクターのフィギュアやぬいぐるみなどを入れたりして撮影することもある。次に、イラストやコメント、グッズなどの表現物を残していくことである。アニメのシーンが再現されることもある（図1）。アニメ聖地に置かれた「聖地巡礼ノート」には様々なイラストやコメントが、アニメ聖地近辺の施設や商店にはアニメグッズが残されていく（図2）。また、神社がある場合は、絵馬掛け所にアニメのイラストやコメントが書かれた「痛絵馬《いたえま》」が見られることも多い（図3）。これらは、アニメファンがその地を訪れていることを示すものにもなっている。また、アニメのイラストを添付した自動車である「痛車《いたしゃ》」（図4）や、アニメキャラクターの扮装をする「コスプレ」が見られることだ（図5）。「痛絵馬」や「痛車」という際の「痛」という接頭語は「痛々しい」からきている。痛々しいほどにアニメ愛が表出している様からアニメ、マンガ、ゲームのキャラクターをあしらったものの接頭語として用いられる。こうした様子は、聖地巡礼者や地域住民によって写真に撮られ、ネット上にアップされていく。最後に、コミュニケーションがなされる点である。これは、アニメファン同士はもちろん、ファンと地域住民とのコミュニケーションを含む。これらは、一人のファンがすべてを行うわけではなく、それぞれのファンの行動が一か所に集積、表出した結果、アニメ聖地の風景を形づくっている。

　旅行後の行動的な特徴として、様々な形での情報発信がある。大きく分けて、現実空間上での発信と、インターネットなどを通じた情報空間上への発信だ。現実空

図5　コスプレイヤー

図6　同人ガイドブック

間上の発信とは、いわゆる〝口コミ〟と聖地巡礼ガイドブックの制作、頒布である。アニメの聖地についてのガイドブックをファン自身が制作し、コミックマーケットなどの場でファンに頒布される。中には香港や台湾から来日し、アニメ聖地をめぐってガイドブックとしてまとめるファンもいる（図6）。インターネット等を用いた情報空間上への情報発信は、ブログ、ホームページ、SNS、動画サイトなどがある。こうして発信された情報は、アニメを視聴した人によって検索される「聖地に関する情報」となり、新たな聖地巡礼者に活用されることになる。

多様な人々がつくり出すコンテンツツーリズム

アニメ聖地巡礼行動のプロセスにおいて特筆すべきは、アニメ聖地に関する情報や、そこで見られる様々な表現物、これらの多くが個人の力の集積によってつくられる点だ。無論、作品や地域によってはコンテンツ製作側や自治体による情報発信が多くなされている場合もあるが、それらがなくとも、ファンや地域の個人による表現や情報発信によって、アニメ聖地に関する情報が形づくられ、それをもとに観光が成立している点は、情報社会における旅行行動特有のものだ。スマートフォンやタブレット型端末が普及し、各種SNSなどの利用者が増えた今では、アニメ聖地巡礼以外の旅行行動においても類似の特徴を見出だすことができる。

このように、人が楽しさを引き出すことができる情報である「コンテンツ」をめぐって、虚構空間、情報空間、現実空間を移動するコンテンツツーリズムは、アニメに限らず今後も様々なあり方で顕現してくるだろう。

（岡本　健）

54

二次創作——アニメをめぐる同人誌の変遷

図１　『鉄腕アトムクラブ』（1965年３月号，虫プロダクション，1965年）

アニメ同人誌事始め

「二次創作」とは、原作の登場人物や設定などを（それとわかる形で）使って他者が作品をつくること（さらには作品自体）をさし、その代表的な例としてパロディ作品などがある。原作者や出版社が公認しているものを除けば、二次創作作品の多くは同人誌即売会など限られた範囲で流通していて、アニメ作品の二次創作同人誌も多数存在する。小説やマンガはもともと印刷物だが、アニメの場合は映像であるため、動画共有サイトを使って発表されるＭＡＤ動画（既成の映像を編集・改編し、異なる意味に置き換えたもの）などを除き、二次創作の映像作品はまだ少ないといえるだろう。したがって、ここでは印刷物としての同人誌を中心に、アニメの二次創作がどのように誕生し、展開してきたかを追ってみたい。

二次創作である以上、アニメ同人誌もまた、原作となる映像作品の誕生を待って出現している。日本のアニメーションの本格的な商業展開は東映動画が手掛けた映画『白蛇伝』（一九五八年）に始まり、以後それに続く同社の長編カラーアニメーションが公開されていく中で、一九六三年には世界初の三〇分テレビアニメ『鉄腕アトム』が放映開始。この大ヒットによって日本初のアニメブームが巻き起こり、製作した虫プロダクションから、同人誌ではないが戦後初の国産アニメのファンクラブ（ＦＣ）会誌『鉄腕アトムクラブ』（一九六四～六六年、図１）が発行されている。

同様に国産アニメの同人誌で確認できるのは一九六八年創刊の「アニメだより」

図２　アニメイツ会誌『月刊アニメイツNo.５』（アニメイツ，1978年）

あたりからで、ただし二次創作ではなく、日本公開の海外作品まで網羅した初のアニメーション情報誌であり、研究誌であり、批評誌であり、オピニオン誌であった。発行したアニドウ（同人組織）は後にこれを「ＦＩＬＭ１／24」と改題し、ガリ版刷りだったものをオフセット印刷にして刊行を続けたが、一九八四年に休刊している。一方で一九七〇年代に入ると『海のトリトン』や『科学忍者隊ガッチャマン』など、美形キャラクターの登場するテレビアニメに魅せられた中高生の女子達がＦＣをつくり、会報を発行するなど活動を行うようになった。こちらは純然たるファン活動であったが、それだけにとどまらず、虫プロダクションや東映動画からフィルムを借りて自主上映会を催す研究会系のＦＣも現れ、ガリ版刷りなどで手作りの作品資料を盛りこんだ同人誌（図２）を発行するサークルも生まれている。

アニパロ同人誌の誕生とその商業展開

それらは散発的な同人活動にすぎなかったものの、テレビアニメ『宇宙戦艦ヤマト』（一九七四～七五年）を再編集した劇場版（一九七七年）の大ヒットにより第二のアニメブームが巻き起こると、その人気を支えた若者達によるＦＣの設立もさかんになった。テレビアニメを見て育った初の世代がこの若者達であり、彼らによってアニメが若者文化へと格上げされたのがこの時期である。しかも一九七五年には日本初の同人誌即売会「コミックマーケット」が創設され、流通拠点ができたことで、アニメＦＣの会誌が同人誌の一翼を担うようになる。その内容は、それまでは情報共有や意見の交換を目的としたものがほとんどだったが、この時期にマンガの『パロディ版　宇宙戦艦ヤマト』（水谷潤）を掲載した同人誌が人気を集めると、同様の

図3 『マンガ奇想天外臨時増刊号 パロディ・マンガ大全集』（奇想天外社，1981年）

アニパロ（アニメ作品のパロディマンガ）同人誌が急増。アニメ作品の二次創作が広く行われ、同人誌の中で定着していくことになった。

アニパロに限らず、当時このように二次創作同人誌が氾濫した背景には、それらがまだ出始めであったため、出版社やアニメ製作会社が同人誌による著作権侵害を問題視していなかったことがある。さらにいえば、一九七一年から新著作権法が施行されていたにもかかわらず、著作権そのものに対する一般社会の意識が今よりずっと低かったことも指摘できるだろう。むしろアニメブームの恩恵を受けた出版社やアニメ製作会社にしてみれば、ファンによる同人活動をブームを支えるものとして歓迎したといったほうが正解で、たとえばブーム初期の一九七七～七九年だけでも東映、タツノコプロ、日本アニメーション、アカデミー、さらには声優プロダクションの青二プロダクションといった製作サイドが、自社が関わる作品のＦＣをみずから立ち上げている。

こうした風潮の中で、二次創作同人誌の活況に注目した出版社も商業展開を模索し、ＳＦ月刊誌『奇想天外』を発行していた奇想天外社は、一九八一年に『マンガ奇想天外』の増刊号として『パロディ・マンガ大全集』（図3）を発行。執筆陣にはプロのマンガ家が名を連ね、『ドラえもん』『Dr.スランプ』といった当時の人気マンガやアニメのパロディが満載されたその内容は、今でなら発禁となってもおかしくないほどの猥雑さに満ち満ちている。そればかりか、パロディ企画が看板のアニメ誌『月刊ＯＵＴ』を刊行していたみのり書房は、一九八二年にその臨時増刊号として『アニメ・パロディ・コミックス』を発行。こちらは後に『アニパロコミックス』（図4）と改題されて定期的に刊行され、二次創作の同人作家のプロデビュー

図4 『アニパロコミックス27』（みのり書房，1988年）

の場ともなって、一九九三年まで続くことになった。

二次創作はどこへ向かうのか

また一九八〇年代に入ると、男子の間で『うる星やつら』が、続いて女子の間で『キャプテン翼』が大ブームとなり、同人誌においてもこれらの作品の二次創作が即売会を席巻することになる。いずれも原作マンガの人気が、アニメ化によって増幅されてのブームであった。ただしそれらは〝原作に対する風刺〟をニュアンスとして含む〝パロディ〟ではすでになく、同人作家がマンガやアニメのキャラクターに自身の性的妄想などを重ね、マンガ作品に仕立てた形での二次創作である。

こうしてこの時期から、アダルト系二次創作として男性向けのロリコン作品、女性向けのBL（ボーイズラブ）作品が共にジャンルとして定着していく。

しかしそれ以外にもパロディ、さらに原作のキャラクターだけを借りたまったくの別作品など、二次創作マンガ作品の範囲が様々に広がっていく中で、それらの作品を載せた同人誌は著作権を持つマンガ家、出版社、アニメ製作会社などからいわば〝黙認〟される形で即売会の中で繁殖し、今ではすっかり根を下ろしてしまった。アニメ作品にとってもそのような二次創作の対象となることが人気のバロメーターとなり、さらには作品の宣伝となることから、むしろ二次創作化されることで盛り上がることが期待されているといってもいい。そんなグレーゾーンの中で二次創作系同人誌は、今も自閉しつつ夢を見続けているのだ。

（霜月たかなか）

55

投稿動画——アニメにおける「踊ってみた」の布置

図1 『朝日クロニクル週刊20世紀 1978（昭和53年）』（朝日新聞社，1999年10月17日号，通巻37号）。1978年，ブロマイド年間売上No.1，第20回日本レコード大賞を受賞したピンクレディが表紙

「踊ってみた」とは？

アニメにおける「踊ってみた」は、『涼宮ハルヒの憂鬱』（二〇〇六年）のエンディングのダンスシーン「ハレ晴レユカイ」を、ファンが「振りつけコピー」し、撮影したものをYouTubeやニコニコ動画（以下、ニコ動と表記）にアップしたのが、その始まりとされている。しかし「振りつけコピー」の歴史は今に始まったものではない。一九七〇年代にはピンクレディー（図1）の振り付けを完全コピーするアイドル予備軍が現れ、八〇年代にはマイケル・ジャクソンのスリラーブームに便乗し、その「集団演舞」を撮影し楽しむ若者達が現れた。それらは日本では形態模写、声帯模写を含む「ものまね」文化の末席を担うものと今日では位置づけることができる。

では、それまでの「ものまね」と「踊ってみた」の相違点は何であろうか。第一に「ものまね」は、演技者がアイドルやスターの模倣を行うことにより、その憧れをユーモラスかつシニカルに「昇華」するのに対し、「踊ってみた」は、個人の「愛着」を「遊び心」で開示する欲求の充足（快楽の戯れ）を目的としていることである。第二に、「ものまね」の多くがテレビ・メディアに依拠し、演ずる者と真似する者を比較することで、その微妙な落差を楽しむものであるのに対し、「踊ってみた」は、インターネット上の動画サイト、とりわけニコ動にみられる視聴の同期性、情報の即時共有性、類似映像の推奨性による効果（話題性）により、ユビキタスかつバーチャルな臨場感を楽しめるものになっていることである。

図2　『きらりん☆レボリューション 1』（小学館，2004年）。中原杏の原作コミック。アニメでは月島きらりの声を担当した久住小春が「バラライカ」を歌唱

初音ミクとアイドルアニメ

「踊ってみた」を一つのブームに盛りたてた立役者は、初音ミクとアイドルアニメである。初音ミクは二〇〇七年「音楽合成ソフト」（ボーカロイド）として発売されたバーチャル・アイドルである。ミクはその「合成声帯」（声：藤田咲）と3D映像があわせ持つ浮遊感に魅力があり、作詞・作曲者は各々の歌声（ミク）を動画サイトに成果としてアップし始めた。また二〇〇七年にゲーム「THE IDOLM@STER」の3DCGダンスが話題になると、これを機に「踊ってみた」が動画上で流行の兆しをみせ始める。さらに二〇〇八年「Miku Miku Dance」がフリーソフトとして公開されると、「ミク」を模倣して「踊ってみた」人々が複数の動画をアップし、テレビアニメでは『きらりん☆レボリューション』（二〇〇六～〇八年）第二期OP「バラライカ」（月島きらり：CV久住小春、図2）が「空耳」（歌詞が他の言葉に聞こえること）の「やらないか」を生み出し、3DCG・PV（いさじwith阿部ダンサーズ）、成りきり動画（おかめいど）などにより踊られ、人気を得るようになる。

初期の「踊ってみた」は、自室で顔を隠して踊るのが通常であったが、ミンカ・リー、愛川こずえ、いとくとら、が顔だしで踊り始め、人気を得ることによりアイドル性が高まり、以降「踊り手」の「顔だし」が日常化してゆく。そして三人のユニット「DANCEROID」が結成され、振付担当の舞踊家「Yumiko」がそれに加わることにより、「踊ってみた」界にプロ志向が生まれ始める。一方、プロダンサーも参戦することにより、プロ・アマ入り乱れての「踊り手」市場が拡大し、グループ活動が隆盛を極めるようになっていった。二〇一〇年に入ると、ニコ動の高画質

図3 『うたの☆プリンスさまっ♪マジLOVE1000％公式ファンブック』（一迅社，2011年）。ST☆RISHを中心にアニメ版の魅力を満載する。全話解説，背景設定紹介，声優インタビューあり

化が実現されることで低画質の映像が淘汰され、「踊り手」の美少女、イケメン化が進み、前提として実力と容姿の両方が揃うことで、ランキング上位に入る可能性が高くなった。

それはもはや一過性のブームではなく、さらに野外撮影、地元交流、イベント志向の機運を高め、人気ＤＪ「メロチン」、五歳でデビューを飾った「りりり」、ダンサーの「みうめ」、女性アイドル「古川未鈴」などTwitterでも多数のフォロワーをもつ「踊り手」を生み出し、「初音ミク」の「ハッピーシンセサイザ」などを「踊ってみた」女子高校生「ぶらっくすわん」もアイドルデビューを果たすことになった。

「踊ってみた」界における「アニメ」楽曲のポジション

ニコ動におけるタグ数は、投稿動画の人気を計るバロメーターである。音楽関係でいえば二〇一八年八月にはその数は音楽：一一八万一二九一件、歌ってみた：八三万一三六五件、演奏してみた：二三万九〇八件、踊ってみた：一五万二四〇四件の順となり、歌うことに比べ「踊る」ことの特殊性をそこからうかがうことができる。また「VOCALOID：四六万八一九九件」、「MikuMikuDance：三四万五〇八六件」のタグ数の多さは、そのまま「踊ってみた」に対する「ボカロ」楽曲の影響力を示唆するものになる。

二〇一〇年に始まったニコ動主催の「ニコニコダンスマスター」は開催五回を数え、二〇一三年に三年の幕を閉じたが、たとえば「ダンスマスター4」参加三四組、全三八曲に占めるアニメ楽曲は、わずかに『うたの☆プリンスさまっ♪』（図3）

図4 『新世紀エヴァンゲリオン 1』（KADOKAWA/角川書店，1995年）。貞本義行によるコミック版。アニメ版とは異なるキャラクターの性格変更が，世界観に微妙な変化をもたらしている

に登場するアイドルグループ（を演じる声優達による）ST☆RISHが歌う「マジLOVE1000%」、ラジオ『涼宮ハルヒの憂鬱SOS団ラジオ支部』の第二期主題歌のももいろクローバーZによるカバー「最強パレパレード」、『這いよれ！ニャル子さん』の後ろから這いより隊GによるOP曲「太陽曰く燃えよカオス」の三曲である。このことから「踊ってみた」におけるアニメ楽曲は、はじめから「踊られること」を想定したうえで、声優によるユニット、あるいはアイドルによる歌唱が前提とされていることがわかる。いわば、アニメ製作側の意図する「踊ってみた」は、踊り手の「ボカロ」曲選択優位の中、「火中の栗」を拾う、ブームの火つけ、牽引をなす仕掛けを含むものといえるだろう。

また、ニコ動における「踊ってみた」の「人気の高い順」では、『刀剣乱舞』の継続人気に対し、二〇一五年には、多数のエントリーがあった『うた☆プリ』『おそ松さん』が減少している。代わりにエントリー数が増えているのは『けものフレンズ』のOP曲「ようこそジャパリパークへ」である。アニメ作品のエントリー数はタイムリーな作品人気に左右されるものの、「踊ってみた」の「再生回数順」に焦点を絞ると、定番に加え、実力、戯画性に富んだものの人気が高いことがわかる。たとえば【汚部屋☆47】の「ハレ晴レユカイを踊れるから踊ってみた」、『エヴァンゲリオン』の世界観を見事に復元する男子大学生ユニット「エヴァンゲリヲンを本気で踊ってみた【元祖転生】」（図4）、「踊りにキレがありすぎるアンパンマンシリーズ」などがそれである。このように「踊ってみた」は、一方では「ボカロ・アイドル」を育む機能を果たしつつ、他方では、マンガ、ゲーム、アニメなどの原作世界を純粋に楽しむエンターテインメントとして進化し続けている。（小山昌宏）

索　引

欧　文

2・5次元　99, 212-215
3DCG／三次元のコンピュータグラフィックス（CG）　54, 55, 101, 143, 180, 241
『AKIRA』　83, 114
『BBS 郷民的正義』　178
BL（ボーイズラブ）　119, 239
『BLEACH』　214
BPO（放送倫理・番組向上機構）　118
CG アニメーション　46
『Cobalt』　25, 26
『Dr. スランプ』　238
『FREEDOM』　54
『FUTURE WAR 198X 年』　111
『Green Days　大切な日の夢』　183
MAD ムービー／MAD 動画　222, 236
『NARUTO』／NARUTO　89, 212, 214, 215
NFB（National Film Board of Canada, カナダ国立映画制作庁）　45, 106, 140, 141, 143
『ONE PIECE　3D　麦わらチェイス』　54
『ONE PIECE』　99, 117, 190, 217
OVA（オリジナル・ビデオ・アニメーション）　161, 192, 193, 233
『PSYCHO-PASS　サイコパス新編集版』　195
『School Days』　195
SF アニメ／“SF” アニメ／SF アニメーション　80, 82, 83
『STAND BY ME ドラえもん』　55
『YAWARA！』　78

あ　行

アート・アニメーション　i
アードマン・アニメーションズ　40, 152, 154, 155
『アイアン・ジャイアント』　64
『愛の学校　クオレ物語』　163
アイワークス, アブ　61, 133
アヴェリー, テックス　139
『青い文学シリーズ』　23
『蒼き鋼のアルペジオ』　55
『赤胴鈴之助』　201
芥川龍之介　23
『悪魔の仕業』　170
『悪魔の発明』　19
『アクメッド王子の冒険』　156, 157, 159
葦プロダクション　162
『アストロガンガー』　65
『アタッカー YOU』　79
『アタック No. 1』　10, 76, 77, 177
アタマーノフ, レフ　149
『新しい精神』　122
アテレコ　225
『アトミック・ベティ』　143
アトム　7, 58, 65, 113-115
『アトム大使』　7
『アナと雪の女王』　135
アニメ　i, ii, 6, 227
『アニメ　冬のソナタ』　183
アニメーション　i, ii, 2-6, 19, 20, 30, 31, 45, 125, 148, 150, 157, 185
アニメーション・ドキュメンタリー　123
『アニメーション紀行　マルコ・ポーロの冒険』　163
アニメファン　85, 98
『アブ・オヴォ』　164
アフレコ　50, 51
荒井和五郎　30
『あら皮』　170
『阿寛と禅』　178
『アリス・コメディ』　132
『アリのフェルダ』　172
『アルゴ探検隊の大冒険』　34
『ある犯罪の話』　150
『アルプスの少女ハイジ』　20, 84, 159
アレクセイエフ, A.　145

『哀れなハンジ』 121
『アンジェラ・アナコンダ』 143
『安寿と厨子王丸』 47
アンデルセン，H. C. 17, 158
『イヴの時間』 63
『イエロー・サブマリン』 152
石黒昇 162
石ノ森章太郎 225
『伊豆の踊子』 21, 22
『いたずらロボット』 169
『一寸法師』 29
イデオロギー 107
伊藤有壱 41
『いなばの国の兎さん』 29
『犬の夢』 180
『妖狐×僕SS』 88, 91
『犬夜叉』 88
『イノセンス』 63
今村太平 110
『イリュージョニスト』 147
『インク壺の外へ』 132, 136
『インスタントヒストリー』 9
『ヴィジョン・オン』 154
ヴィット，M. ドゥドック・デ 147
ヴィントン，ウィル 40
ヴェルトフ，D. 148
ヴェルヌ，J. 19
『ウォレスとグルミット　野菜畑で大ピンチ！』 40, 41
『ウォレスとグルミット』 40, 152, 155
『動絵狐狸達引』 89
ヴコティッチ，D. 169, 170
『薄桜鬼』 214
『うたの☆プリンスさまっ♪』／『うた☆プリ』 242, 243
『宇宙戦艦ヤマト』 59, 82-84, 114, 224, 230, 237
宇野常寛 85
『海之傳說―媽祖』 178
『海のトリトン』 48, 230, 237
『浦島太郎』 29
『裏庭の闘い』 121
『瓜子姫とあまのじゃく』 35
『うる星やつら』 85, 239
『うる星やつら２　ビューティフル・ドリーマー』 85
『ウルトラマン』 59, 202
『ウルフ・ダディ』 183
映画祭／フェスティバル 3, 112, 130, 131, 164, 183-187, 226
エイゼンシュテイン 110
『エイトマン』 9, 58, 81
『英雄時代』 166
『エヴァンゲリオン』 243
絵コンテ 191
エジソン，トーマス 44
『江戸っ子健ちゃん』 5
エナン，ユング 122
『煙突屋ペロー』 37
『美味しんぼ』 98
押井守 53, 63, 102
『王と鳥』 145
『大当たり文福』 30
『大いなる河の流れ』 140
オーウェル，ジョージ 152
『狼少年ケン』 9, 58
大塚英志 107, 110, 203, 222
オートマタ 33
大友克洋 114
大藤信郎 37, 38, 107, 110, 156
岡本忠成 28, 30, 31, 35, 130
小倉宏昌 102
『おこんじょうるり』 28, 30, 35
男鹿和雄 102
『オズの魔法使い』 70
オスロ，ミッシェル 131, 147
『おそ松さん』 243
小田切博 200
『おたまじゃくしがお母さんを探す』 179
『おとぎの世界旅行』 6
『お伽噺　日本一　桃太郎』 29
『お伽噺　文福茶釜』 29
『驚き盤』 3
小野耕世 19, 130
『雄鶏のダイヤの半ペニー』 167
怨霊 91

か　行

カーメン，ハーマン・ケイ　201
『ガールズ&パンツァー』　216, 217
『快傑ゾロ』　162
『骸骨の踊り』　133
『快適な生活』　40
『カエルのフリップ』　61
『科学忍者隊ガッチャマン』　118, 177, 230, 237
『学園黙示録 HIGH SCHOOL OF THE DEAD』　93, 94
『革命機ヴァルヴレイヴ』　64
『かぐや姫』　30
『かぐや姫の物語』　55
『かげ』　113
影絵アニメーション　29, 33, 37, 38, 157, 158
『崖の上のポニョ』　17
『かしこいアヒル』　178
『鍛冶屋の見習い』　170
『風立ちぬ』　163
『風の谷のナウシカ』　83
片渕須直　113
片山雅博　171
『カチカチ山』　29
カチャーノフ，ロマン　34, 148
『がちょうと結婚したふくろう』　142
『活撃！刀剣乱舞』　90
『がっこうぐらし』　95
勝間田具治　111
角川／KADOKAWA　26, 196, 197, 226
角野栄子　17
『哀しみのベラドンナ』　119
『カバランの少年』　178
カムレール　146
『カメラマンの復讐』　33, 148
カメラレスアニメーション　141, 142
『仮面ライダー』　13, 59, 206
『カラスはなぜ黒いのか』　179
『ガリヴァー旅行記』　17
『ガリバー旅行記』（アニメ）　138
『カリメロ』　162
川端康成　20-22
川本喜八郎　30, 35, 106, 130, 173
『ガン×ソード』　193
神坂一　26
『ガンダーラ』　146
ガンダム　67
『ガンダムビルド』　14
『ガンビー』　40
『カンピオーネ！～まつろわぬ神々と神殺しの魔王～』　163
『カンフー・パンダ3』　179
『きかんしゃトーマス』　152
『危機一髪』　152
岸誠二　55
北山清太郎　4, 29, 81, 124
『機動警察パトレイバー the Movie』　102
『機動警察パトレイバー2』　83
『機動戦士ガンダム　逆襲のシャア』　53
『機動戦士ガンダム』　14, 58, 67, 82, 83, 97, 99
キネトスコープ　44
木下小夜子　112
木下蓮三　112
『気分はディオゲネス』　170
『君の名は。』　49, 103
キム・ヨンホァン（北宏二）　181
『キャプテン翼』　78, 163, 239
キャラクターグッズ（関連商品）／キャラクター商品　6, 12, 15, 102, 159, 202, 203
キャラクタービジネス　190, 197, 200
キャラ語　27
キャロル，ルイス　17
『キャンディ・キャンディ』　15, 206
『究極超人あ～る』　232
教育映画　125, 126
『教育お伽漫画　兎と亀』　29
京都アニメーション　86
『恐竜ガーティ』　80
『巨人の星』　77, 177
巨大ロボット／スーパーロボット　58, 59, 62, 65-67, 82, 83
『きらりん☆レボリューション』　241
ギリアム，テリー　153
切り絵アニメーション　29, 37, 151
『キリクと魔女』　131, 147
『霧のなかのハリネズミ』　151

『木を植えた男』 131, 140
『銀河鉄道999』 62
『銀行ギャング』 170
『金太郎』 29
『空軍力の勝利』 122, 134
クールジャパン 199, 231
『鯨』 37
『くじら』 37
グットマン，オットマー 41
『くまのアーネストおじさんとセレスティーヌ』 147
『蜘蛛の糸』 23
『グラスハーモニカ』 150
クランペット，ボブ 139
『くりぃむレモン』 193
クリストル，V. 169, 170
グリム 68, 69, 157, 158
グリモー，ポール 65, 145
グルギッチ，Z. 169, 170
クレイアニメーション 40-42, 152, 164
『クレオパトラ』 119
『紅の豚』 161, 163
『黒猫警長』 179
黒柳徹子 48
ケイ，アレグザンダー 16
『けいおん！』 86, 95, 103
ゲーメシュ，J. 166
『ゲゲゲの鬼太郎』 59, 88, 217
『ゲッターロボ』 14
『月曜休館』 40
『けものフレンズ』 243
ケレステシュ，D. 166
原子爆弾／原爆 112-115
『幻魔大戦』 225
幸内純一 4, 29, 124
効果音 48-50
『攻殻機動隊』／『攻殻機動隊 Ghost in the Shell』 53, 58, 63, 83, 214
『高層長屋』 170
コウツキー，パヴェル 175
『皇帝の鶯』 173
コール，エミール 2, 144
『こゝろ』 23
『心の力』 38
『子鹿物語』 52
コステラッツ，N. 169, 170
コスプレ（コスチュームプレイ） 218, 223, 226, 227, 229-231, 234
コッホ，カール 156
『この世界の片隅に』 113
コミックマーケット（コミケ） 218, 224, 235, 237
コラール，B. 169, 170
御霊信仰 91
『ゴルゴ13』 52
コロンバ 146
コンテンツ 190, 191, 203, 216-219, 222, 223, 235
コンテンツツーリズム 103
近藤喜文 163

さ 行

『ザ・シンプソンズ』 155
『ザ・スニーカー』 26
『斉木楠雄のΨ難』 72
斎藤隆介 30
『サイボーグ009』 58
『西遊記 鉄扇公主の巻』 179
『西遊記』 47, 178
『サインはV』 10, 76
坂口安吾 23
坂口博信 54
『魚の目』 170
『桜の森の満開の下』 23
ザグレブ・フィルム社 168, 169
ザグレブ派 168, 170, 171
『サザエさん』 5, 59
サトラピ，マルジャン 122
さねとうあきら 28
『侍ジャイアンツ』 77
『猿と蟹（サルとカニの合戦）』 4, 29
『さんかれあ』 94
『三國演義』 177
『塹壕のミッキー』 121
『三国志』 35, 106
『サンゴ礁での結婚式』 172
残像現象 3

『三匹のこぶた』 133
サンホ，ヨン 183
サンリオ 202
『しあわせウサギのオズワルド』 132
ジェフン，アン 183
ジェンダー 5, 116, 118, 123, 207
塩屋翼 48
「色彩幻想」／『色彩幻想』 131, 142
『地獄変』 23
『死者の書』 35
自主規制 194
『舌切雀』 29
『失恋した水の精』 172
『死への教育』 122
下川凹天 4, 124
シャイエー，R. 147
『ジャズ・シンガー』 138
『シャドック』 146
『シャピ・シャポ』 146
『ジャングル大帝』 10
『ジャングルブック 少年モーグリ』 162
『ジャンピング』 164
シュヴァンクマイエル，ヤン 34, 40, 174
『週刊少年ジャンプ』 225
『シュッシュッ』 142
シュリィッチ，D. 170
『純情ロマンチカ』 119
『蒸気船ウィリー』 49, 132, 158
『小説ジュニア』 25, 26
『小太陽的天空』 178
『少年陰陽師』 91
『少年倶楽部』 6
『少年猿飛佐助』 47
『少年勇者ギルドン』 181
ジョーンズ，ダイアナ・ウィン 17
ジョーンズ，チャック 109, 139
『食戟のソーマ』 98
ショメ，S. 147
『シラー・パジナ／スピリン』 121
『白雪姫』 100, 121, 132-134, 137, 156, 158, 179
『白雪姫の伝説』 162
『シリー・シンフォニー』 133
新海誠 49, 103
『進撃の巨人』 190, 217
『審査場で』 155
『新世紀エヴァンゲリオン』 83, 103, 193, 217
『人造人間』 61
『シンデレラ』 132, 134
『シンデレラ物語』 162
深夜アニメ 192, 193
『隋唐英雄傳』 179
水墨画アニメーション 179
スウィフト，ジョナサン 17
『スーパー戦隊』 59
スーパーマン 9, 80, 109
『スーパーマン』 109, 137-139
スーパーロボット 13
『スーパーロボット大戦』 67
須川亜紀子 207
『過ぎゆく日々』 170
『スター・ウォーズ』 82, 209, 228, 230
『スタートレック（Star Trek）』 230
スタインバーグ，マーク 12, 196, 197, 199
スタジオジブリ／ジブリ 3, 16, 18, 96, 131, 210
スタレヴィッチ，ラディスラフ 33, 145, 148
ストーリーボード（絵コンテ） 134
ストーリング，カール 133, 139
ストップモーション・アニメーショ／コマ撮り映画 i, 60, 64, 153, 155, 173, 185
『ストリート・オブ・クロコダイル』 155
『スノーマン』 154
『スペースガンダムV』 182
スポーツアニメ 76
スポ根（スポーツ根性） 59
スポ根（スポーツ根性）アニメ 76
『スポンジボブ』 213
『スレイヤーズ！』 24, 26
聖地巡礼 103, 216, 217, 223, 232-235
声優 48, 238, 243
瀬尾光世 7, 29, 107, 110, 120
『世界一初恋』 119
『世界名作劇場』 20, 21
セクシュアリティ 116-119
セコ，ガリク 174
ゼマン，カレル 19, 34, 106, 173
芹川有吾 162

セルルック　i
『セロ弾きのゴーシュ』　18
戦意高揚　122
『戦国BASARA』　213
『戦場でワルツを』　122
戦争　120
『線と色の即興詩』　142
『千と千尋の神隠し』　18
『千夜一夜物語』（アニメ）　119
『千一夜物語』（説話集）　156
『装甲騎兵ボトムズ』　67
『総統の顔』　122, 134
『ぞうのババール』　143
ゾートロープ　3
ソーマトロープ　3
『ソビエトのおもちゃ』　148
ソユズムリトフィルム（連邦動画製作スタジオ）　149-151
『空の荒鷲』　107
ソンガン，イ　182
『ソング・カートゥーン』　137
ゾンビ　92-95
『ゾンビ』　92

た　行

『タイガーマスク』　79
『大集会』　169
「タイムボカン」　52
『太陽と月の誘拐』　166
『代用品』　170
『対話の可能性』　41
『だがしかし』　98
高畑勲　18, 54, 55, 131, 140, 150
田河水泡　6, 61, 62
武内つなよし　201
太宰治　23
タチ，J.　147
タツノコプロ　52, 162, 238
タッペルト，H.　158
田中喜次　37
ダニング，ジョージ　152
束芋　39
タバッツ，S.　168
『たまゆら』　87
『太郎の兵隊　潜航艇の巻』　81
壇一雄　47
『タンタンの冒険』　143
『ダンボ』　122, 132, 134
『チェコの四季』　173
チェブラーシカ　148, 150
『チェブラーシカ』　34
千葉洋路　110
『ちびまる子ちゃん』　59
チャペック，カレル　62, 175
チャンネル四　154, 155
『超時空要塞マクロス』　67, 83, 97
超能力　72, 74
千代紙アニメーション　38
『貯蓄の勤』　125
『猪八戒スイカを食べる』　179
『珍説・吉田御殿』　38
ツァコー，F.　164
津堅信之　224
『月世界の牛』　170
月の宮の王女様　36
付喪神／つくもがみ　90
『手』　106
テアトル・オプティーク　2
ディール兄弟　158
ティールロヴァー，ヘルミーナ　34, 106, 130, 172, 173
『テイク・ハート』　154
ディズニー／ディズニー，ウォルト　49, 58, 61, 100, 109, 110, 121, 122, 134-137, 143, 149, 155, 156, 158, 179, 201, 208, 209, 212, 227
テウン，カン　181
『テクノクラックト』　61
『凸坊新畫帖芋助猪狩の巻』　4
『デスノート』　231
『鉄扇公主』　179
手塚治虫　7, 10, 61, 63, 113, 119, 130, 164, 201
『手塚治虫の旧約聖書物語』　162
手塚プロダクション　162
『敵機来たらば』　81
鉄人28号　58
『鉄人28号』　9, 13, 58, 65, 81, 201

『鉄腕アトム』 7, 9, 12, 49, 50, 58, 61-63, 81, 84, 113, 115, 119, 130, 197, 201, 236
『テニスの王子様』 212, 214, 215
『デビルマン』 198
『テラフォーマーズ』 194
『テルマエ・ロマエ』 163
テレビアニメ／TV アニメ／テレビアニメーション i, 7-11, 14, 58, 211, 222, 224, 237
テレビまんが 4
『天空の城ラピュタ』 17
『電撃 hp』 26
『電撃文庫 Magazine』 26
『天元突破グレンラガン』 64
『電子頭脳おばあさん』 81
『伝説巨神イデオン』 83
『天地無用！魎皇鬼』 232
『とある科学の超電磁砲』 73
『とある魔術の禁書目録』 24, 71
『トイ・ストーリー』 101, 135, 178
『トゥイーティー』 139
東映動画（東映アニメーション） 46, 52, 58, 160, 162, 197, 198, 224, 236, 237
ドゥガ・フィルム 169
刀剣乱舞／『刀剣乱舞』／『刀剣乱舞―花丸―』 90, 212, 243
同人誌 236-239
『道成寺』 35
『動物農場』 81, 111, 152, 167
トーキー 38, 132, 134, 138
『ドカベン』 78
『時の支配者』 146, 165
ドダル，カレル 172
『ドットハック　セカイの向こうに』 54
『トッポ・ジージョ』 162
『トトイ』 163
『となりのトトロ』 17, 18, 102, 117
ドナルドダック 109, 122, 132
『扉を開けて』 25
冨永恒雄 162
富野由悠季 67
『トムとジェリー』 139, 174
豊田有恒 82
『ドラえもん』 238
ドラギッチ 170
『ドラゴンマガジン』 26, 27
『トランスフォーマー』 64
『鳥とミミズ』 170
ドリューアン，ジャック 131
トルンカ，イジー 34, 35, 106, 173
ドローイング・アニメーション 151
『ドロロンえん魔くん』 88
『ドン・キホーテ』 170
「どんぐりと山猫」 17
ドンホン，シン 181

な　行

『ナーザの大暴れ』 179
『ナイト・オブ・ザ・リビングデッド』 92
『ナイトメアー・ビフォア・クリスマス』 34
永井豪 65, 198
中沢啓治 113
『ナッチョとポム』 41
夏目漱石 20, 23
『夏目友人帳』 59, 88
『南無一病息災』 30
ナラット，S・ボゴイエヴィッチ 171
『ナンダ，ナンダ？』 166
『虹』 170
日常／「日常系（空気系）」／日常系（アニメ） 86, 87, 95
『日記』 170
『にっぽんの台所』 39
『二等兵スナフ』 109
『ニャッキ！』 41
人形アニメーション 2, 32-35, 80, 130, 145, 152, 158, 172-174, 181
「人魚姫」 17
『人間失格』 23
『ぬらりひょんの孫』 88, 90
『猫』 170
『眠れる森の美女』 135
ノイゲバウエル兄弟 168
『残された人々』 16
野沢那智 48
のらくろ 6, 12, 201
『のらくろ』（アニメ） 7

『のらくろ一等兵』 7
『のらくろクン』 7
『のらくろ伍長』 7
『のらくろ二等兵』 7
ノルシュテイン，ユーリー 37, 131, 151

は 行

『パ・ド・ドゥ』 142
パーク，ニック 40, 41, 155
バード，ブラッド 64
バートン，ティム 34
バーベラ，ハンナ 177
『バイオハザード』 93
『ハイキュー！！』 214
背景 100, 103
パヴラートヴァー，ミハエラ 175
『ハウルの動く城』 17, 96
バウンシング・ボール 137
『ハエ』 164
『白蛇伝』 46, 90, 160, 236
『馬具田城の盗賊』 38
『禿山の一夜』 145
パゴット，トニー 162
パゴット，ニーノ 162
パゴット，マルコ 161
『走れメロス』 23
長谷川町子 5
『はだしのゲン』 113
『はちみつ色のユン』 122
バチュラー，ジョイ 111
バック，フレデリック 131, 140
『バッグス・バニー』 139
発声映画（トーキー） 100
『バッタ君町に行く』 138
『バットマン』 139
初音ミク 241, 242
パテル，イシュ 142
『花折り』 35
『花咲くいろは』 219
『花咲爺』 29
『花田少年史』 74
『花と木』 133
『話の話』 37, 131, 151
『塙凹内名刀之巻（なまくら刀）』 4, 29
『母をたずねて三千里』 163
パペットアニメーショウ 30
林静一 113
パラシオス 147
ハラス，ジョン 111, 152, 167
『ハリーポッター』／『ハリー・ポッターと賢者の石』／『ハリー・ポッター（Harry Potter)』 71, 139
ハリーハウゼン，レイ 34
パル，ジョージ 34
『遥か北へ』 147
『はるかな霧と土煙の中に』 170
バルタ，イジー 174
『バルタザル博士』 170
バルディン，G. 151
バルトーシュ，B. 145
『ハンガリアン・フォークテイルズ』 166
パンノーニア・フィルムスタジオ 164, 165
『バンビ』 122, 132, 134
『ビーズゲーム』 142
『ピーターパン』 134
『ピカドン』 112, 113
ピクサー 135, 178, 180, 209
ピクシレーション 142
『ひぐらしのなく頃に解』 195
『美少女戦士セーラームーン』 118, 214, 232
『美少女戦士セーラームーンS』 118
『美女と野獣』 101
『ピッコロ』 170
『ひつじのショーン』 40, 152
ヒトルーク，F. 150
『ピノキオ』 132, 134
『ひみつのアッコちゃん』 14
『氷菓』 219
『秒速５センチメートル』 103
ヒョンユン，チャン 183
平井和正 82, 225
『ピングー』 41
『ファイナルファンタジー』 54
ファン 11, 103, 117, 219, 222-226, 230, 232-238, 240
ファンカルチャー 216, 218, 232

ファンクラブ　11
ファンコミュニティ　161
ファンサービス　117, 118
ファンサブ　119
『ファンタジア』　134
『ファンタスティック・プラネット』　146, 165, 174
『ファンタスマゴリー』　2, 144
ファンダム　11, 222
『風景画家』　131
『風車小屋のシンフォニー』　133
『封神演義』　177
『フェアリーテイル』　68, 71
フェナキスティスコープ　3
フォルデス　146
フォルマン，アリ　122, 123
『復讐者』　170
『フクチャン』　5
『フクチャンの奇襲』　6
『フクチャンの潜水艦』　6
『フクチャンの増産部隊』　6
『ふしぎの国のアリス』　17
『不思議の国のアリス』　134
『豚の王』　183
フライシャー，マックス　132, 136-138
フライシャー兄弟　109, 136
ブラザース，ワーナー　138, 139
ブラックトン，J. S.　2, 4
フリーリング，フリッツ　139
古川タク　3
フルジャノフスキー，A.　150
『フルメタル・パニック』　195
ブレイ，ジョン・ランドルフ　136
プレスコ（プレスコアリング）　51
プロパガンダ　81, 106-109, 111, 120, 122, 134, 142, 182, 222
ブロンジット，K.　151
文芸アニメ／文芸アニメーション　20, 21
『文豪ストレイドッグス』　23
『フンブとノルブ』　181
『平家物語』　35
『平成狸合戦ぽんぽこ』　18, 89, 90
ヘジン，ハン　183
『ヘタリア Axis Powers』　163
ベティ・ブープ　58
『ベティ・ブープ』　137
ベティオル　146
ベティゲ，B.　158
『ベティちゃん（Betty Boop)』　9
ベドジフ，ヴァーツラフ　174
ペトロフ，A.　151
『ベルヴィル・ランデヴー』　147
『ベルサイユのばら』　212
『ペルセポリス』　122
ペローニ，カルロ　162
ボアロー，ローラン　122
『坊さんと魚』　147
『宝石の国』　51
ボウレク，Z.　169, 170
『宝蓮灯』　179
ホードマン，コ　130, 142
『ホーホケキョ　となりの山田くん』　54
『ポカホンタス』　135
『僕のヒーローアカデミア』　73
『ポケットモンスター』　195
ポスピシロヴァ，ヴラスタ　174
『ポッキー・ピッグ』　139
ボックス，スティーブ　41
『炎の蜃気楼』　25
ポパイ　9
『ポパイ（Popye the Sailorman)』　9, 137
『ボブとマーガレット』　155
ホフマン，エドゥアルド　174
ポポヴィッチ，V.　170
ポヤル，ブジェチスラフ　173
ポルノアニメ　193
ボロフチク　146
『ホワイト・メアの伝説』　165, 166
『ホワイトゾンビ――恐怖城』　92
『本へのとびら』　16, 17
『ポンポン　ポロロ』　180

ま　行

『マー坊の落下傘部隊』　110
マイブリッジ，エドワード　44, 46
『マイブリッジの糸』　45, 106, 143

マウス　159
『マウスといっしょ』　159
『マギ』　68
マクシーモフ，I.　151
マクラレン，ノーマン　106, 107, 131, 141, 142, 153
政岡憲三　30
『魔女の宅急便』　16, 17, 68, 71
マジンガーZ　65, 66
『マジンガーZ』　13, 58, 65, 82, 198, 206
舛田利雄　111, 114
マチカーシー，G.　167
マッケイ，ウィンザー　4, 108
松谷みよ子　31
松本零士　114
松山洋　54
『魔豆奇伝パンダリアン』　178
『魔法阿嬤』　178
魔法科高校の劣等生　71
魔法少女　14, 15, 59, 71, 84
『魔法少女まどか☆マギカ』　68
『魔法先生ネギま！』　71
魔法使い　68-70
『魔法使いサリー』　70
『魔法使いハウルと火の悪魔』　17
『魔法つかいプリキュア』　68
『マリといた夏』　182
マルクス，A.　169, 170
マルシッチ　170
マルチプレーン・カメラ　100, 133
マルチプレーン方式　101
マレー　46
『マレー沖海戦』　110
マンガ／漫画　4-7, 160, 197, 216, 217, 219, 222, 223, 225, 227, 228, 231, 237, 239, 243
『漫画　瘤取り』　29
まんが映画　4
『漫画映画論』　110
『まんがこども文庫』　22
『まんがスーパーマン（Superman)』　9
御厨恭輔　161
『ミゲルスハウゼンの闘い』　121
水木しげる　217
『水のたね』　31
ミッキーマウス　58, 61, 109, 110, 132, 133, 201
『ミッキーマウス』　133
『みつばちマーヤ』　159
ミミツァ，V.　170
『耳をすませば』　163
宮崎駿　16-18, 96, 97, 140, 149, 161, 163
宮沢賢治　17, 18, 22
『未来少年コナン』　16
ミレル，ズデネック　174
『みんなのうた』　165
民話　28-31
『ムーラン』　135
『無口なウサギ』　143
虫プロダクション／虫プロ　10, 58, 201, 202, 236, 237
村田安司　29, 36
『名探偵ホームズ』　161
『メガゾーン23』　97
メシュトロヴィッチ，M.　170
メッキ　159
メディアミックス　12, 190, 196, 197, 199, 222
『メトロポリス』　63
『メリー・メロディーズ』　138
メルボルン＝クーパー，アーサー　153
モーションキャプチャー　46
『モーツァルトの幻想』　158
『もぐらのアバンチュール』　9, 58
『もぐらのクルテク』　174
持永只仁　34, 181
『「もののけ姫」はこうして生まれた』　96
『桃太郎　海の神兵』　107, 110, 121, 181
『桃太郎』　29
『桃太郎の海鷲』　107, 110, 120
森田修平　54
『森は生きている』　52
モンドシャイン兄弟　168

や　行

八木竜一　55
矢島正明　48
藪下泰司　160
『やぶにらみの暴君』　65, 80, 145

山崎貴　55
山村浩二　45, 106, 131, 143
山村高淑　219
山本早苗　29
ヤンコヴィッチ, M.　165, 166
『幽☆遊☆白書』　88
『勇敢なヤーノシュ』　165
『郵便はお早目に』　106
虞哲光　179
『ユーリ!!! on ICE』　77
『幽霊船』　37
『愉快な百面相』　2, 4, 33
『雪の女王』　149
『雪深い山国』　147
ユサキフサコ（湯崎夫沙子）　41
ユトリシャ, V.　169
『夢の国のリトル・ニモ』　4
『夢見』　178
『夢見るトッポ・ジージョ』　162
妖怪　88-91, 95
『妖怪ウォッチ』　59, 88, 89
『養子のフクチャン』　6
『妖獣都市』　193
横浜シネマ　7
横山隆一　5
吉浦康裕　63
『よなよなペンギン』　54
『四三年の精神』　122

ら　行

『ラーメン大好き小泉さん』　98
ライ, レン　153
『ライオンキング』　212
ライゼンビュフレル, S.　166
ライトノベル　24
ライニガー, ロッテ　32, 156, 159
『らき☆すた』　86, 95, 103, 191, 218
ラギオニー　146
『ラテン・アメリカの旅』　134
ラプシャード　146
ラルー, ルネ　146, 165, 174
リーフ, キャロライン　142
『理性の感情』　122
リップシンク（lip synch）　40, 51
『リトル・マーメイド』　135
『理念』　145
『リボンの騎士』　119
リミテッドアニメーション　167, 171
『瘤取り』　29
『涼宮ハルヒの憂鬱』　24, 85, 86, 103, 240
『隣人』　107, 142
りんたろう　54, 63
『輪廻のラグランジェ』　217
『ルーニー・テューンズ』　138
『ルシタニア号の沈没』　108
ルノー, ウィリアム　162
『ルパン三世』　163
レイノー, エミール　2, 144
『レーカン！』　74
レネール, B.　147
『老人Z』　114
『老婦人と鳩』　147
ローフス, F.　164
ローリング, J. K.　71
ロトスコープ　137
ロナーティ　146
『ロビンフッドの冒険』　162
ロファ, セバスチャン　106
『ロボカーポリー』　180, 183
ロボット　84
『ロボット』　62
ロメロ, G. A.　92

わ　行

『若おかみは小学生』　74
ワヤン　32
『我らの勝利のために！』　141
『ワン・ワン』　170
万兄弟　178, 179

写真・図版出典一覧

章　扉

第１章　Giannalberto Bendazzi, *Cartoons: One Hundred Years of Cinema Animation*, Indiana University Press, 1995.

第２章　『鉄腕アトム』(1963～66年)：© 手塚プロダクション。

第３章　Giannalberto Bendazzi, *Cartoons: One Hundred Years of Cinema Animation*, Indiana University Press, 1995.

第４章　第17回広島国際アニメーションフェスティバル HIROSHIMA 2018 公式ポスター，アートワーク：クリヨウジ。

第５章　須川亜紀子氏撮影。

第６章　須川亜紀子氏撮影。

第１章

1

図１　J. S. ブラックトン『愉快な百面相』1906年（デジタルアーカイブ所蔵，Library of Congress, https://www.loc.gov/item/00694006/）。

図２　津堅信之『新版アニメーション学入門』平凡社新書，2017年。

図３　横山隆一『フクチャンの潜水艦』[DVD] 日本アートアニメーション映画選集，第3巻，紀伊國屋書店，2004年。

2

図１，２　須川亜紀子氏撮影。

3

図１　野上暁『子ども文化の現代史――遊び・メディア・サブカルチャーの奔流』大月書店，2015年。

図２　Marc Steinberg, *Anime's Media Mix: Franchising Toys and Characters in Japan*, University of Minnesota Press, 2012.

4

図１　『ジブリ・ロマンアルバム　魔女の宅急便』徳間書店，2001年。

図２　アレグザンダー・ケイ／内田庶訳『新装版　残された人々』岩崎書店，2012年。

図３　角野栄子『魔女の宅急便』福音館書店，2002年。

図４　カレル・ゼマン『悪魔の発明』[DVD] 3800円（税別），発売元：株式会社アイ・ヴィー・シー，2017年。

5

図１　川端康成 原作／日本アニメーション『名作アニメシリーズ　伊豆の踊子』新潮社，1986年。

図２　太宰治 原作／小畑健『青い文学シリーズ　アニメコミックス　人間失格』集英社，2010年。

図3　朝霧カフカ『文豪 ストレイドッグス　太宰治と黒の時代』角川書店，2014年。

6

図1　神坂一／あらいずみるい イラスト『スレイヤーズ！』富士見書房，1990年。

図2　山中智省／あらいずみるい イラスト『ライトノベル史入門「ドラゴンマガジン」創刊物語——狼煙を上げた先駆者たち』勉誠出版，2018年。

図3　嵯峨景子『コバルト文庫で辿る少女小説変遷史』彩流社，2016年。

図4　大橋崇行『ライトノベルから見た少女／少年小説史——現代日本の物語文化を見直すために』笠間書院，2014年。

7

図1　『岡本忠成作品集』角川書店，1994年。

図2　さねとうあきら 文／井上洋介 挿絵『おこんじょうるり』理論社，2004年。

図3　『毎日映画コンクール　大藤信郎賞受賞短編アニメーション全集』［DVD］紀伊國屋書店，1986年。

図4　松谷みよ子・瀬川康男『松谷みよ子のむかしむかし　日本の昔話　1』講談社，1973年。

8

図1　京都嵐山オルゴール博物館所蔵。

図2　トルンカ・スタジオ所蔵。

図3　『劇場版チェブラーシカ』[DVD]好評発売中，発売元：フロンティアワークス，販売元：東宝。

図4　『川本喜八郎作品集』［DVD］3800円（税別），発売中，発売元：NBC ユニバーサル・エンターテイメント，2002年。

図5　『岡本忠成全作品集 DVD-BOX』［DVD］ジェネオン・エンタテンメント，2009年。

9

図1　斎藤隆介 作／滝平二郎 絵『モチモチの木』岩崎書店，1971年。

図2　『ユーリー・ノルシュテイン作品集　2 K 修復版』［DVD］4800円（税別），発売元：株式会社 IMAGICA TV，販売元：株式会社 KADOKAWA，2017年。

図3　『アニメーションの先駆者 大藤信郎 孤高の天才』［DVD］6300円（税込），発売・販売元：紀伊國屋書店，2010年。

図4　『初芋：東芋1999-2000』［DVD］©Ufer! Art Documentary，2001年。

10

図1　『ウォレスとグルミット 野菜畑で大ピンチ！』［DVD］スペシャル・エディション，1429円（税別），発売中，発売元：NBC ユニバーサル・エンターテイメント，2018年。

図2　『シュヴァンクマイエルの不思議な世界』［DVD］4700円（税別），発売：チェスキー・ケー，販売：ダゲレオ出版，2005年，品番 DAD05012。

図3　伊藤有壱監督『I. TOON CAFE ——伊藤有壱アニメーションの世界』［DVD］，プチグラパブリッシング，2006年。

11

図1　山村浩二『マイブリッジの糸　Ⅱ』パルコ出版，2011年。

図2　檀一雄「少年猿飛佐助」『読売新聞』1956年８月６日付夕刊，３面。

図3　菊田智 文／北島新平 絵『安寿と厨子王丸』歴史春秋出版，1986年。

12

図1　木村哲人『音を作る　TV・映画の音の秘密』筑摩書房，1991年。

13

図1　『僕たちの好きなタイムボカンシリーズ』（別冊宝島779）宝島社，2003年。

図2　『子鹿物語　1』MGM／UA，講談社・エムケイ，1983年。

図3　『攻殻機動隊 GHOST IN THE SHELL』講談社，1995年。

図4　アニメージュ編集部編／高畑勲 原案・脚本・監督／坂口理子 脚本『かぐや姫の物語（上）』高畑事務所・GNDHDDYK，徳間書店，2014年。

第2章

14

図1　『カエルのフリップ ～テクノクラックト』アブ・アイワークス，1933年。

図2　『イヴの時間 オフィシャルファンブック』壽屋，2010年。

15

図1　『アイアン・ジャイアント』［DVD］ワーナー・ホーム・ビデオ，2000年。

図2　ポール・グリモー『王と鳥』［DVD］，アイ・ヴィ・シー，1979年。

16

図1　須川亜紀子『少女と魔法――ガールヒーローはいかに受容されたのか』NTT 出版，2013年。

図2　Rene Clair 監督『I Married a Witch』ポスター，1942年。IMDb https://www.imdb.com/title/tt0034881/，2018年5月30日閲覧。

17

図1　羽仁礼『超常現象大事典―永久保存版』成甲書房，2001年。

図2　ユリ・ゲラー／中山善之訳『ユリ・ゲラー　わが超能力――それでもスプーンは曲がる！』講談社，1975年。

18

図1　『週刊少年チャンピオン』No. 31，秋田書店，2018年。

図2　『Oliver y Benji Campeones hacia el mundial 2002』[DVD] Salvat, 2002.

19

図1　ウィンザー・マッケイ『恐竜ガーティ』1914年。

図2　北山清太郎『太郎の兵隊・潜航艇の巻』1918年。

図3　『鉄腕アトム Complere Box ①』［DVD］日本コロムビア，2008年。

図4　『テレビランド増刊　ロマンアルバム　宇宙戦艦ヤマト』徳間書店，1977年。

20

図1　右：谷川流『涼宮ハルヒの暴走　5』角川書店，2004年。左：谷川流『涼宮ハルヒの動揺　6』角川書店，2005年。

図2　『spoon.』（12月号）角川グループパブリッシング，2011年。

図3　『ユリイカ――総特集 涼宮ハルヒのユリイカ！』（7月臨時増刊号），青土社，2011年。

21

図1～3　高田衛監修／稲田篤信・田中直日編『鳥山石燕　画図百鬼夜行』国書刊行会，1992年。

22

図1　ヴィクター・ハルペリン監督『ホワイトゾンビ　恐怖城』［DVD］1932年。

図2　ジョージ・アンドリュー・ロメロ監督『ゾンビ』［DVD］1978年。

図3　岡本健『ゾンビ学』人文書院，2017年。

図4　ポール・ウィリアム・スコット・アンダーソン監督『バイオハザード』［DVD］2002年。

図5　はっとりみつる『さんかれあ　1』講談社，2010年。

図6　海法紀米 原作／千葉サドル 作画『がっこうぐらし　1』芳文社，2012年。

第3章

25

図1　ウィンザー・マッケイ『ルシタニア号の沈没』1918年。

図2　『二等兵スナフ』1943～45年。

図3　フライシャー兄弟『スーパーマン～最後の瞬間』1942年。

26

図1　『この世界の片隅に』製作委員会『この世界の片隅に　劇場アニメ公式ガイドブック』双葉社，2016年。

図2　『AKIRA』（映画パンフレット）東宝，1988年。

28

図1　『桃太郎――海の神兵／くもとちゅうりっぷ』［DVD］松竹，2016年。

図2　セバスチャン・ロファ／原正人・古永真一・中島万紀子訳『アニメとプロパガンダ』法政大学出版局，2011年。

図3　『はちみつ色のユン』©Mosaïque Films - Artémis Productions - Panda Média - Nadasdy Film - France 3 Cinéma，2012.

29

図1　『世界図絵』WikimediaCommons（Orbis-pictus-024）。

第4章

30

図1　フランク・トーマス，オーリー・ジョンストン著／高畑勲編『ディズニーアニメーション　生命を吹き込む魔法――The Illusion of Life』徳間書店，2002年。

図2　カルステン・ラクヴァ／柴田陽弘・真岩啓子訳『ミッキーマウス――ディズニーとドイツ』現代思潮新社，2002年。

図3　デイヴィッド・A・プライス／櫻井祐子訳『ピクサー　早すぎた天才たちの大逆転劇』ハヤカワ文庫 NF 文庫，2015年。

31

図１　リチャード・フライシャー／田栗美奈子訳『マックス・フライシャー アニメーションの天才的変革者』作品社，2009年。

図２　レナード・マルティン／権藤俊司・出口丈人・清水知子・須川亜紀子・土居伸彰訳『マウス・アンド・マジック――アメリカアニメーション全史（上）』楽工社，2010年。

図３　伴野孝司・望月信夫『世界アニメーション映画史』ぱるぷ，1986年。

32

図１　ジャン・ジオノ 原作／フレデリック・バック 絵／寺岡襄訳『木を植えた男』あすなろ書房，1989年。

図２～６　Kit Laybourne, *The Animation Book : A Complete Guide to Filmmaking-From Flip-Books to Sound Cartoons*, Crown Publishers, 1979.

33

図１　『やぶにらみの暴君』レ・ジュモー双子座，1953年。

図２　「Vèmes Journées Internationales du Cinéma d'Animation」A. F. D. C.（フランス映画普及協会），1963年。

図３　『やぶにらみの暴君』日本映画宣伝社，1955年。

35

図１　ニック・パーク監督『ウォレスとグルミット～ペンギンに気をつけろ！』シネカノン，1993年。

図２　ハラス＆バチェラー監督『動物農場』A. ハラス＆バチェラープロダクション，1954年。

図３　ブラザーズ・クエイ監督『ストリート・オブ・クロコダイル』イメージフォーラム，1986年。

36

図１　『Lotte Reiniger, Tanz der Schatten』［DVD］absolut MEDIEN，2012.

図２～３　西口拓子氏撮影。

37

図１，２　II Mondo Di Marco Instituto Italiano di Cultura, 2016.

図３　杉野昭夫『杉野昭夫作品集』講談社，1982年。

38

図１　オリビエ・コット／鈴澤一・バベル訳『コマ撮りアニメーションの秘密――オスカー獲得13作品の制作現場と舞台裏』グラフィック社，2008年。

図２，３，５～７　Orosz, Anna Ida and Orosz, Márton, (eds.), *Hunimation: Hungarian Animation Goes to Japan / ハンガリーアニメーション日本へ*, Moholy-Nagy University of Art and Design, 2014.

図４　Daliás Idők, *Magyar Nemzeti Digitális Archívum és Filmintézet*,［DVD］2013.

39

図１　Dušan Vukotić『Surogat Ersatz』ザグレブフィルム，1961.

図２，３　Vatroslav Mimica『Inspektor se vratio kući』ザグレブフィルム，1959.

図４　Ždenko Gasparovic & Branko Ranitović『Maska crvene smrti』ザグレブフィルム，1969.

40

図1 『サンゴ礁での結婚式』AFIT，1943年。

図2 ズデネック・ミレル『もぐらのクルテク』Krátký Film Praha, Studio Bratři v triku，1957年。

図3 ヤン・シュヴァンクマイエル『対話の可能性』Krátký Film Praha，1982年。

41

図1 『夢見　MIDA』肯特動畫數位獨立製片股份有限公司，2013年。

図2 『鉄扇公主』峨嵋電影制片廠音像出版社，1941年。

42

図1 허인욱，『한국 애니메이션 영화사』신한미디어，2002年。

図2 チャン・ヒョンユン『ウルフ・ダディ』Now or Never，2005年。

図3 ヨン・サンホ『豚の王』Studio Dadashow，2011年。

43

図1 『Zagreb Festival newsletter』no. 1，1972.

図2 『Zagreb Festival Filmography』1972.

図3 『Otawa '76 Film Festival program』1976.

第5章

45

図1 横溝正史『犬神家の一族』角川文庫，1972年。

図2 市川崑『KON』光琳社，1998年。

図3 50周年実行委員会・50周年事務局・50年史編纂チーム編纂『東映アニメーション50年史 1956-2006　走り出す夢の先に』東映アニメーション，2006年。

図4 永井豪『魔王ダンテ　1』朝日ソノラマ，1973年。

図5 マーク・スタインバーグ／大塚英志監修／中川譲訳『なぜ日本は〈メディアミックスする国〉なのか』KADOKAWA・角川学芸出版，2015年。

46

図1 Jerry Robinson, "The Comics An Illustrated History of Comic Strip Art 1895-2010," *The Yellow Kid*, Dark Horse Books, 2011.

図2 大崎悌造『昭和子どもブーム』学習研究社，2010年。

図3，4　ポッププロジェクト編『広告キャラクター大博物館』日本文芸社，1994年。

47

図1 フィリップ・アリエス／杉山光信・杉山恵美子訳『〈子供〉の誕生——アンシァン・レジーム期の子供と家族生活』みすず書房，1980年。

図2 アントニア・フレイザー／和久明生・菊島章子訳『おもちゃの文化史』玉川大学出版部，1980年。

図3 バンダイグループ三十年史編纂委員会編集『萬代不易　バンダイグループ三十年のあゆみ』バンダイ，1980年。

図4 上村雅之・細井浩一・中村彰憲『ファミコンとその時代——テレビゲームの誕生』NTT 出版，2013年。

49

図1　「ミュージカル『テニスの王子様』3rdシーズン　青学 vs.四天宝寺」キービジュアル　© 許斐剛／集英社・NAS・新テニスの王子様プロジェクト，© 許斐剛／集英社・テニミュ製作委員会

図2　「ミュージカル『テニスの王子様』3rdシーズン　全国大会　青学 vs.氷帝」キービジュアル　© 許斐剛／集英社・NAS・新テニスの王子様プロジェクト，© 許斐剛／集英社・テニミュ製作委員会

図3　©KM. S/S/LSN2016

50

図1，3～6　岡本健氏撮影。

図2　鎗水孝太氏撮影。

第6章

51

図1　コミックマーケット公式ホームページ（https://www.comiket.co.jp/）。

図2，3　須川亜紀子氏撮影。

52

図1，2　須川亜紀子氏撮影。

53

図1～4，6　岡本健氏撮影。

図5　鎗水孝太氏撮影。

54

図1　『鉄腕アトムクラブ』3月号，虫プロダクション，1965年。

図2　アニメイツ会誌『月刊アニメイツ』No. 5，アニメイツ，1978年。

図3　『マンガ奇想天外臨時増刊号　パロディ・マンガ大全集』奇想天外社，1981年。

図4　『アニパロコミックス　27』みのり書房，1988年。

55

図1　『朝日クロニクル週刊20世紀　1978（昭和53年）』朝日新聞社，1999年10月17日号，通巻37号。

図2　『きらりん☆レボリューション　1』小学館，2004年。

図3　『うたの☆プリンセスさまっ♪ マジLOVE2000％公式ファンブック』一迅社，2011年。

図4　『新世紀エヴァンゲリオン　1』KADOKAWA／角川書店，1995年。

引用・参考文献（項目分担執筆者による）

▒ 第1章

1

竹内オサム・西原麻里編著『マンガ文化55のキーワード』ミネルヴァ書房，2016年。

津堅信之『新版アニメーション学入門』平凡社新書，2017年。

西村智弘『日本のアニメーションはいかにして成立したのか』森話社，2018年。

ラッド，フレッド＆デネロフ，ハーヴィー『アニメが「ANIME」になるまで――『鉄腕アトム』，アメリカを行く』久美薫訳，NTT 出版，2010年。

2

井田美恵子「テレビと家族の50年――“テレビ的”一家団らんの変遷」『NHK 放送文化研究所年報』2004年，111～144頁。

瀬戸川宗太『懐かしのアメリカ TV 映画史』集英社新書，2005年。

文部科学省「昭和55年版科学技術白書」http://www.mext.go.jp/b_menu/hakusho/html/hpaa198001/hpaa198001_2_010.html，1980年。

吉見俊哉編『メディア・スタディーズ』せりか書房，2000年。

3

須川亜紀子『少女と魔法――ガールヒーローはいかに受容されたのか』NTT出版，2013年。

スタインバーグ，マーク『なぜ日本は〈メディアミックスする国〉なのか』大塚英志監修，中川譲訳，KADOKAWA，2015年。

野上暁『子ども文化の現代史――遊び，メディア，サブカルチャーの奔流』大月書店，2015年。

森永卓郎『グリコのおもちゃ図鑑』プレジデント社，2013年。

4

叶精二『宮崎駿全書』フィルムアート社，2006年。

切通理作『宮崎駿の〈世界〉』筑摩書房，2001年。

高畑勲『映画を作りながら考えたこと』徳間書店，1999年。

高畑勲『映画を作りながら考えたことⅡ』徳間書店，1999年。

宮崎駿『出発点―1979～1996』徳間書店，1996年。

宮崎駿『折り返し点―1997～2008』岩波書店，2008年。

宮崎駿『本へのとびら――岩波少年文庫を語る』岩波書店，2011年。

米村みゆき「解説―読書空間の夢の飛翔は，後世まで続く」カレル・ゼマン『悪魔の発明』DVD 解説リーフレット，2017年。

米村みゆき「解説」カレル・ゼマン『ほら男爵の冒険』DVD 解説リーフレット，2017年。

5

米村みゆき「「文芸アニメ」にとって〈原作〉とは何か――アニメ版『伊豆の踊子』の脚色」中村三春編

『映画と文学——交響する想像力』森話社，2016年，299～322頁。

6
一柳廣孝・久米依子編『ライトノベル・スタディーズ』青弓社，2013年。

大橋崇行『ライトノベルから見た少女／少年小説史——現代日本の物語文化を見直すために』笠間書院，2014年。

嵯峨景子『コバルト文庫で辿る少女小説変遷史』彩流社，2016年。

山中智省『ライトノベル史入門『ドラゴンマガジン』創刊物語——狼煙を上げた先駆者たち』勉誠出版，2018年。

7
おかだえみこ『人形アニメーションの魅力——ただひとつの運命』河出書房新社，2003年。

岡本忠成『岡本忠成作品集』角川書店，1994年。

関敬吾編著『日本昔話大成』角川書店，1978～80年。

滑川道夫『桃太郎像の変容』東京書籍，1981年。

米村みゆき「岡本忠成＋川本喜八郎『注文の多い料理店』——非商業系アニメーションの視角から」竹内オサム・小山昌宏編『アニメへの変容——原作とアニメとの微妙な関係』現代書館，2006年，218～244頁。

8
おかだえみこ『人形アニメーションの魅力——ただひとつの運命』河出書房新社，2003年。

岡本忠成『岡本忠成作品集：From 1964-to 1990 Always for films』角川書店，1994年。

川本喜八郎『川本喜八郎——アニメーション＆パペットマスター　ニュータイプイラストレイテッド・コレクション』角川書店，1994年。

コーレンベルグ，エリザヴェータ『人形劇の歴史』大井数雄訳，晩成書房，1990年。

竹下節子『からくり人形の夢——人間・機械・近代ヨーロッパ』岩波書店，2001年。

宮尾慈良『アジアの人形劇』三一書房，1984年。

持永只仁『アニメーション日中交流記——持永只仁自伝』東方書店，2006年。

9
久米康生『和紙文化研究事典』法政大学出版局，2012年。

東芋『断面の世代』横浜美術館・国立国際美術館監修，青幻舎，2009年。

ノルシュテイン，ユーリー『ユーリー・ノルシュテインの仕事』ふゅーじょんぷろだくと，2003年。

昼間行雄・権藤俊司・編集部編『ユーロ・アニメーション——光と影のディープ・ファンタジー』フィルムアート社，2002年。

藤井増蔵『切り紙——中国の剪紙・日本の切り紙・切り紙の技法』美術出版社，1989年。

山口且訓・渡辺泰『日本アニメーション映画史』有文社，1977年。

10
アードマン・アニメーションズ『アードマンの世界ができるまで』須田隆久訳，玄光社，2018年。

おかだえみこ『人形アニメーションの魅力——ただひとつの運命』河出書房新社，2003年。

白水晴雄『粘土のはなし』技法堂出版，1990年。

グスタフ・マイリンク『ゴーレム』今村孝訳，河出書房新社，1990年。

竹内泰人『つくろう！コマ撮りアニメ』ビー・エヌ・エヌ新社，2011年。

『アイトゥーン・カフェ――伊藤有壱アニメーションの世界』プチグラパブリッシング，2006年。

ヤン・シュヴァンクマイエル『シュヴァンクマイエルの世界』赤塚若樹編訳，国書刊行会，1999年。

11
キャヴァリア，スティーヴン『世界アニメーション歴史事典』仲田由美子・山川純子訳，ゆまに書房，2012年。

増田展大『科学者の網膜――身体をめぐる映像技術論：1880-1910』青弓社，2017年。

山村浩二『マイブリッジの糸』Blu-ray「解説リーフレット」紀伊國屋書店，2012年。

米村みゆき「安寿の表象」酒井敏・原国人編『森鴎外論集：彼より始まる』新典社，2004年，173～205頁。

12
木村哲人『音を作る　TV・映画の音の秘密』筑摩書房，1991年。

小林翔「声優試論――「アニメブーム」に見る職業声優の転換点」『アニメーション研究』第16巻第2号，2015年，3～14頁。

小森健太朗・遊井かなめ編『声優論――アニメを彩る女神たち』河出書房新社，2015年。

鈴木真吾「サウンド／ヴォイス研究　アニメを奏でる3つの音」『アニメ研究入門――アニメを究める9つのツボ』現代書館，2013年，96～119頁。

内藤豊裕「アニメ時代の『声優』の役割とそのメディア的構造の変化」『学習院大学人文科学論集』第25巻，2016年，333～365頁。

ハイパーボイス監修『すごい！アニメの音づくりの現場』雷鳥社，2007年。

蓮實重彦「フィクションと『表象不可能なもの』」『デジタル・スタディーズ1　メディア哲学』東京大学出版会，2015年，17～39頁。

細馬宏通『ミッキーはなぜ口笛を吹くのか』新潮社，2013年。

和氣澄賢「TV アニメ『宝石の国』スペシャル・メイキング・トーク」，第4回新千歳空港国際アニメーション映画祭，2017年11月5日。

『アトムの足音が聞こえる』グリオグルーヴ，2017年。

13
梅棹忠夫・南博監修『ニューメディア時代の現代映像展示ハンドブック』講談社，1984年。

『美術手帖　かぐや姫の物語の衝撃』2014年1月号，美術出版社。

横田正夫・池田宏・小出正志編『アニメーションの事典』朝倉書店，2012年。

[映像資料]

『GHOST IN THE SHELL　DIGITAL WORKS』制作オムニバスジャパン／製作講談社・バンダイビジュアル・MANGA ENTERTAINMENT，1995年。

第2章

14
『イブの時間 オフィシャルファンブック』壽屋，2010年。
藤井仁子編『入門・現代ハリウッド映画講義』人文書院，2008年。

15

押井守『イノセンス創作ノート　人形・建築・身体の旅＋対談』徳間書店，2004年。

16

一柳廣孝・吉田司雄共編著『女は変身する』青弓社，2008年。

大野寿子他「なぜ“witch”や“Hexe”を「魔女」と訳すことができるのか――日本における「魔女」あるいは「魔」の系譜」『東洋大学人間科学総合研究所紀要』第10号，2009年，75～92頁。

斎藤美奈子『紅一点論――アニメ，特撮，伝記のヒロイン像』筑摩書房，2001年。

須川亜紀子『少女と魔法――ガールヒーローはいかに受容されたのか』NTT 出版，2013年。

17

ジェイコブセン，アニー『アメリカ超能力研究の真実――国家機密プログラムの全貌』加藤万里子訳，太田出版，2018年。

羽仁礼『超常現象大事典―永久保存版』成甲書房，2001年。

18

遠藤誉『中国動漫新人類日本のアニメと漫画が世界を動かす』日経 BP 社，2008年。

19

『EYECOM Files 001　SF アニメがおもしろい』アスペクト，1997年。

伴野孝司・望月信夫共著『世界アニメーション映画史』ぱるぷ，1986年。

『別冊　奇想天外 No.11　SF アニメ大全集』奇想天外社，1980年，170～178頁。

20

『spoon.』12月号，角川グループパブリッシング，2011年。

宇野常寛『ゼロ年代の想像力』早川書房，2011年。

大塚英志『少女民俗学――世紀末の神話をつむぐ「巫女の末裔」』光文社，1997年。

大森望「強靭な許容性と強烈な作家異性」『押井守全仕事リミックス』2009年，104～106頁。

キネマ旬報映画総合研究所編集『“日常系アニメ”ヒットの法則』キネマ旬報社，2011年。

坂上秋成「涼宮ハルヒの失恋」『ユリイカ』7月臨時増刊号，青土社，2011年，106～114頁。

佐々木敦「SOS 団はもう解散している」『ユリイカ』7月臨時増刊号，青土社，2011年，27～34頁。

谷川流『涼宮ハルヒの暴走』・『涼宮ハルヒの動揺』角川書店，2004・2005年。

藤本由香里『私の居場所はどこにあるの？　少女マンガが映す心のかたち』朝日新聞出版，2008年。

［映像資料］

『映画けいおん！』ポニーキャニオン，2012年。

21

板倉義之「描かれる異類たち――妖怪画の変遷史」，伊藤慎吾編『妖怪，憑依，擬人化の文化史』笠間書院，2016年，29～38頁。

一柳廣孝・吉田司雄共編著『妖怪は繁殖する』青弓社，2006年。

22

一柳廣孝『オカルトの帝国』青弓社，2006年。

伊東美和『ゾンビ映画大事典』洋泉社，2003年。

伊東美和『ゾンビ映画大マガジン』洋泉社，2011年。

井上嘉孝『吸血鬼イメージの深層心理学』創元社，2013年。

イングアンソ，オジー『ゾンビ映画年代記』パイインターナショナル，2015年。

大場昌子・佐川和茂・坂野明子・伊達雅彦『ゴーレムの表象』南雲堂，2013年。

岡本健『ゾンビ学』人文書院，2017年。

小野俊太郎『フランケンシュタインの精神史』彩流社，2015年。

河合祥一郎『幽霊学入門』新書館，2010年。

木原善彦『UFOとポストモダン』平凡社，2006年。

斎藤環『戦闘美少女の精神分析』筑摩書房，2006年。

初見健一『ぼくらの昭和オカルト大百科』大空出版，2012年。

平賀英一郎『吸血鬼伝承』中央公論新社，2000年。

藤田直哉『新世紀ゾンビ論』筑摩書房，2017年。

23

浦谷年良『「もののけ姫」はこうして生まれた』徳間書店，1998年。
［映像資料］
『「もののけ姫」はこうして生まれた』DVD，ブエナ・ビスタ・ホーム・エンターテイメント，2001年。

24

加藤幹郎「風景の実在」加藤幹郎編『アニメーションの映画学』臨川書店，2009年，111～149頁。

第3章

25

Chilton, Martin, “How the CIA brought Animal Farm to the screen,” *The Telegraph*, 21 January, 2016.
大塚英志『ミッキーの書式　戦後まんがの戦時下起源』角川学芸出版，2013年。
ラクヴァ，カルステン『ミッキー・マウス――ディズニーとドイツ』柴田陽弘訳，現代思潮新社，2002年。
https://www.telegraph.co.uk/books/authors/how-cia-brought-animal-farm-to-the-screen/. Access on 28 July, 2018.

26

川村湊『原発と原爆――「核」の戦後精神史』河出書房新社，2011年。

武田徹『「核」論――鉄腕アトムと原発事故のあいだ』勁草書房，2002年。

手塚治虫『ぼくはマンガ家』大和書房，1979年。

ブロデリック，ミック『ヒバクシャ・シネマ――日本映画における広島・長崎と核のイメージ』柴崎昭則・和波雅子訳，現代書館，1999年。

27

河野真太郎『戦う姫，働く少女』堀之内出版，2017年。

小山静子・今田絵里香・赤枝香奈子編『セクシュアリティの戦後史――変容する親密圏・公共圏』京都大学学術出版会，2014年。

斎藤環『戦闘美少女の精神分析』筑摩書房，2006年。

横田正夫・池田宏・小出正志編『アニメーションの事典』朝倉書店，2012年。

若桑みどり『お姫様とジェンダー――アニメで学ぶ男と女のジェンダー学入門』筑摩書房，2003年。

28

Roe, Annabelle Honess, *Animated Documentary*, London: Palgrave Macmillan, 2013.

秋田孝宏「漫画映画の笑いと英雄――「桃太郎」と戦争」岩本憲児編『映画と「大東亜共栄圏」』森話社，2004年。

清水晶他『日米映画戦――パールハーバー五〇周年』青弓社，1991年。

ダワー，ジョン『容赦なき戦争』平凡社ライブラリー，猿谷要監修，斉藤元一訳，2015年。

萩原由加里『政岡憲三とその時代』青弓社，2015年。

ラクヴァ，カルステン『ミッキー・マウス――ディズニーとドイツ』柴田陽弘・真岩啓子訳，2002年。

ロファ，セバスチャン『アニメとプロパガンダ』法政大学出版局，2011年。

29

Lowe, Richard & Schnotz, Wolfgang, *Learning with Animation: Research Implications for Design*, Cambridge University Press, 2008.

稲田達雄『映画教育運動30年――その記録と回想』日本映画教育協会，1962年。

川上春男『映像教育論』法政大学出版局，1968年。

コメニウス，J. A.『世界図絵』ミネルヴァ書房，1988年。

田中純一郎『日本教育映画発達史』蝸牛社，1979年。

津堅信之『日本初のアニメーション作家　北山清太郎』臨川書店，2007年。

第**4**章

30

有馬哲夫『ディズニーとは何か』NTT 出版，2001年。

有馬哲夫『ディズニーの魔法』新潮新書，2003年。

キャットムル，エイミー『ピクサー流　創造するちから――小さな可能性から，大きな価値を生み出す方法』石原薫訳，ダイヤモンド社，2014年。

ゲイブラー，ニール『創造の狂気――ウォルト・ディズニー』中谷和男訳，ダイヤモンド社，2007年。

シート，トム『ミッキーマウスのストライキ！――アメリカアニメ労働運動100年史』久美薫訳，合同出版，2014年。

清水知子「ミッキーマウスを解剖する――大衆文化論再考」『年報カルチュラル・スタディーズ』2013年，63～74頁。

清水知子「動物と帝国――ディズニーと野生のファンタジーの行方」『帝国と文化――シェイクスピアからアントニオ・ネグリまで』春風社，2016年，232～256頁。

トーマス，フランク＆ジョンストン，オーリー／高畑勲編『ディズニーアニメーション　生命を吹き込む魔法―― The Illusion of Life ――』翻訳：スタジオジブリ　日本語版監修：高畑勲，大塚康生，邦子・大久保・トーマス　徳間書店，2002年。

トマス，ボブ『ウォルト・ディズニー』玉置悦子・能登路雅子訳，講談社，1995年。

能登路雅子『ディズニーランドという聖地』岩波新書，1990年。

プライス，ディヴィッド・A『メイキング・オブ・ピクサー――創造力をつくった人々』櫻井祐子訳，早川書房，2009年。

プライス，ディヴィッド・A『ピクサー　早すぎた天才たちの大逆転劇』櫻井祐子訳，ハヤカワ文庫NF，2015年。

細馬宏通『ミッキーはなぜ口笛を吹くのか』2013年。

本橋哲也『ディズニー・プリンセスのゆくえ――白雪姫からマレフィセントまで』ナカニシヤ出版，2016年。

ラクヴァ，カルステン『ミッキーマウス――ディズニーとドイツ』眞岩啓子訳，現代思潮新社，2002年。

31

有馬哲夫『ディズニーとライバルたち――アメリカのカートゥン・メディア史』フィルムアート社，2004年。

筒井康隆『ベティ・ブープ伝』中央公論社，1988年。

伴野孝司・望月信夫著，森卓也監修，並木孝編『世界アニメーション映画史』ぱるぷ，1986年。

フライシャー，リチャード『マックス・フライシャー　アニメーションの天才的変革者』田栗美奈子訳，作品社，2009年。

マルティン，レナード『マウス・アンド・マジック――アメリカアニメーション全史　上，下』楽工社，2010年。

32

Mazurkewich, Karen, *Cartoon Capers: The History of Canadian Animators*, McArthur & Co., 1999.

カナダ・アニメーション・フェスティバル事務局編『第10回カナダ・アニメーション・フェスティバル　カナダ国立映画制作庁創立70周年　記念パンフレット』カナダ・アニメーション・フェスティバル事務局，2009年。

スタジオジブリ編『フレデリック・バック展』日本テレビ放送網，2011年。

高畑勲『木を植えた男を読む』徳間書店，1990年。

昼間行雄・権藤俊司編『ユーロ・アニメーション――光と影のディープ・ファンタジー』フィルムアート社，2002年。

望月信夫・伴野孝司『世界アニメーション映画史』ぱるぷ，1986年。

33

Weird movies a go! go! 第三号，総特集 All that's animation，プチグラパブリッシング，2001年。
昼間行雄・権藤俊司編「ユーロ・アニメーション」フィルムアート社，2002年。

34

井上徹『ロシア・アニメ――アヴァンギャルドからノルシュテインまで』東洋書店，2005年。

キッソン，クレア『『話の話』の話――アニメーターの旅　ユーリー・ノルシュテイン』小原信利訳，未知谷，2008年。

35

Norris, Van, *British Television Animation 1997-2010*, Palgrave McMillan, 2014.

36

西口拓子「ロッテ・ライニガーの影絵アニメーションとメルヘンの世界」『Der Keim』（東京外国語大学大学院　ドイツ語学文学研究会編）第33号，2010年2月，49～68頁。

［映像資料］

Tanz der Schatten, Lotte Reiniger, absolut MEDIEN, 2012.（DVD　ドイツ語と英語）
『ロッテ・ライニガー作品集　ＤＶＤコレクション』（３枚組）アスミック，2006年。
37
大山くまお・林信行編『アニメーション監督　出崎統の世界』河出書房新社，2012年。
38
Bendazzi, Giannalberto, *Animation: A World History 1-3,* Focal Press, 2015.
Orosz, Anna Ida and Orosz, Márton, (eds.), *Hunimation: Hungarian Animation Goes to Japan*／ハンガリーアニメーション日本へ，Moholy-Nagy University of Art and Design, 2014.
井口壽乃『ハンガリー・アヴァンギャルド――MA とモホイ＝ナジ』彩流社，2000年。
オリビエ・コット『コマ撮りアニメーションの秘密――オスカー獲得13作品の制作現場と舞台裏』グラフィック社，2008年。
39
Bendazzi, Giannalberto, *Animation A World History 1～3,* Focal Press, 2015.
Holloway, Ronald, *Z is for Zagreb,* The Tantivy Press, 1972.
亀田真澄「イデオロギーの狭間における物語――旧ユーゴ1960年代のアニメーション作品分析」『れにくさ』第2号，東京大学 人文社会系研究科 現代文芸論研究室，2010年。
越村勲『クロアティアのアニメーション――人々の歴史と心の映し絵』彩流社，2010年。
『東欧アニメをめぐる旅――ポーランド・チェコ・クロアチア』展示会図録，2014年。
40
Czech Animated Film 1934-1994, The Ministry of Culture of Czech Republic, KF a.s. prague and Studios Zli'n a.s., 1994.
ウルヴェル，スタニスラフ・赤塚若樹編『チェコ・アニメーションの世界』赤塚若樹訳，人文書院，2013年。
遠山純生編『チェコアニメ新世代』エスクアイア　マガジン　ジャパン，2002年。
41
石昌杰『逐格造夢――台灣動畫歷史，記錄與論述』臺北市政府文化局，2010年。
影響編輯部「台灣動畫」。『影響電影雜誌』第一期，1990年。
黃鈺惠『台灣動畫電影研究』國立成功大學藝術研究所，1998年。
张慧临『二十世纪中国动画艺术史』陕西人民美术出版社，2002年。
陳怡菁『動畫創意現場――台灣動畫導演名作大剖析』如果出版，2009年。
李彩琴『台灣動畫的發展與現況』遠流，1997年。
李彩琴『動畫電影探索』遠流，1997年。
〈作品オリジナルタイトルリスト（言及順）〉
『禪說阿寬』（阿寛と禅，1994年）。
『少年噶瑪蘭』（カバランの少年，1998年）。
『魔豆傳奇』（魔豆奇伝パンダリアン，2004年）。
『為什麼烏鴉是黑的』（カラスはなぜ黒いのか，1955年）。
『豬八戒吃西瓜』（猪八戒スイカを食べる，1958年）。
『聰明的鴨子』（かしこいアヒル，1960年）。

『小蝌蚪找媽媽』(おたまじゃくしがお母さんを探す, 1960年)。
『哪吒闹海』(『ナーザの大暴れ』1979年)。
『黑貓警長』(黒猫警長, 1984年)。
42
허인욱,『한국 애니메이션 영화사』신한미디어, 2002年.
43
ASIFA 50th Anniversary, ASIFA Publication, 2011.
Créateurs & créatures : 50 ans de festival international du film d'animation d'Annecy, Glénat-CITIA, 2010.
Martin, André, Écrits sur l'animation.1, Dreamland, 2000.
Robinson, Chris and Mumford, Brittany (eds.), *40 years of Ottawa, Collected essays on award winning animation*, 2017.
Zagreb... is for Zagreb, history companion 1972-2002, 15th World Festival of Animated Film Zagreb 2002.
「草月アートセンターの記録」刊行委員会編『輝け60年代――草月アートセンターの全記録』フィルムアート社, 2002年。
広島国際アニメーションフェスティバル「メディア芸術を扱う所属館(機関)の海外事例調査報告書:海外プレゼンテーション実施報告書(平成23年度　メディア芸術情報拠点・コンソーシアム構築事業)」
『30th Anniversary 1985-2014 (30周年記念誌)』森ビル, 2012年。

第5章

44
畠山けんじ・久保雅一『ポケモン・ストーリー』日経 BP 社, 2000年。

45
大下英治『仮面ライダーから牙狼へ――渡邊亮徳・日本のキャラクタービジネスを築き上げた男』竹書房, 2014年。

スタインバーグ, マーク『なぜ日本は〈メディアミックスする国〉なのか』KADOKAWA, 2015年。

中川右介『角川映画1976-1986――日本を変えた10年』KADOKAWA, 2014年。

46
上前淳一郎『サンリオの奇跡――夢を追う男たち』角川書店, 1982年。

大塚英志『定本――物語消費論』角川書店, 2001年。

小田切博『キャラクターとは何か』筑摩書房, 2010年。

ゲイブラー, ニール『創造の狂気――ウォルト・ディズニー』ダイヤモンド社, 2007年。

小山昌宏・須川亜紀子編著『アニメ研究入門――アニメを究める9つのツボ　増補改訂版』現代書館, 2014年。

土屋新太郎『キャラクタービジネス――その構造と戦略』キネマ旬報社, 1995年。

ボードリヤール, ジャン『消費社会の神話と構造　新装版』今村仁司・塚原史訳, 紀伊國屋書店, 2015年。

松井広志『模型のメディア論――時空間を媒介する「モノ」』青弓社, 2017年。

47
アリエス, フィリップ『〈子供〉の誕生　アンシァン・レジーム期の子供と家族生活』杉山光信・杉山恵

美子訳，みすず書房，1980年。

カイヨワ，ロジエ『遊びと人間』講談社，1990年。

須川亜紀子『少女と魔法――ガールヒーローはいかに受容されたのか』NTT 出版，2013年。

トイジャーナル編集局編『おもちゃのメーカーと問屋の歴史と今がわかる本』東京玩具人形問屋協同組合トイジャーナル編集局，2003年。

フレイザー，アントニア『おもちゃの文化史』和久明生・菊島章子訳，玉川大学出版部，1980年。

ホイジンガ，ヨハン『ホモ・ルーデンス』中央公論社，1973年。

桝山寛『テレビゲーム文化論――インタラクティブ・メディアのゆくえ』講談社，2001年。

48
石田左恵子他編『ポピュラー文化ミュージアム』ミネルヴァ書房，2013年。

能登路雅子『ディズニーランドという聖地』岩波書店，1990年。

49
岩崎徹・渡辺諒編『世界のミュージカル・日本のミュージカル』春風社，2017年。

50
石田佐恵子・村田麻里子・山中千恵『ポピュラー文化ミュージアム』ミネルヴァ書房，2013年。

伊藤遊・谷川竜一・村田麻里子・山中千恵『マンガミュージアムへ行こう』岩波書店，2014年。

大谷尚之・松本淳・山村高淑『コンテンツが拓く地域の可能性――コンテンツ製作者・地域社会・ファンの三方良しをかなえるアニメ聖地巡礼』同文舘出版，2018年。

岡本健「旅行者主導型コンテンツツーリズムにおける観光資源マネジメント」『日本情報経営学会誌』32，(3)，2012年，59～71頁。

岡本健「コンテンツツーリズムにおけるホスピタリティマネジメント」『HOSPITALITY』18，2011年，165～174頁。

岡本健『巡礼ビジネス――ポップカルチャーが観光資産になる時代』KADOKAWA，2018年。

酒井亨『アニメが地方を救う⁉――「聖地巡礼」の経済効果を考える』ワニブックス，2016年。

長島一由『フィルムコミッションガイド』WAVE 出版，2007年。

長谷川文雄・水鳥川和夫『コンテンツ・ビジネスが地域を変える』NTT 出版，2005年。

増淵敏之『物語を旅するひとびと』彩流社，2010年。

増淵敏之『ローカルコンテンツと地域再生――観光創出から産業振興へ』水曜社，2018年。

山村高淑「アニメ聖地の成立とその展開に関する研究――アニメ作品『らき☆すた』による埼玉県鷲宮町の旅客誘致に関する一考察」『国際広報メディア・観光学ジャーナル』7，2008年，145～164頁。

山村高淑『アニメ・マンガで地域振興』東京法令出版，2011年。

山村高淑・岡本健『観光資源としてのコンテンツを考える――情報社会における旅行行動の諸相から』CATS 叢書，7，北海道大学観光学高等研究センター，2012年。

第**6**章

51
「Anime Japan2017開催レポート」，www.anime-japan.jp/2017/report/outline/
Berengueras, Josep M., “El Salón del Manga bate récords con 148.000 visitantes,” *El Periodico*, 2017年

11月５日。
飯田豊，立石祥子編『現代メディア・イベント論』勁草書房，2017年。
「コミックマーケット年表」www.comiket.co.jp/archives/Chronology.html
「ジャンプフェスタとは？」，『ジャンプフェスタ2018ホームページ』，www.jumpfesta.com/information/
津堅信之『新版アニメーション学入門』平凡社新書，2017年。

52

小泉恭子「異性を装う少女たち――ヴィジュアル・ロックバンドのコスプレファン」『ヴィジュアル系の時代――ロック・化粧・ジェンダー』青弓社，2003年，208～245頁。

中村仁「コスプレーユーザーによる身体を用いた表現活動――コスプレによるｎ次創作の文化的特徴」『美術手帖』特集2.5次元文化―キャラクターのいる場所，2016年7月号，118～119頁。

53

今井信治『オタク文化と宗教の臨界――情報・消費・場所をめぐる宗教社会学的研究』晃洋書房，2018年。

岡本健「アニメ聖地巡礼の誕生と展開」北海道大学観光学高等研究センター文化資源マネジメント研究チーム『メディアコンテンツとツーリズム　―鷲宮町の経験から考える文化創造型交流の可能性』CATS 叢書，１，北海道大学観光学高等研究センター，2009年，31～62頁。

岡本健『ｎ次創作観光』北海道冒険芸術出版，2013年。

岡本健『マンガ・アニメで人気の「聖地」をめぐる神社巡礼』エクスナレッジ，2014年。

岡本健『コンテンツツーリズム研究』福村出版，2015年。

岡本健『アニメ聖地巡礼の観光社会学――コンテンツツーリズムのメディア・コミュニケーション分析』法律文化社，2018年。

岡本亮介『聖地巡礼』中央公論新社，2015年。

柿崎俊道『聖地巡礼――アニメ・マンガ12ヶ所めぐり』キルタイムコミュニケーション，2005年。

神田孝治・遠藤英樹・松本健太郎『ポケモン GO からの問い――拡張される世界のリアリティ』新曜社，2017年。

小山昌宏・玉川博章・小池隆太『マンガ研究13講』水声社，2016年。

コンテンツツーリズム学会『コンテンツツーリズム入門』古今書院，2014年。

山田奨治『マンガ・アニメで論文・レポートを書く――「好き」を学問にする方法』ミネルヴァ書房，2017年。

由谷裕哉・佐藤喜久一郎『サブカルチャー聖地巡礼』岩田書院，2014年。

54

コミックマーケット準備会『コミックマーケット30'sファイル』青林工藝舎，2005年。

霜月たかなか『コミックマーケット創世記』朝日新聞出版，2008年。

『マンガ奇想天外臨時増刊号　パロディ・マンガ大全集』奇想天外社，1981年。

55

井手口彰典『ネットワーク・ミュージッキング――「参照の時代」の音楽文化』勁草書房，2009年。

円堂都司昭『ソーシャル化する音楽――「聴取」から「遊び」へ』青土社，2013年。

柴那典『初音ミクはなぜ世界を変えたのか？』太田出版，2014年。

『美術手帖　初音ミク』美術出版社，2013年６月号。

Marco Pellitteri（マルコ・ペッリッテーリ） 37

現在　上海外国語大学講師

著書　*The Dragon and the Dazzle: Models, Strategies, and Identities of Japanese Imagination — A European Perspective*. Latina: Tunué, 2010.

論文　「フランスとイタリアにおける「日本」と「マンガ」のイメージ――マンガ読者／非読者調査の第１次主要結果報告」小林翔訳（'Images of Japan and manga in France and Italy: First main results of a survey among readers and non-readers of manga'）。ジャクリーヌ・ベルント編『日本マンガと「日本」――海外の諸コミックス文化を下敷きに』Vol. 4，2014年，197-233頁。

"The Italian anime boom: The outstanding success of Japanese animation in Italy 1978-1984," *Journal of Italian Cinema & Media Studies*, vol. 2, issue 3，2014, pp. 363-381.

*米村みゆき（よねむら・みゆき） Introduction １，３，４／４，５，７，11，26

編著者紹介参照

涂　銘　宏（とぅ・みんほん）Ming Hung Alex Tu　41

現在　淡江大学英語文学科副教授

著書　『後人文轉向 Post-Human Turns』（共著）台灣：中興大學出版社，2018年。

『圖像敘事研究文集 Regarding Graphic Narratives』（共著）台灣：書林書局，2016年。

『女性マンガ研究――欧米・日本・アジアをつなぐ MANGA』（共著）青弓社，2015年。

論文　「交響腐人夢――情感轉碼與戀人共同體」『文山評論――文學與文化』Vol. 6，No. 2，2013年。

西口拓子（にしぐち・ひろこ）36

現在　早稲田大学理工学術院教授

著書　「挿絵からみたグリム童話」大野寿子編『グリムへの扉』勉誠出版，2015年，123-151頁。

Zur Geschichte der Illustrationen der *Kinder- und Hausmärchen* in Japan um 1900, *Märchen, Mythen und Moderne. 200 Jahre Kinder- und Hausmärchen der Brüder Grimm*, hrsg. von Claudia Brinker- von der Heyde u. a., Peter Lang, 2015, vol. 1, pp. 349-365.

論文　*Sneewittchen* war *das tapfere Schneiderlein* — Betrachtungen zu japanischen Illustrationen der Grimm'schen Märchen in der Frühphase, *Fakten und Vorbehalte*, hrsg. von Stephan Merten u.a., Wissenschaftlicher Verlag Trier, 2018, pp. 79-99.

藤津亮太（ふじつ・りょうた）23，44，48

現在　アニメ評論家，東京工芸大学芸術学部アニメーション学科非常勤講師

著書　『「アニメ評論家」宣言』扶桑社。

『チャンネルはいつもアニメ』NTT 出版。

『声優語～アニメに命を吹き込むプロフェッショナル～』一迅社。

布山タルト（ふやま・たると）29

現在　東京藝術大学大学院映像研究科教授

論文　「小学校の図画工作教科書でアニメーション題材はどのように扱われてきたか」日本アニメーション学会『アニメーション研究』vol. 19, Issue 2, 2018年。

開発　『KOMA KOMA for iPad』App Store, 2012年。

佐野明子（さの・あきこ） 8，9，10

現在　同志社大学文化情報学部准教授

著書　『動員のメディアミックス――〈創作する大衆の戦時下・戦後〉』（共著）思文閣出版，2017年。

『日仏アニメーションの文化論』（共著）水声社，2017年。

『運動としての大衆文化――協働・ファン・文化工作』（共著）水声社，2021年。

『日本大衆文化史』（共著）KADOKAWA，2020年。

論文　「『桃太郎　海の神兵』論――国策アニメーションの映像実験」『アニメーション研究』第20巻第1号，2019年。
Japanese Animation: East Asian Perspectives（共著），University Press of Mississippi, 2013.
「高畑勲と今村太平『漫画映画論』」『ユリイカ　総特集：高畑勲の世界』第50巻第10号，2018年。

清水知子（しみず・ともこ） 28，30，31

現在　筑波大学人文社会系准教授

著書　『文化と暴力――揺曳するユニオンジャック』月曜社，2013年。

『21世紀の哲学をひらく――現代思想の最前線への招待』（共著）ミネルヴァ書房，2016年。

『芸術と労働』（共著）水声社，2018年。

『ディズニーと動物――王国の魔法をとく』筑摩書房，2021年。


翻訳　レナード・マルティン『マウス・アンド・マジック――アメリカアニメーション全史』（共訳）楽工舎，2010年。

アントニオ・ネグリ，マイケル・ハート『叛逆――マルチチュードの民主主義宣言』（共訳）NHK ブックス，2013年。

ジュディス・バトラー『アセンブリ：行為遂行性・複数性・政治』（共訳）青土社，2018年。

霜月たかなか（しもつき・たかなか） 19，54

現在　フリーライター，東京造形大学造形学部デザイン学科アニメーション専攻非常勤講師

著書　『コミックマーケット創世記』朝日新聞出版，2008年。

『川本喜八郎 ANIMATION & PUPPET MASTER』角川書店，1994年。

『誕生！手塚治虫　マンガの神様を育てたバックグラウンド』（編著）朝日ソノラマ，1998年。

『COM ――40年目の終刊号』（編著）朝日新聞出版，2011年。

＊**須川亜紀子**（すがわ・あきこ） まえがき／Introduction 2，5，6／1～3，6，16～18，21，27，49，51，52

編著者紹介参照

土居伸彰（どい・のぶあき） 34

現在　ニューディアー代表，ひろしま国際平和文化祭メディア芸術部門プロデューサー

著書　『個人的なハーモニー――ノルシュテインと現代アニメーション論』フィルムアート社，2016年。

『21世紀のアニメーションがわかる本』フィルムアート社，2017年。

『私たちにはわかってる。アニメーションが世界で最も重要だって』青土社，2021年。

KIM, Joon Yang（きむ・じゅにあん） 14, 15, 25, 35, 40, 42

現在　新潟大学准教授

著書　『アニメーション，イメージの錬金術』ハンナレ出版（韓国），2001年。

『イメージの帝国，日本列島上のアニメーション』ハンナレ出版（韓国），2006年。

『ヤン・シュヴァンクマイエル創作術』（共著）東京カレンダー MOOKS，2011年。

『手と足と眼と：地域と映像アーカイブをめぐる実践と研究』（共著）学文社，2018年。

Japanese Animation: East Asian Perspectives（共著），University Press of Mississippi, 2013.

Pervasive Animation（共著），Routledge, 2013.

OrNamenTokyo 装飾東京（共著），Art-Phil, 2016.

論文　Critique of the New Historical Landscape of South Korean Animation, *Animation: An Interdisciplinary Journal*, Vol. 1 No. 1, 2006.

South Korean and the Sub-Empire of Anime: Kinesthetics of Subcontracted Animation Production, *Mechademia 9: Origins*, Vol. 9, 2014.

「鉄腕アトムはじつはテレビだった――「透明巨人の巻」をめぐって」『まぐま』Vol. 20，2016年。

木村智哉（きむら・ともや） 45, 46, 47

現在　開志専門職大学アニメ・マンガ学部准教授

著書　『東映動画史論――経営と創造の底流』日本評論社，2020年。

論文　「商業アニメーション制作における「創造」と「労働」東映動画株式会社の労使紛争から」『社会文化研究』第18号，2016年。

小山昌宏（こやま・まさひろ） 13, 55

現在　筑紫女学園大学現代社会学部教授，自然医科学研究所研究員

著書　『情報セキュリティの思想』勁草書房，2011年。

『宮崎駿マンガ論』現代書館，2009年。

『戦後「日本マンガ」論争史』現代書館，2007年。

『マンガ研究13講』（編著）水声社，2016年。

『アニメ研究入門　増補改訂版』（編著）現代書館，2014年。

『アニメ研究入門　応用編』（編著）現代書館，2018年。

権藤俊司（ごんどう・しゅんじ） 32, 38

現在　東京工芸大学芸術学部准教授

著書　『ユーロ・アニメーション――光と影のディープ・ファンタジー』（共編著）フィルムアート社，2002年。

『世界と日本のアニメーションベスト150』（監修）ふゅーじょんぷろだくと，2003年。

翻訳　『マウス・アンド・マジック――アメリカアニメーション全史』（監訳）楽工社，2010年。

執筆者紹介（五十音順，＊は編著者，執筆分担）

今井隆介（いまい・りゅうすけ） 24

現在　花園大学文学部創造表現学科准教授

著書　「描く身体から描かれた身体へ――初期アニメーション研究」加藤幹郎編『映画学的想像力』人文書院，2006年，58-95頁。
「〈原形質〉の〈吸引力〉――エイゼンシテインの漫画アニメーション理論」加藤幹郎編『アニメーションの映画学』臨川書店，2009年，11-56頁。

翻訳　セルゲイ・エイゼンシュテイン「ディズニー」（抄訳）『表象07』表象文化論学会，2013年，151-169頁。

Ilan NGUYÊN（イラン・グェン） 33，39，43

現在　東京藝術大学特任准教授

著書　*Le Cinéma d'animation en 100 films*（共著），Capricci, 2016.
Michael Dudok de Wit, le cinéma d'animation sensible, Entretien avec le réalisateur de La Tortue Rouge（共著），Capricci, 2019.

論文・寄稿　横田正夫・池田宏・小出正志（編集）『アニメーションの事典』（共同執筆）朝倉書店，2012年。

「日仏アニメーションの文化論」石毛弓（編纂）『「アニメーション」の日本語への流用について』水声社，2017年。

「人生の宝物」『ユリイカ』臨時増刊号「総特集＝高畑勲の世界」青土社，2018年。

「高畑勲とフランス的精神の呼応」文藝別冊『高畑勲〈世界〉を映すアニメーション』河出書房新社，2018年。

岡本　健（おかもと・たけし） 22，50，53

現在　近畿大学総合社会学部准教授

著書　『n次創作観光――アニメ聖地巡礼／コンテンツツーリズム／観光社会学の可能性』北海道冒険芸術出版，2013年。

『マンガ・アニメで人気の「聖地」をめぐる神社巡礼』エクスナレッジ，2014年。

『コンテンツツーリズム研究――情報社会の観光行動と地域振興』福村出版，2015年。

『ゾンビ学』人文書院，2017年。

『アニメ聖地巡礼の観光社会学――コンテンツツーリズムのメディア・コミュニケーション分析』法律文化社，2018年。

『巡礼ビジネス――ポップカルチャーが観光資産になる時代』KADOKAWA，2018年。

萱間　隆（かやま・たかし） 12，20

現在　専修大学人文科学研究所特別研究員

論文　「トーキー黎明期におけるアフレコ」日本アニメーション学会『アニメーション研究』第18巻第2号，2017年。
「政岡憲三によるリップシンクとその表象」日本アニメーション学会『アニメーション研究』第19巻第2号，2018年。

編著者紹介

須川亜紀子（すがわ・あきこ）

現在　横浜国立大学都市イノベーション研究院教授

著書　『少女と魔法——ガールヒーローはいかに受容されたのか』（単著）NTT出版，2013年。

Japanese Animation: East Asian Perspectives,（共著）University Press of Mississippi, 2013。

『アニメ研究入門——アニメを究める９つのツボ』（共編著）現代書館，2013年。

『女性マンガ研究——欧米・日本・アジアをつなぐMANGA』（共著）青弓社，2015年。

Teaching Japanese Popular Culture, The Association of Asian Studies,（共著）2016.

Contents Tourism in Japan: Pilgrimages to "Sacred Sites" of Popular Culture,（共著）Cambria Press, 2017.

『ポスト〈カワイイ〉の文化社会学』（共著）ミネルヴァ書房，2017年。

『アニメ研究入門〈応用編〉——アニメを究める11のコツ』（共編著）現代書館，2018年。

『2.5次元文化論——舞台・キャラクター・ファンダム』（単著）青弓社，2021年。

米村みゆき（よねむら・みゆき）

現在　専修大学文学部日本文学文化学科教授

著書　『ジブリの森へ——高畑勲・宮崎駿を読む　増補版』（編著）森話社，2008年。

『宮沢賢治を創った男たち　増補版』（単著）青弓社，2003年，日本児童文学学会奨励賞受賞。

『村上春樹　表象の圏域』編著，森話社，2014年。

『ケアを描く——育児と介護の現代小説』（共編著）七月社，2019年。

論文　"Representations of the environment in Hayao Miyazaki's *Ponyo on the Cliff by the Sea:* Japan's cultural landscape and the representation of disasters". In: Senshu University Institute of Humanities Monthly Bulletin, vol. 294, issue 7, 2018, pp. 49-54.

世界文化シリーズ〈別巻〉③
アニメーション文化 55のキーワード

2019年４月25日　初版第１刷発行　〈検印省略〉
2021年11月30日　初版第２刷発行

定価はカバーに
表示しています

編著者　須川亜紀子
　　　　米村みゆき
発行者　杉田啓三
印刷者　中村勝弘

発行所　株式会社　ミネルヴァ書房
607-8494 京都市山科区日ノ岡堤谷町１
電話代表 (075)581-5191
振替口座 01020-0-8076

中村印刷・新生製本

ISBN978-4-623-08441-8

Printed in Japan

世界文化シリーズ〈別巻〉

英米児童文化 55のキーワード
白井澄子・笹田裕子 編著
A5判二九八頁 本体二五〇〇円

マンガ文化 55のキーワード
竹内オサム・西原麻里 編著
A5判二九八頁 本体二六〇〇円

マンガ・アニメで論文・レポートを書く
●「好き」を学問にする方法
山田奨治 編著
A5判二八八頁 本体三五〇〇円

手塚治虫
●アーチストになるな
竹内オサム 著
四六判三二二頁 本体二四〇〇円

日本の漫画本300年
●「鳥羽絵」本からコミック本まで
清水勲・猪俣紀子 著
A5判三八四頁 本体二八〇〇円

文化社会学入門
●テーマとツール
井上俊・長谷正人 編著
B5判二四四頁 本体二六〇〇円

文化社会学の視座
●のめりこむメディア文化とそこにある日常の文化
南田勝也・辻泉 編著
A5判三二八頁 本体二八〇〇円

ミネルヴァ書房
https://www.minervashobo.co.jp/